DIRK-MEINTS POLTER

Auslandsenteignungen und Investitionsschutz

Schriften zum Völkerrecht

Band 41

Auslandsenteignungen und Investitionsschutz

Von

Dr. Dirk-Meints Polter

DUNCKER & HUMBLOT / BERLIN

Gedruckt 1975 bei Buchdruckerei Bruno Luck, Berlin 65
Printed in Germany
ISBN 3 428 03297 7

Meinen Eltern

Inhaltsübersicht

I. Einführung 15

1. Hintergrund der rechtlichen Problematik 15
   a) Beispielsjahr 1969 16

2. Eigentum und einzelner 20
   a) ‚Eigentum' und ‚proprietas' 20
   b) Funktion des Eigentums 20

3. Problematik staatlicher und privater Investitionen im Ausland 21
   a) Staatliche Investitionen 21
   b) Private Investitionen 22
   c) Politische Aspekte der Auslandsinvestitionen 22
   d) Widrigkeiten bei der Entwicklungshilfe 23
   e) Zur soziologischen Problematik 23
   f) Zur ökonomischen Problematik 24
   g) Terms of Trade 25

4. Gegenstand und Methode 26

II. Rechtmäßige und rechtswidrige Enteignung 27

1. Der Begriff des Eigentums im Völkerrecht 28

2. Die Stellung des Eigentums im Völkerrecht 29
   a) Das Ideologieproblem 29
   b) Koexistenzwilligkeit 30

3. Die materiell-rechtliche Problematik 31

4. UN-Resolutionen 32

5. Artikel 1 des Zusatzprotokolls zur Europäischen Menschenrechtskonvention (ZPMRK) 33

6. Die Draft Convention on the Protection of Foreign Property der OECD aus dem Jahr 1967 33

7. Die seit 1958 geschlossenen Investitionsschutzverträge 35

8. Freundschafts-, Handels- und Schiffahrtsverträge 36

9. Die Entschädigungspraxis 36

10. Die internationale Gerichtspraxis 38

11. Minimum Standards 39

12. Gemeinwohlvorbehalt und Rechtsmißbrauchsverbot 39
a) Der Inhalt des Gemeinwohlvorbehalts 40
b) Der Inhalt des Rechtsmißbrauchsverbots 41
c) Entziehung mit sachfremden Mitteln 41
d) Entziehung als sachfremdes Mittel 42

13. Das Diskriminierungsverbot 43
a) Schlechterbehandlung und Besserstellung 44
b) Diskriminierung bestimmter Nationalitäten 45

14. Das Verbot des venire contra factum proprium 45
a) Investment Codes 46
b) Investitionsschutzverträge 46
c) Wohlerworbene Rechte 46
d) Zur sozialistischen Auffassung 47

15. Verbot der Rechtsverweigerung 48
a) Grunderfordernisse des Gerichtsschutzes 48

16. Allgemeine Rechtsgrundsätze 49

17. Völkerrechtliche Verantwortlichkeit 50

18. Treu und Glauben 50

19. Wohlerworbene Rechte 51

20. Ungerechtfertigte Bereicherung 52

21. Das Prinzip der Gegenleistung 52
a) Gegenleistung versus Bereicherung 53
b) Rechtsgrund und Herausgabepflicht 53
c) Grundsatz des vollen Gegenwerts 54
d) Ausnahmen und Modifikationen 55
e) Bilaterales und trianguläres Eigentum 55
f) Ungerechte Eigentumsordnungen 56
g) Völkerrechtswidrige Eigentumsordnungen 57
h) Staatenfreiheit versus Gegenleistungspflicht 57

22. Ergebnisse 58

23. Die deliktische Enteignung 59
a) Erfolgs- und Schuldhaftung 59
b) Grenzen der Garantie 60
c) Restitution und Reparation 60

III. Das Feld ausländischer Enteignungsakte 62

1. Territorialitätsprinzip 62
a) Hoheitsakte 63

2. Unmittelbare Entziehung von Sachen 63

3. Lokalisierbarkeit von Rechten 63
a) Gesellschaftsvermögen und Mitgliedschaftsrechte 64
4. Lokalisierung staatlicher Eingriffe 65
a) Berücksichtigung aller Folgen 65
5. Typische Gestaltungen 66
6. Grenzen der Spaltungstheorie 67
7. Erster Fall 68
a) Der Schleier bleibt intakt 68
b) Abgetrenntes Gesellschaftsvermögen 69
8. Zweiter Fall 70
9. Dritter Fall 71
10. Vierter Fall 71
11. Fünfter Fall 72
12. Bedeutung der räumlichen Abgrenzung 74

IV. Die Anwendung der ausländischen Enteignungsregelung 75
1. Der ausländische Enteignungsakt vor inländischen Gerichten 75
2. Der Hoheitsakt als Hauptgegenstand 76
3. Anerkennung fremder Hoheitsakte 76
4. Act of State Doktrin 77
a) Ursprung der Act of State Doktrin 78
5. Rechtssystematische Einordnung 79
a) Fullers dictum in ‚Underhill v. Hernandez‘ 79
6. Souveränität und Territorialität 80
a) Zur Souveränität 80
b) Zur Territorialität 81
7. Die Sabbatino Kontroverse 81
a) Fallgeschichte 82
b) Entscheidungsgründe 83
8. Act of State Doktrin und Sabbatino Amendment 87
9. Der Doktrin verwandte Theorien 88
10. Die Thesen Johannes Schulzes 88
11. Anwendungsregeln 91

V. Immunität ... 92

1. Korrelation und Differenz ... 92
   a) Ontologischer Unterschied von Person und Handlung ... 93
2. Arten der Immunität ... 93
   a) Absolute und relative Immunität ... 94
   b) Völkerrechtliche und verfahrensrechtliche Immunität ... 94
   c) Immunität im Erkenntnis- und im Vollstreckungsverfahren ... 94
   d) Sonstige Formen der Immunität ... 94
3. Grundlagen der Immunität ... 95
4. Souveränität ... 95
   a) Standpunkt der Absolutisten ... 95
   b) Standpunkt der Relativisten ... 96
   c) Kritik der theoretischen Grundlagen ... 96
   d) Zum Gleichheitsargument ... 97
   e) Immunität ist nicht theoretisch notwendig ... 98
5. Völkergewohnheitsrechtliche Staatenimmunität ... 99
   a) Grenzen der Gerichtsfreiheit ... 99
   b) Grenzen der Vollstreckungsimmunität ... 101

VI. Völkerrechtliche Anerkennung ... 103

1. Nichtanerkannte Staaten und Regime ... 103
2. Rechts- und Deliktsfähigkeit ... 104
3. Anwendbarkeit des Rechts ... 106
4. Parteifähigkeit ... 106
5. Immunität ... 106
6. Ergebnisse ... 107

VII. Diplomatischer Schutz: Allgemeines ... 108

VIII. Diplomatischer Schutz: Nationalität ... 109

1. Nationalität des (vermeintlich) Geschädigten ... 109
2. Die Nationalität wirtschaftender Gesellschaften ... 109
3. Die Gesellschaften des Privatrechts ... 110
   a) Das Konzept der gesellschaftlichen Nationalität ... 111
4. Die Theorien zur Bestimmung der Nationalität ... 112
5. Die Inkorporationstheorie ... 113
   a) Ableger der Inkorporationstheorie ... 114

6. Das Sitzprinzip 114
a) Der siège social réel 114

7. Die Kontrolltheorie 116

IX. Diplomatischer Schutz: Barcelona Traction 118

1. Zur Fallgeschichte 118
2. Tenor der Mehrheitsentscheidung (2. Phase) 119
3. Gründe der Mehrheitsentscheidung 119
4. Die Sondervoten Tanaka, Jessup und Gros 121
5. Die dissenting opinion Riphagens 121
6. Zu den Entscheidungsgründen 122
7. Lösungsmöglichkeiten 123

X. Diplomatischer Schutz: Local Remedies Rule 126

1. Der heutige Hintergrund der Local Remedies Rule 126
2. Funktion der Regel 127
3. Beschränkung auf Private 127
4. Erschöpfung des innerstaatlichen Rechtsschutzes 128
5. Vertragliche Ausnahme und Menschenrechtsverletzung 129
6. Materiell-rechtliche oder prozessuale Regel 129
a) Die konkurrierenden Positionen 129

7. Die Anwendungsfälle 130
a) Die prozessuale Theorie ist vorzuziehen 131

XI. Diplomatischer Schutz: Calvo-Klausel 132

1. Grundlagen der Calvo-Klausel 132
2. Die erste Säule der Calvo-Klausel 133
3. Die zweite Säule der Calvo-Klausel 133

XII. Diplomatischer Schutz: Interventionspflicht 136

XIII. Diplomatischer Schutz: Völkerrechtlicher Verzicht auf vermögenswerte Ansprüche von Staatsangehörigen 138

XIV. Internationale gerichtliche Streiterledigung 140

1. Die Stellung des Individuums im Völkerrecht 141
a) Internationale Parteifähigkeit 142

2. Die IBRD-Konvention ... 143
a) Unterzeichner ... 144
b) Organisation ... 145
c) Zuständigkeit des Centre ... 146
d) Verfahren ... 147
e) Aufgaben der Schlichtungskommission ... 148
f) Aufgaben des Schiedsgerichts ... 149
g) Das Urteil ... 149
h) Kosten ... 150
i) Vollstreckung ... 151
3. Model Clauses ... 151
4. Regulations and Rules ... 152
5. Stellungnahme ... 153
6. Das anzuwendende Recht ... 153
a) Interpretationsgrundlage ... 153
b) Die Fälle des Artikels 42 Absatz 1 Satz 1 ... 154
c) Die Fälle des Artikels 42 Absatz 1 Satz 2 ... 156
7. Vollstreckung und Immunität ... 157
8. Vollstreckung und Einwand der Nichtigkeit ... 158
9. Störungen im Vollstreckungsverfahren ... 159
XV. Multilaterale Versicherungsorganisation ... 161
1. Grundriß ... 161
2. Kritik ... 162
XVI. Ergebnisse ... 165

Abkürzungsverzeichnis

A. C.	=	Law Reports Appeal Cases
AJIL	=	The American Journal of International Law
BVerfGE	=	Entscheidungen des Bundesverfassungsgerichts (Amtliche Sammlung)
Diss.	=	Dissertation
IJC Reports	=	Reports of Judgements, Advisory Opinions and Orders of the International Court of Justice
PCIJ	=	Permanent Court of International Justice
ZaöRV	=	Zeitschrift für ausländisches öffentliches Recht und Völkerrecht

Die vor den Namen eines Periodikums gesetzte Zahl gibt den Jahrgang an.

Die hinter den Titel einer Publikation gesetzte römische Zahl gibt den Band an.

I. Einführung

Rechtliche, wirtschaftliche, gesellschaftliche und kulturelle Phänomene existieren nicht unabhängig von einander, sie bilden keine eigenständigen ontologischen Einheiten und können nicht in sich allein begriffen werden. Das ist bei der Enteignungs- und Investitionsproblematik besonders augenfällig und nötigt im Interesse besseren Verstehens dazu, die Behandlung der juristischen Fragestellungen mit kurzen Skizzen zur Enteignungspraxis, zu Begriff und soziologischer Funktion des Eigentums und zu politischen, soziologischen und ökonomischen Aspekten der Entwicklungshilfe einzuleiten.

1. Hintergrund der rechtlichen Problematik

Zu allen Zeiten ist einzelnen oder kleinen Gruppen unter verschiedenen Zielsetzungen und auf unterschiedliche Weise ihr Eigentum genommen worden, ohne daß der Verlust stets vergütet wurde. Seit der Russischen Revolution, in deren Gefolge zunächst der Großgrundbesitz, dann sukzessive alle Produktionsmittel, ferner Schmuck, Bilder und Möbel verstaatlicht wurden, ist dieser Erscheinung die Enteignung ganzer Klassen von Eigentümern hinzugefügt worden. In diesem Sinn meint Enteignung alle Vermögensentziehungen von hoher Hand; im Verlauf der Arbeit wird jene Begriffsgebung präzisiert werden; vorerst sei nur die strafprozessuale Einziehung der producta et instrumenta sceleris ausgeklammert.

In der Geschichte der Enteignungen seit der Russischen Revolution können die mexikanischen Enteignungen von 1938, die nach dem zweiten Weltkrieg in den jetzigen europäischen Ostblockstaaten erfolgten Sozialisierungen, der iranische Eingriff von 1951, die Nationalisierung des Suezkanals von 1956 und die kubanischen Verstaatlichungen von 1959 bis 1963 als Höhepunkte gelten. Mexiko enteignete 1938 die ausländischen Erdölgesellschaften; in einem 1941 geschlossenen Abkommen versprach es den amerikanischen Gesellschaften 40 Millionen US-Dollar für die Anerkennung des Eingriffs, eine ähnliche Abmachung wurde mit Großbritannien getroffen. Die iranische Verstaatlichung der Anglo-Iranian Oil Company unter Mossadegh führte zu einem Konflikt mit Großbritannien und zu einer Blockade der iranischen Ölindustrie durch westliche Abnehmerländer. Dadurch entstandene wirtschaftliche Schwierigkeiten waren ein Grund für den Sturz Mossadeghs. 1954 wurde der Ölkonflikt durch einen den iranischen Wünschen entgegenkommenden Vertrag beendet. Am 26. Juli 1956 verkündete Nasser die Nationalisierung der Suezkanal-Gesellschaft, aus deren Gewinnen der Bau des Assuan-Staudamms finanziert werden sollte. Am 29. Oktober marschierten israelische Truppen in Ägypten ein, britisches und französisches Militär folgte am 5. November. Am 2. und am 7. November verlangte die UN-Generalversammlung den Rückzug der ausländischen Soldaten; im April 1957 wurde der Kanal wieder geöffnet. Seit der Revolution von 1959 sind auf Kuba zunächst die hauptsächlich in nordamerikanischem Besitz befindlichen Großbetriebe zum Teil verstaatlicht und zum Teil an Kleinbauern verteilt worden; später ist die gesamte Wirtschaft der Insel fast völlig verstaatlicht worden.

a) Beispielsjahr 1969

Die Maßnahmen im zufällig gewählten Jahr 1969 können die Alltagspraxis der Eingriffe in ausländisches Vermögen etwas veranschaulichen; die Zusammenstellung ist auf wirtschaftlich gewichtigere Maßnahmen beschränkt und unvollständig.

Bolivien: Am 27. September 1969 werden die gesetzlichen Bestimmungen, die der amerikanischen Gulf Oil Company die Ausbeutung ihrer Konzessionen erlauben, annulliert. Aus Washington verlautet, das Hickenlooper Amendment trete sofort in Kraft, falls eine Enteignung ohne Entschädigung erfolge. Das bedeutet, daß die wirtschaftliche Unterstützung Boliviens durch die Vereinigten Staaten suspendiert würde. Diese Hilfe hatte sich 1968 auf 8 600 000 Dollar belaufen und sollte 1970 insgesamt 15 300 000 Dollar ausmachen.

Am 17. Oktober wird die Gulf Oil Co. enteignet. Zur Frage der Entschädigung heißt es, für die Gas- und Ölvorkommen gäbe es keinen Pfennig. Außerdem erhalte die Gulf nichts für ihre Investitionen in Bolivien. Nur Gebäude, Installationen, Material und Fahrzeuge würden vergütet, soweit sie in Bolivien verblieben.

Im Gefolge der Nationalisation unterbricht die Firma William Brothers ihre Konstruktionsarbeiten für eine Gasleitung, die Santa Cruz in Bolivien mit Yacuiba an der argentinischen Grenze verbinden soll. Die Finanzierung der Konstruktion wird in Frage gestellt, weil das als Darlehnsgeber beteiligte Finanzkonsortium New York State Common Retirement Fund seine Überweisungen einstellt. Die Firma Matpetrol, die die in Argentinien lagernden Rohre für die Leitung herbeischaffen soll, beendet ihre Transporte.

Am 1. Dezember 1969 gibt die bolivianische Regierung in einem Kommuniqué bekannt, daß sie dem amerikanischen Unternehmen Bolinca Mining die 1932 gewährte Konzession zum Goldabbau entzogen habe.

Burma: Im ersten Vierteljahr wurde die Nationalisierung einer breiten Skala von Industrie- und Handelsunternehmen fortgesetzt, darunter so verschiedene Geschäftszweige wie Sägewerke, Kinos und Reedereien.

Chile: Ende Juni wird in Santiago bekanntgegeben, daß Chile 51 % der Anteile der amerikanischen Anaconda Copper Mining Company an ihren chilenischen Niederlassungen, der Chile Exploration Company und der Andes Copper Mining Company sofort erwerbe. Außerdem sei ein sukzessiver Erwerb der restlichen 49 % vorgesehen.

Die Aktiva der beiden Konzerne werden auf 400 Millionen US-Dollar geschätzt. Die Angaben zur Höhe des ausgehandelten Kaufpreises schwanken zwischen 650 Millionen und einer Milliarde US-Dollar.

Den Chilenen ist die gewollte ‚Chilenisation' nicht gelungen. Sie sprechen nunmehr von einer ‚langfristigen Nationalisation'. Nach Ansicht des Wall Street Journal hängt es von dem 1970 zu wählenden chilenischen Präsidenten ab, ob diese Nationalisation durchgeführt wird oder nicht.

Ecuador: Die Regierung und Texaco-Gulf einigen sich Mitte März darüber, die Konzession der Gesellschaft in Ostecuador zu revidieren. Texaco-Gulf verliert Konzessionen; die Förderabgaben werden erheblich erhöht. In der Folge wird beschlossen, daß die Pipeline zur Küste dem Staat gehört, und daß das Unternehmen 35 Millionen US-Dollar in Straßen- und Elektrizitätsprojekte in den östlichen Provinzen investieren soll.

Kenia: Am 1. Januar 1969 tritt der Trade Licensing Act in Kraft. Er soll den Inländern eine Handelstätigkeit erleichtern und sieht vor, Ausländern in bestimmten Gebieten die Handelszulassung zu entziehen und den Handel mit bestimmten Gütern zukünftig Inländern vorzubehalten. Etwa 3000 Nicht-Afrikaner sollen von der Regelung betroffen sein.

Um im Fall einer Massenauswanderung ausländischer Geschäftsleute eine Kapitalflucht zu verhindern, erlassen die Zentralbanken von Kenia, Tanzania und Uganda am 22. Januar neue Wechselbestimmungen, in denen vor allem die Höhe der einwechselbaren und der ausführbaren Summen drastisch gesenkt wird.

Kolumbien: Im Mai unterzeichnen die Regierung und Texaco-Gulf eine Übereinkunft, in der der Vertrag von 1956 über eine große Konzession in Putumayo revidiert wird. Das Konsortium verpflichtet sich, höhere Steuern und Förderabgaben zu zahlen und im nächsten Frühjahr die Hälfte der Konzession an die Empresa Colombiana de Petróleos (Ecopetrol) abzutreten.

Lybien: Nach einem Dekret des Revolutionsrats sollen wenigstens 51 % der Anteile an ausländischen Banken staatseigen werden. Außerdem ist vorgesehen, daß die Mehrheit im Verwaltungsrat und der Ratspräsident lybischer Nationalität sind. In dem Dekret heißt es, bis zur vollen Durchführung dieser ‚Nationalisation' würden die Unternehmen von provisorischen Kommissionen unter lybischer Leitung geführt.

Mexiko: Anfang Juli erklärt die Regierung ein Gebiet in den Staaten Tabasco, Nuevo Leon und Veracruz für im nationalen Interesse liegend. Es soll einige der reichsten mexikanischen Ölvorkommen enthalten. Die drei amerikanischen Gesellschaften, die seit 1951 in dem Gebiet arbeiten, stimmen der Rücknahme der neuen Konzessionen gegen eine Entschädigung von 18 Millionen US-Dollar zu.

Peru: Im Januar werden alle Aktiva der International Petroleum Company (I.P.C., eine 100%ige Tochter der Standard Oil, New Jersey) in Peru eingefroren, nachdem sie sich geweigert hatte, 14 Millionen US-Dollar für die Benutzung der Raffinerie in Talara zu bezahlen. Im Oktober 1968 hatte Peru mit der Enteignung des Ölkomplexes um Talara, insbesondere des Ölfeldes La Brea y Parinas, begonnen.

Seit der Inkazeit gehören in Peru alle Bodenschätze dem Staat; die Ausnahme bildete seit 1924 das Ölfeld La Brea y Parinas; die I.P.C. hatte daran nicht nur die Förderrechte, sondern Eigentum.

Ende Januar übernimmt die Empresa Petrolera Fiscal die Verantwortung für das I.P.C.-Vermögen. Die Regierung in Lima erklärt, die I.P.C. sei ein Sonderfall: gegen andere ausländische Unternehmen werde nicht dergestalt vorgegangen. Aus dem amerikanischen Außenministerium verlautet, die USA würden jede staatliche Hilfe für Peru streichen und die Zuckerquote annullieren, wenn die I.P.C. nicht entschädigt werde.

Im April stellt die peruanische Regierung 71 Millionen US-Dollar als Entschädigung bereit. Den Vereinigten Staaten scheint das nicht annehmbar.

Im Mai bringt die peruanische Marine den zweiten amerikanischen Fischer auf (das erste Schiff war im Februar beschlagnahmt worden), weil es sich in den von Peru beanspruchten 200 Meilen breiten Hoheitsgewässern befindet. Die Amerikaner ziehen alle Militärhilfe zurück.

Ende Juni wird in Lima eine Agrarreform angekündigt: alle größeren Güter sollen gegen Entschädigung enteignet werden. Washington erklärt im Juli, die Hilfe für Peru werde auf 3,5 Millionen Dollar gesenkt, aber das Verbot, Waffen an den südamerikanischen Staat zu verkaufen, werde aufgehoben.

Am 29. Oktober wird die Peruanische Telefongesellschaft, die zu 69,11 % der amerikanischen Gesellschaft International Telephone and Telegraph (I.T.T.) gehört, verstaatlicht. I.T.T. soll mit 17 900 000 Dollar entschädigt werden. Davon sind mehr als die Hälfte wieder in Peru zu investieren, und zwar entweder in ein Hotel in Lima oder in eine Fabrik für Telefonanlagen; 40 % der Investition soll dem peruanischen Staat gehören.

Am 19. Dezember wird in Lima verkündet, die Regierung werde nunmehr den Verkauf aller in Peru geförderten Mineralien unter Kontrolle nehmen.

Tanzania: Am 2. August nationalisiert die Regierung von Sansibar die Personenkraftwagen auf der Insel.

Uganda: Am 20. Januar veröffentlicht die Regierung ein Weißbuch zum Bericht des Komitees für die Afrikanisation von Handel und Industrie. Darin heißt es, daß die afrikanischen Bürger von Uganda künftig in diesen Bereichen bevorzugt werden sollen.

Am 7. Februar gibt die Regierung einen Trade Licensing Bill bekannt. Das Gesetz erlaubt die Festsetzung bestimmter Gebiete, in denen Ausländer keine Geschäfte mehr betreiben dürfen. Außerdem können Güter benannt werden, die nur noch von Inländern verkauft werden dürfen.

Zambia: Hunderte von Geschäften schließen am 1. Januar, weil ihre arabischen Eigentümer keine afrikanischen Käufer hatten finden können. Nach der im April 1968 verkündeten Reform darf seit dem 1. Januar 1969 kein Ausländer mehr mit allgemeinen Gütern handeln; ausgenommen sind einige Gebiete mit Einkaufszentren.

Im August kündigt der Präsident die Nationalisierung der Kupferminen an. Die Regierung soll mit 51 % an allen Unternehmen beteiligt sein; für die früheren Eigentümer ist eine Entschädigung aus den Gewinnen der Regierung vorgesehen.

Im Oktober wird in einem Kommuniqué bekanntgegeben, daß Zambia sich mit 51 % an Shell und British Petroleum beteiligen werde, die den Ölmarkt des Landes zu mehr als der Hälfte beherrschen. Zugleich verlautet, an eine Beteiligung an dem italienischen Konzern AGIP sei nicht gedacht.

2. Eigentum und einzelner

Die sozialethische Beurteilung des Eigentums eines einzelnen, des Privateigentums, die oftmals an der beobachteten Ungleichheit der Vermögensverteilung ansetzt, bewegt sich zwischen prinzipieller Befürwortung und Ablehnung; marxistischer Lehre folgend wird dabei oftmals zwischen dem Privateigentum an Gütern des persönlichen Bedarfs und demjenigen an den Produktionsmitteln unterschieden.

Für die Behandlung der Enteignung und des Investitionsschutzes ist es methodisch notwendig, zwischen privatem und staatlichem Eigentum zu differenzieren; andere Einteilungen, wie die Unterscheidung von individuellem, gemeinschaftlichem und gesellschaftlichem Vermögen, haben wenig Sinn.

a) ‚Eigentum' und ‚proprietas'

Der deutsche Begriff des Eigentums und die von der lateinischen proprietas stammenden englischen und französischen Bezeichnungen property und propriété deuten auf die historische Vorstellung, daß es sich dabei um Objekte handelt, die einem so nahe sind, daß sie als ‚proprius', als eigen anzusehen sind. Eigentumsbeziehungen in diesem weiten Sinn meint man auch bei Tieren feststellen zu können; so scheinen Affen persönlichen Schmuck und Spielzeug zu besitzen (cf. Ernest Beaglehole 1969: 590). Zum Teil wird davon gesprochen, daß der menschliche Aneignungstrieb dem tierischen Territorialverhalten verwandt sei. Nur der Mensch indessen kennt die Regelung der Eigentumsverhältnisse durch ein normatives Wertsystem. In diesem System, das in den verschiedenen Zeiten von den verschiedenen Völkern unterschiedlich ausgestaltet worden ist, werden die Herrschaftsbefugnisse einer Person über eine Sache festgelegt; in erweitertem Sinn auch die Herrschaft über alle sonstigen dem Vermögen zuzurechnenden Werte wie Forderungsrechte, Urheberrechte, Patentrechte.

b) Funktion des Eigentums

Materielle Güter bedeuten dem einzelnen hauptsächlich Ausdehnung und Bestimmung seiner Persönlichkeit (cf. ib.: 590); aus soziologischer Sicht werden die Dispositions-, Sekuritäts- und Prestigefunktion herausgehoben. Die Dispositionsfunktion meint nicht nur die Verfügungsbefugnis über den Gegenstand, sondern auch die tatsächlichen sozialen Kontrollmöglichkeiten, die mit Vermögen gegeben sein können. Als Sekuritätsfunktion wird die Möglichkeit bezeichnet, Erträge aus dem Vermögen neben das Arbeitseinkommen oder an seine Stelle treten zu lassen. Mit Prestigefunktion wird umschrieben, daß mit dem sichtbaren

Güterstand vielfach die Zugehörigkeit zu gesellschaftlichen Schichten dokumentiert oder der Zugang zu ihnen eröffnet wird (cf. Bruno Molitor 1961: 34).

Die gesamtgesellschaftlichen Funktionen des Privateigentums sind umstritten. Indem die Privateigentumsordnung individuelle Freiheitsräume gegen einander abgrenzt, dient sie dem formalen Prinzip der Rechtssicherheit. Ob sie darüber hinaus die ihr zugeschriebenen Funktionen des Leistungsanreizes und der Machtteilung erfüllt, hängt von einer Reihe im einzelnen weitgehend unerforschter Faktoren ab. In den modernen Industriegesellschaften tritt für den einzelnen die Rolle der Dispositionsbefugnis hinter der Bedeutung zurück, die staatliche Daseinsvorsorge und Konsumentenschutz gewonnen haben. Dank der seit den dreißiger Jahren in den Vordergrund gerückten Einkommenssicherung durch Vollbeschäftigung hat sich die Notwendigkeit der Existenzsicherung durch Vermögensmehrung gemildert. Leistungsfähigkeit und Ausbildungsgrad beeinflussen zunehmend den gesellschaftlichen Status. Eine Analyse der gesamtgesellschaftlichen Herrschaftsverhältnisse steht aus, doch kann vermutet werden, daß die Beziehung von industrieller zu politischer Macht nicht mehr die singuläre Rolle spielt, die sie im 19. Jahrhundert hatte (cf. ib.: 38). Weniger noch als für die modernen Industriestaaten lassen sich aber für die Entwicklungsländer, die aus verschiedensten, von gemeinwirtschaftlichen bis zu feudalistischen reichenden Stadien in die industrielle Phase zu springen suchen, generelle Aussagen über kommende Funktionen des Privateigentums machen.

3. Problematik staatlicher und privater Investitionen im Ausland

Die vielfältigen, den staatlichen und privaten Auslandsinvestitionen zugrundeliegenden Motivationen und Berechnungen haben vermutlich gemeinsam, daß sie mit der Annahme verbunden sind, die zu erwartenden Gegenleistungen auf eine andere friedliche (eventuell auch gewaltsame) Weise nur gegen größere Aufwendungen erhalten zu können. Dem steht auf der Empfängerseite wahrscheinlich die Überzeugung gegenüber, gleichwertige Investitionen anderenorts nur gegen höhere Gegenleistungen erhalten zu können.

a) Staatliche Investitionen

Staatliche Auslandsinvestitionen werden vielfach als Auslandshilfe bezeichnet, soweit sie in Entwicklungsländer gehen, als Entwicklungshilfe. Es kann sich dabei um wirtschaftliche und um militärische Hilfe handeln; letztere bleibt hier außer Betracht. Die Staaten können sie allein und gemeinschaftlich gewähren und auf der Empfängerseite politisch zwischen Feinden, Neutralen und Freunden unterscheiden. Mittel der Auslandsinvestitionen sind grundsätzlich sämtliche Formen geldwerter Zuwendungen; Geld- und Warenkredite sowie technische Hilfe spielen eine Hauptrolle.

b) Private Investitionen

Private Auslandsinvestitionen lassen sich als ein Umdirigieren privater Ersparnisse verstehen, das die bisherigen Produktions- und Handelsmuster abändert. Hauptformen privater Auslandsanlagen, die vielfach in kurz-, mittel- und langfristige unterteilt werden, sind die Direktinvestitionen, Wertpapieranlagen, Bankdarlehen und Lieferantenkredite.

Unter Direktinvestitionen werden grenzüberschreitende Transaktionen zwischen Muttergesellschaft und ausländischer Tochtergesellschaft verstanden. Das beginnt mit der Gründung oder mit dem Erwerb einer ausländischen Firma und setzt sich in vielfältiger Weise, etwa in der Reinvestition von Gewinnen oder in einer Darlehnsgewährung fort. Die Bankdarlehen an Ausländer werden nicht mehr nur kurzfristig, sondern langfristig, mit Laufzeiten von über fünf Jahren, gewährt. Neben die gebräuchlichen kurzfristigen Lieferantenkredite sind in neuer Zeit auch längerfristige Kredite getreten; genauere Daten über diese als wichtig eingestufte Form der privaten Auslandsinvestition liegen allerdings nur in geringem Umfang vor (cf. Peter B. Kenen 1968: 27s).

c) Politische Aspekte der Auslandsinvestitionen

Politisch wird häufig zwischen normalen Auslandsinvestitionen und internationaler Wirtschafts- und Finanzhilfe unterschieden; bei den letzteren überwiege die politische Zielsetzung die wirtschaftlichen Motive. Diese Unterscheidung hat für die in dieser Arbeit untersuchten Problemkreise wenig Wert, weil die rechtlichen Formen der Zuwendungen mit Ausnahme der unentgeltlichen Leistungen einander entsprechen und nach wirtschaftichen Kriterien eine allgemein akzeptable Grenzziehung schwer möglich ist. Die Unterscheidung entfaltet allerdings eine eminente politische Bedeutung: die Entwicklungsländer knüpfen an die als Hilfe bezeichneten Anlagen die Hoffnung, unverhältnismäßig viel Wohlstand zu erzeugen; in den Geberländern, in denen die Vorstellung herrscht, ohne massive Entwicklungshilfe würden die internationalen Einkommensunterschiede moralisch untragbar und politisch gefährlich, erwartet man politische Dankbarkeit. Nach den Erfahrungen der letzten zwanzig Jahre erfüllen sich die beiderseitigen Erwartungen selten.

d) Widrigkeiten bei der Entwicklungshilfe

Die Schwierigkeiten, die einer effektiven Entwicklungshilfe, einem schnelleren Heranwachsen der unterentwickelten Nationen an den Standard der Industrienationen, entgegenstehen, sind zu mannigfach, um hier auch nur skizziert werden zu können. Einige Bemerkungen zur Situation in den Entwicklungsländern und zu den Terms of Trade, den beiden Hauptkomplexen, sind gleichwohl im Interesse eines besseren Verständnisses notwendig.

Mit Entwicklungsländern sind Staaten mit einem relativ niedrigen realen Volkseinkommen pro Kopf gemeint, von denen man annimmt, daß eine bessere Nutzung der Produktionsfaktoren möglich sei und zu einer stärkeren Steigerung des Volkseinkommens führen würde. Zugleich wird unterstellt, daß jene Steigerung der Produktionsfähigkeit und Kaufkraft im Interesse der weniger wie der mehr entwickelten Staaten liegt.

e) Zur soziologischen Problematik

Richard F. Behrendt (1961: 232) kennzeichnet die ursprünglichen Gesellschaftssysteme als traditional und religiös unterbaute Schichtungsstrukturen, die auf Kasten oder Stände gegründet seien. Die Herrschaftsordnungen seien autoritär. Es fehle ein breiter Mittelstand im Sinne des europäischen Besitz- und Bildungsbürgertums. Primärgruppen wie Sippe, Stamm und Gemeinde würden eine stark integrierende Wirkung entfalten. In Technik und Wirtschaft würden als Hilfsmittel vorwiegend Werkzeuge und Geräte dienen. Einer schmalen, reichen Oberschicht stehe eine breite arme oder elende, weitgehend analphabetische Unterschicht gegenüber. Hierin liegen Behrendt zufolge die entscheidenden Ursachen für die Unterentwicklung, nicht in biologischen (geografische Lage, Rasse) oder rein wirtschaftlichen (Untertechnisierung, Kapitalmangel) Gründen. Sie seien zu sehen in Verhaltensweisen und gesellschaftlichen Strukturen, namentlich den traditionalen Schichtungs- und Besitzverteilungssystemen und ihren komplexen Auswirkungen auf Rechtsordnung und Bildungswesen. Die zumeist jahrhundertealte Gewöhnung an autoritäre Herrschaftsbeziehungen habe die Herausbildung von freiwilliger individueller und kollektiver Initiative und Risikobereitschaft, von Berufsethos, Aufstiegswillen und kollektivem Verantwortungsgefühl erschwert oder unterbunden. Solche Verhaltensweisen, die für dynamische, demokratische Wirtschaftsordnungen erforderlich seien, könnten deshalb nur allmählich und unter Schwierigkeiten übermittelt und übernommen werden (ib.: 239).

f) Zur ökonomischen Problematik

Die theoretische Ausgangsfrage, ob die seit dem achtzehnten Jahrhundert in den westlichen Industriestaaten gesammelten wirtschaftswissenschaftlichen Erkenntnisse und Einsichten in wirtschaftliche Gesetzlichkeiten für unterentwickelte Staaten fruchtbar gemacht werden können, ist erst jetzt, nachdem die Entwicklungsstrategien den Abstand zwischen den durchschnittlichen Realeinkommen in den reichen und den armen Ländern nicht verringert haben, in den Vordergrund gerückt. Pauschal dürfte sie dahin zu beantworten sein, daß die hauptsächlichen, in Theorien erklärten Erscheinungen, Regelmäßigkeiten und Kausalzusammenhänge des Wirtschaftskreislaufs, des Sozialprodukts, der Produktion, des Preises, von Einkommen und Beschäftigung, von Wachstum und Konjunktur, der Einkommensverteilung, des Geldes und der Außenwirtschaft auch in den Entwicklungsländern zu beobachten sind. Zieht man aber in Betracht, daß diesen bei hoher Abstraktion erkennbaren Gleichheiten eine soziale Wirklichkeit vorgegeben ist, die der der Industriestaaten nicht entspricht, wird offensichtlich, warum so viele nur die Gleichheiten berücksichtigenden Bemühungen in den beiden vergangenen Jahrzehnten so enttäuschende Resultate zeitigten. Zugleich ist gesagt, daß wirtschaftliche und technische Hilfe eher Erfolge erzielen kann, wenn die länderweise sehr unterschiedlichen gesellschaftlichen und kulturellen Gegebenheiten in die Überlegungen über die Wahrscheinlichkeiten wirtschaftlicher Wirkungen einbezogen werden.

Dem steht die Vorstellung von einem sich selbst erzeugenden und erhaltenden Zirkel der Armut, in dem die Entwicklungsländer gefangen seien, gegenüber. Nach der einfachsten Darstellung soll das niedrige Einkommensniveau keine Ersparnis erlauben und damit die zur Einkommenssteigerung nötige Kapitalbildung verhindern; Unterernährung und schlechter Gesundheitszustand würden die Arbeitsproduktivität niedrig halten; starker Bevölkerungszuwachs verhindere, daß eine Steigerung des Sozialprodukts zu einem Anstieg der Durchschnittseinkommen führe. Dazu ist bemerkt worden, die heute fortgeschrittenen Länder hätten alle mit einem im Durchschnitt niedrigen Pro-Kopf-Einkommen und geringem Kapitalbestand begonnen und sich wirtschaftlich entwickelt; in den meisten Fällen ohne nennenswerte auswärtige Hilfe. Einige Entwicklungsländer hätten in den letzten Jahrzehnten schnelle Fortschritte gemacht, selbst in Indien nehme immerhin die Zahl der Analphabeten ab, Seuchen und Hungersnöte hätten sich vermindert, die Kindersterblichkeit sei gesenkt, minderwertige Nahrungsmittel würden durch bessere Qualitäten ersetzt. Ob sich mit Recht behaupten lasse, daß sich der Abstand zwischen Arm und Reich vergrößere, sei zweifelhaft, da es sich bei der Entwicklung um eine relative Größe handele, die nicht linear durch die Zeit laufe (cf. Peter Thomas Bauer 1961: 245).

g) Terms of Trade

Die Terms of Trade geben das Preisverhältnis zwischen exportierten und importierten Gütern eines Landes an; steigt diese Größe infolge sinkender (konstanter) Einfuhrpreise bei konstanten (steigenden) Ausfuhrpreisen, bedeutet das ceteris paribus eine Verbesserung der Terms of Trade, da dann für denselben Ausfuhrerlös mehr Güter eingeführt werden können als vorher.

Mit einem Zahlenbeispiel verdeutlicht Otto Matzke (1971: 10) die Rolle der Terms of Trade für die Entwicklungsländer: im Zeitraum 1955/56 - 1968/69 konnten diese Länder ihr Exportvolumen um 32 % steigern; ihre Exporterlöse stiegen nur um 13 %. Berücksichtigt man, daß der Preisindex für die von den Entwicklungsländern importierten Industriegüter in der gleichen Zeit um 15 % stieg, zeigt sich, daß die Steigerung des Exportvolumens um 32 % nicht einmal ausreichte, um die Preiserhöhung für Importgüter zu kompensieren.

Matzke weist in seiner knappen, ausgewogenen Studie daraufhin, daß die mit dem Beispiel angedeutete Problematik nicht in die Frage nach dem ‚gerechten' Preis für Rohstoffe gelenkt werden sollte, weil damit nur verschleiert würde, daß die internationalen Rohstoffmärkte vielfältigen Einflüssen ausgesetzt sind, die sich der Kontrolle der einzelnen Produzenten und Abnehmer weitgehend entziehen. Es sollten mehr internationale Rohstoffabkommen mit Exportquoten angestrebt werden, ergänzt durch produktionsbeschränkende Maßnahmen, um Preise halten oder anheben zu können. Die Produktionsbeschränkungen würden ihrerseits Diversifizierungsmaßnahmen erfordern (ib.: 67). Dort, wo Entwicklungsländer mit entwickelten Staaten konkurrieren, wie auf dem Agrarsektor, müßten letztere nach und nach ihre Schutzmaßnahmen gegen die ‚Billigkonkurrenz' aufgeben (ib.: 70ss). Der zweite der beiden Vorschläge, die illustrativ aus einer Fülle von Anregungen herausgegriffen sind, scheint zu einem Zeitpunkt gemacht zu sein, da nationalistischer und regionalistischer Protektionismus zuzunehmen scheinen. Vorschläge an die Entwicklungsländer, sich aus dem internationalen Wirtschaftssystem zurückzuziehen oder Druck bis hin zur Form von Krieg auszuüben (Lars Rudebeck 1969: 277), könnten dann leichter Gehör finden.

4. Gegenstand und Methode

Es ist zwar angängig und vielfach üblich, rechtliche Erscheinungsformen zu abstrahieren und als unabhängig von ihrem ökonomischen, soziologischen, psychologischen, kulturellen und ideologischen Kontext zu behandeln. Abgesehen davon, daß dadurch allzu leicht das Trugbild einer abgeschlossenen Problematik entsteht, und daß ein solches Vorgehen dazu verleitet, sich auf Verständnis und Methoden einer einzelnen Disziplin zu beschränken, hat sich an der Hintergrundbetrachtung gezeigt, daß bei Fragen der Auslandsenteignung und des Investitionsschutzes die rechtlichen Aspekte oft genug zu deutlich und zu eng mit politischen, ideologischen und wirtschaftlichen Gesichtspunkten verbunden sind, als daß letztere ganz vernachlässigt werden könnten.

Es ist wahrscheinlich nicht völlig vermieden worden, daß versteckte Werturteile in die Arbeit eingeflossen sind; soweit bei der tendenziell werturteilsfreien Untersuchung Werturteile bewußt einbezogen wurden, sind sie ausgewiesen.

Die allen Enteignungen von Ausländern gemeinsame rechtliche Problematik beginnt mit einer Darstellung des materiellrechtlichen Fragenkomplexes. Ihr folgen die völkerrechtliche Bestimmung des Feldes ausländischer Enteignungsakte und kollisionsrechtliche Erörterungen zur Anwendung der ausländischen Enteignungsregelung. Daran anschließend sind die verfahrensrechtliche Bedeutung der Immunität und der Anerkennung und Fragen des diplomatischen Schutzes und des internationalen Gerichtswegs behandelt. Die Arbeit schließt mit einer Skizze zur Konzeption einer multilateralen Versicherungsorganisation zur Deckung nichtkommerzieller Risiken. Das Schwergewicht der Erörterungen liegt bei den friedensvölkerrechtlichen Regelungen; andere Rechtsbereiche sind berücksichtigt, soweit dies im Interesse eines besseren Verständnisses des Gesamtkomplexes geboten erschien.

II. Rechtmäßige und rechtswidrige Enteignung

Die Frage nach der materiell-rechtlichen Position des Eigentums ist die vielleicht am heftigsten umstrittene Thematik innerhalb der Enteigungsproblematik. Ideologische Gegensätze brechen hier unverhüllt auf; hinzu tritt die subjektive Schwierigkeit, das eigene gefühlsmäßige Verhältnis zu materiellen Gütern, unserer existenziellen Basis, hintanzustellen. Die Analyse sei deshalb mit jenen Sätzen eingeleitet, mit denen Ludwig Felix 1883 den ersten Teil seiner sechsbändigen ‚Entwicklungsgeschichte des Eigentums' beschloß:

‚So sehen wir denn, daß unser Planet nichts Festes, nichts für die Dauer Unerschütterliches darbietet, daß, wie Herakleitos aus Ephesos schon erkannte, alle Formen in ewigem Flusse begriffen sind. Die Erdvesten selbst wanken, mit ihnen schwankt die gesamte belebte und unbelebte Natur, und keine dieser Wandlungen vollzieht sich, ohne die Eigenthumsverhältnisse in größerem oder geringerem Umfange zu beeinflussen. Die Hebungen und Senkungen, die Anschwemmungen, die Häfenversandungen, die klimatischen Veränderungen wirken theils fördernd, theils hemmend auf die Entwicklung des Eigenthums ein. Die allmähliche Veredlung der Flora und Fauna erhöht den materiellen und idealen Nutzen, die Verbreitung derselben erweitert die Sphäre der Gegenstände des Eigenthums und ruft neue die Eigenthumsentwicklung fördernde Thätigkeiten hervor, während das Verschwinden von Pflanzen und Thieren diese Entwicklung hemmt. Mächtiger, wunderbarer, folgenreicher als alle diese Wandlungen sind diejenigen, denen der Miturheber derselben, der Mensch, unterworfen ist. Die Erweiterung und Vervollkommnung seiner Sinneswahrnehmungen, das Wachstum seines geistigen Vermögens und die dadurch hervorgerufenen mannigfaltigen neuen Bedürfnisse steigern die Kunstfertigkeiten in des Wortes weitester Bedeutung; die sich entwickelnden intellectuellen wie sittlichen Anlagen wetteifern zugleich mit einander, um den Menschen zu immer angemessenerem Gebrauche seiner Kräfte zu bestimmen, während insbesondere das der Erhöhung der sittlichen Gefühle entspringende Wohlwollen immer eindringlicher mahnt, früher zurückgesetzte Kreise der Wohlthat des Eigenthums theilhaft werden zu lassen, ein Verlauf, welcher sich nicht allenthalben gleichmäßig, und nirgends ohne zeitweilige Hemmungen und scheinbare oder wirkliche Rückschritte vollzieht, wobei aber die positiven Resultate die weitaus überwiegenden sind.

Diese Allgemeinheit des Wechsels läßt uns die Nothwendigkeit des ewigen Schwankens der Werthe erkennen — der Werthe, welche eben nichts anderes als der Ausdruck unseres unablässig sich ändernden Verhältnisses zu den an Gestalt, Güte und Menge sich unaufhörlich wandelnden Eigenthumsgegenständen sind, woraus klar hervorgeht, daß der Werth etwas rein Ideales und immer relativ Aufzufassendes ist.

Aus diesen unaufhörlichen Veränderungen müssen wir die Lehre schöpfen, daß es unserem Geschlechte nicht beschieden ist, dauernd der Ruhe zu pflegen, unbekümmert um alle äußeren Vorgänge, ununterbrochen behaglich zu genießen. „Toujours en vedette" muß insbesondere die Losung der wirthschaftenden Menschheit sein, deren Existenzbedingungen sich jeden Augenblick verändern, weshalb sie, jeden Fortschritt aufmerksam verfolgend, diesen Wandlungen ihre Lebensweise und ihre Leistungen anzubequemen suchen muß. Erhebend ist hierbei die Betrachtung, daß die Menschheit nicht nur vervollkommnungsfähig ist, sondern daß sie sich auch nothwendig vervollkommnen muß, um den ihr in unaufhörlich neuen Formen aufgenötigten Kampf ums Dasein siegreich zu bestehen.' (Band I: 307s).

1. Der Begriff des Eigentums im Völkerrecht

Das Völkerrecht kennt keinen eigenen festumschriebenen Eigentumsbegriff; heute wird allgemein davon ausgegangen, daß er sämtliche im innerstaatlichen Bereich rechtlich geschützten vermögenswerten Interessen umfaßt. In Abwandlung eines Satzes von Helmut Strebel (1960: 229) mag gesagt werden, daß darunter fällt, was als Objekt einer Vermögensentziehung in Betracht kommt.

Vielfach ist allerdings darüber hinaus versucht worden, das Eingriffsobjekt mit der Eingriffsart in Definitionen zusammenzufassen, die mit Etiketten wie Afrikanisation, Expropriation, Konfiskation, Nationalisierung, Sozialisierung, sozialistische Nationalisierung und Verstaatlichung behängt wurden[1]. Keine der angebotenen Begriffsbestimmungen hat sich durchsetzen können; sie zeichnen sich durch Unbestimmtheit, Lückenhaftigkeit, fruchtlose Willkürlichkeit und die Tendenz aus, einen Rechtssatz zu enthalten: Tatbestandsmerkmale und Folgen des Entziehungsakts zu inkorporieren[2]. Da sie zum Verständnis des Eigentumsbegriffs nicht beitragen und davon abgesehen die Klä-

---

[1] Cf. etwa die von *Fritz Münch* zusammengestellten Definitionen zur Nationalisierung (1959: 419), ferner die Kritik *Isi Foighels* (1957: 14 - 18) und dessen eigenen Definitionsversuch (ib.: 19).

[2] So bei *Samy Friedman* 1953: 5ss; *Gillian White* 1961: 43, 50.

rung der Rechtslage nicht erleichtern, ist darauf verzichtet, sie zu diskutieren[3].

2. Die Stellung des Eigentums im Völkerrecht

Bei der Behandlung der Rolle, die das Eigentum in der Völkerrechtsordnung spielt, ist eine Vorbemerkung zum Ideologieproblem zu machen. Wie Felix feststellt, sind Eigentumsverhältnisse und Eigentumsverständnis ständigem Wandel unterworfen; sie sind zur gleichen Zeit in verschiedenen Staaten unterschiedlich geregelt und ideologisiert. Die jeweiligen heimatlichen Betrachtungsweisen beeinflussen nun allenthalben auch die internationale Perspektive, obwohl sich zeigt, daß keine der herrschenden Eigentumsideologien für eine Interpretation der völkerrechtlichen Rolle des Eigentums fruchtbar gemacht werden kann. Das sei dargetan.

a) Das Ideologieproblem

Die hier gemeinten Ideenlehren setzen ihre Aussagen, klassischer Denktradition folgend, in der Weise absolut, daß sie sie zur Wahrheit, zum raum- und zeitunabhängigen Richtigen erklären. Christentum und Marxismus sind Prototypen solcher Lehren; beide geben absolut verbindliche Letztdeutungen an die Hand. Es liegt nahe, die in ihnen geoffenbarten Eigentumsordnungen in positives Recht umzumünzen und ihre Doktrinen mit Anmerkungen zu versehen.

In manchem Kontext muß aber davon abgesehen werden, denn jene Dogmen (und alle auf Ideologien und Theologien im Sinne dieser Ausführungen zurückgehenden Thesen) verlassen die Sphäre wissenschaftlicher Theorie, weil sie mit wissenschaftlichen Hilfsmitteln nicht verifiziert oder falsifiziert werden können[4]. Dabei ist belanglos, ob sie sich selber als überprüfbar hinstellen (cf. Ernst Topitsch 1966: 90); es genügt, daß sie mit dem Anspruch auftreten, sie hätten das Bild des wahren Seins und verkündeten das wahre Sollen im Diesseits, ohne ihre Behauptungen intersubjektiv ausweisen zu können.

Zwei das Eigentum betreffende Äußerungen sind charakteristisch:

‚Gott ist der eigentliche Eigentümer der Erde, das wesentliche Eigentumssubjekt. Indem der Mensch aber als Hoheitszeichen, als Mandatar

---

[3] Natürlich kann es innerhalb einer Studie sinnvoll und nach der Konzeption des Autors notwendig sein, Eigentumsentziehungen zu definieren (cf. *Seidl-Hohenveldern* 1952: 5); hier ist vor allem jenen Bemühungen aus dem Weg gegangen, die darauf zielen, in der Hülle einer Definition eine auf die neuen Phänomene wie ‚Nationalisierung' anwendbare Norm zu kreieren.

[4] Der so verstandene Ideologiebegriff ist *Theodor Geiger* (1949: 141ss, 143) zu verdanken.

Gottes in die Welt gesetzt ist, ist er zugleich aufgerufen, den Herrschaftsanspruch Gottes zu wahren und durchzusetzen und über die Erde verantwortlich zu verfügen.' (Rolf-Peter Callies 1962: 107).

,Wenn sich die Produktionsmittel in den Händen eines Teils der Gesellschaft befinden und der andere Teil der Gesellschaft keine Produktionsmittel besitzt, dann sind die Verhältnisse zwischen den Menschen Verhältnisse der Herrschaft und Unterordnung, der Ausbeutung und Unterdrückung. Wenn die Produktionsmittel gesellschaftliches Eigentum sind, dann beruhen die Verhältnisse zwischen den Menschen auf Zusammenarbeit und gegenseitiger Hilfe.' (Konstantinow-Kollektiv 1966: 397).

Solche Sätze sind nicht nachprüfbar.

Die marxistische Fassung mag auf den ersten Blick darüber hinwegtäuschen. Aber Begriffe wie Herrschaft, Unterordnung, Ausbeutung, Unterdrückung, Zusammenarbeit und Hilfe sind in ihrem qualitativen und quantitativen Verständnis ins Belieben des schauenden Exegeten gerückt. Ferner ist unerfindlich, wie über die gesellschaftlichen Produktionsmittel verfügt werden soll, wenn gesichert scheint, daß nicht einzelne oder Gruppen mandatarenähnlich tätig werden sollen (cf. ib.: 396).

b) Koexistenzwilligkeit

Die Ausgrenzung jener Thesen enthält keine Herabsetzung der ihnen zugrundeliegenden Empfindungen und Überzeugungen, denn wie Geiger schreibt, ist Sachlichkeit keine allgemeine Tugend und Subjektivität kein Laster[5]. Andererseits bleibt zu notieren, daß die Beiträge jener Lehren nicht dadurch wissenschaftlich diskutabel werden, daß sie sich koexistenzwillig geben. Denn die Bereitschaft zu friedlicher Koexistenz beinhaltet keine Modifizierung der eigenen dogmatischen Basis, sondern ist, — negativ gesehen —, nichts weiter als das Anerkenntnis, daß man gegenwärtig nicht über Mittel verfügt, jene Position ohne übergroße eigene Gefährdung gewaltsam durchzusetzen[6]. Bei Betrach-

---

[5] ,Aber Sachlichkeit ist Voraussetzung richtigen Erkennens — und nur das theoretische Erkennen fordert Sachlichkeit als seine Voraussetzung, weil nur das theoretische Erkennen dem Maßstab der Richtigkeit (Wahrheit) unterworfen ist. Wer in seinem theoretischen Denken nicht durch asketische Distanznahme den Gefühlsfaden zu zerschneiden vermag, der ihn an das zu Erkennende bindet, erkennt nicht die Dinge, sondern interpretiert sein Verhältnis zu ihnen.' (*Geiger* 1949: 150s).

[6] Das illustriert bei aller Geschicklichkeit im Ausdruck etwa die Stellungnahme *Adam Schaffs* (cf. 1966: 100s) zu dem oben erwähnten Vortrag von *Ernst Topitsch*. Mit den obigen Feststellungen ist die friedenschützende Funktion der der Koexistenzpolitik zugrundeliegenden balance of powers nicht abgewertet.

tung der völkerrechtlichen Rolle des Eigentums muß deshalb grundsätzlich gelten, daß auch ideologisch begründete Positionen, die mit absolutem Richtigkeitsanspruch auftreten, nur als relativ richtige relevant sind.

3. Die materiell-rechtliche Problematik

Vielfach wird die Diskussion der materiell-rechtlichen Enteignungsproblematik im Völkerrecht mit der Behandlung von Enteignungsfällen begonnen. Das ist an sich nicht verkehrt, doch zeigt die Erfahrung, daß man dort stehenbleibt, jeder bei seinen Fällen und seinen Interpretationen: die Auseinandersetzung wird zu einer immer stärker ritualisierten Spiegelfechterei.

Beim Allgemeinen beginnend, kann die Analyse der Rechtslage mit der Feststellung eingeleitet werden, daß es eine im Sinne einer Eigentumslehre entschiedene internationale Eigentums- und Wirtschaftsverfassung nicht gibt. In seinem heutigen Stand überläßt es das Völkerrecht grundsätzlich den Staaten, die Wirtschafts- und Eigentumsverhältnisse im Inneren und die Wirtschaftsbeziehungen nach außen selber zu bestimmen[7]; in einzelnen Sachbereichen kennt es multi- und bilaterale Regelungen. Andererseits, und das ist im Prinzip unbestritten, enthält das Völkerrecht Vorschriften über die Behandlung des Eigentums von Ausländern. — Für ihr Verständnis ist die generelle Offenheit gegenüber den Güterordnungen nicht unerheblich; sie verbietet, die völkerrechtlichen Enteignungsvorschriften dergestalt zu interpretieren, daß durch sie die wirtschaftspolitische Freiheit eines Gemeinwesens aufgehoben wird.

Nach diesen vor die Klammer gezogenen Feststellungen sind die völkerrechtlichen Verträge, die Gerichts- und Entschädigungspraxis, Minimum Standards und Allgemeine Rechtsgrundsätze auf ihre Aussagen über den Inhalt der Vorschriften zu untersuchen.

---

[7] Die prinzipielle Freiheit der Staaten, ihre interne Ordnung selber zu setzen, sollte nicht mit dem sogenannten Selbstbestimmungsrecht der Völker verwechselt werden, denn damit wird der Anspruch einer Gruppe von Menschen bezeichnet, die das eigene Schicksal frei von der gerade herrschenden staatlichen Gewalt bestimmen möchte (cf. *Hubert Armbruster* 1962: 250). In diesem Sinn steht das Selbstbestimmungsrecht, das allgemein nicht als Rechtsregel, sondern als politisches Prinzip gesehen wird (cf. ib.: 254), vielmehr in gewissem Gegensatz zur Staatensouveränität. Die sowjetische Völkerrechtslehre, die im Hinblick auf Länder, die von anderen Staaten als der Sowjetunion abhängig sind, von Selbstbestimmungsrecht spricht, meint damit das Recht solcher Nationen/Völker, einen eigenen Staat zu bilden und/oder sich aus der Abhängigkeit zu befreien (cf. *Tunkin* 1963: 36ss).

4. UN-Resolutionen

Über die rechtliche Bedeutung der Entschließungen der UN-Vollversammlung flackert hin und wieder Streit auf, genährt durch unterschiedliches Rechtsverständnis und die an die Vereinten Nationen geheftete Hoffnung, auf der Basis breiter Übereinstimmung eine effektive Friedensordnung zu schaffen. Gleichwohl ist, wie Heinz Guradze neuerdings noch einmal ausführlich dargelegt hat (1970: 49ss), der herkömmlichen und herrschenden Meinung darin zu folgen, daß die Resolutionen als Empfehlungen im Sinne des Artikels 13 Absatz 1 Buchstabe a UN-Charta anzusehen sind: sie sind nicht bindend.

Soweit sie Rechtssätze aussprechen, geschieht das deklaratorisch. Sie können freilich ein Indiz für die opinio iuris sein und als Hilfsmittel bei der Rechtsauslegung im internationalen und nationalen Bereich verwendet werden; in dieser Funktion und als Empfehlung an den Gesetzgeber können sie unter Umständen erhebliche rechtspolitische Wirkungen zeitigen; ein eigenständiger Nachweis für eine Rechtsregel läßt sich hingegen nicht mit ihnen führen.

Die 1952 im Rahmen der Menschenrechts-Diskussion gefaßten Resolutionen sagen nichts zum Schutz ausländischer Investitionen; sichtbar wird lediglich der erfolglose Versuch, eine Synthese zwischen der Handlungsfreiheit einer Regierung und der Sicherheit ausländischen Kapitals zu finden[8]. In der am 14. Dezember 1962 angenommenen Resolution heißt es unter I: 4[9]:

‚La nationalisation, l'expropriation ou la réquisition devront se fonder sur des raisons ou des motifs d'utilité publique, de sécurité ou d'intérêt national, reconnus comme primant les simples intérêts particuliers ou privés, tant nationaux qu'étrangers. Dans ces cas, le propriétaire recevra une indemnisation adéquate, conformément aux règles en vigueur dans l'Etat qui prend ces mesures dans l'exercice de sa souveraineté et en conformité du droit international.'

Petren versteht den nicht eindeutigen Wortlaut als Anerkennung des Vorhandenseins völkerrechtlicher Regeln über die Entschädigung von Ausländern im Enteignungsfall (1963: 563); die Passage kann auch als Leerformel gesehen werden, die lediglich auf das (möglicherweise schweigende) Völkerrecht verweist[10].

---

[8] Resolution 523 (VI), 626 (VII), cf. *Petren* 1963: 561. Nach *Seidl-Hohenveldern*, der die Beiträge der Vereinten Nationen mehr als bescheiden nennt, führen die Gegensätze auf die Frage zurück, ob man mit *Thomas von Aquin*, den Kalvinisten und *Locke* das Eigentum als ein Naturrecht ansieht, oder ob man mit *Rousseau* annimmt, das Eigentum könne nur soweit bestehen wie der Souverän gewillt sei, es anzuerkennen und zu schützen (1958: 198s).

[9] Resolution 1803 (XVII), zitiert nach *Petren* 1963: 563.

[10] Das Wirtschaftskomitee des Völkerbundes ist in der Draft Convention on

5. Artikel 1 des Zusatzprotokolls zur Europäischen Menschenrechtskonvention (ZPMRK)

Die amtliche deutsche Übersetzung des Artikels 1 ZPMRK lautet:

‚Jede natürliche oder juristische Person hat ein Recht auf Achtung ihres Eigentums. Niemandem darf sein Eigentum entzogen werden, es sei denn, daß das öffentliche Interesse es verlangt, und nur unter den durch Gesetz und durch die allgemeinen Grundsätze des Völkerrechts vorgesehenen Bedingungen.

Die vorstehenden Bestimmungen beeinträchtigen jedoch in keiner Weise das Recht des Staates, diejenigen Gesetze anzuwenden, die er für die Regelung der Benutzung des Eigentums im Einklang mit dem Allgemeininteresse oder zur Sicherung der Zahlung der Steuern oder sonstigen Abgaben oder von Geldstrafen für erforderlich hält.‘

Wie der Wortsinn nahelegt und die Entstehungsgeschichte bestätigt, enthält dieser Artikel lediglich eine Verweisung auf die allgemeinen Grundsätze des Völkerrechts über die Eigentumsentziehung (cf. Böckstiegel 1963: 11ss, 149). Wenn die Vertragsparteien damit auch inzident die Existenz solcher Grundsätze anerkennen, so sagen sie doch nichts über den Inhalt. Es scheint, daß sich die Delegationen seinerzeit (1951) nicht dahin einigen konnten, eine Entschädigungspflicht zu statuieren (cf. ib.: 18s).

6. Die Draft Convention on the Protection of Foreign Property der OECD aus dem Jahr 1967

Unmittelbare Vorgänger dieses Entwurfs in der an Entwürfen reichen Geschichte des Eigentumsschutzes[11] sind der Entwurf einer Convention on Investments Abroad, der 1959 unter der Leitung von Hermann Josef Abs und Lord Shawcross entstand, und der OECD-Entwurf aus dem Jahr 1962[12]. Mit seinen Vorgängern teilt der Entwurf 1967 das Schicksal, von keinem ratifiziert oder auch nur unterzeichnet worden zu sein; die in ihm statuierten Artikel sind nicht Recht geworden.

In der Resolution des Ministerrats zu dem Entwurf heißt es, der Entwurf enthalte anerkannte Prinzipien über den Schutz ausländischen Eigentums, verbunden mit Regeln, die die Anwendung dieser Prin-

---

the Treatment of Foreigners hinsichtlich des in Artikel 11 behandelten Vermögensschutzes bei der Inländergleichbehandlung stehengeblieben (cf. *Veith* und *Böckstiegel* 1962: 78ss).

[11] Cf. *Nwogugu* 1965: 135ss. Eine gute Übersicht über die Kodifikationsversuche privater Einrichtungen bieten *Veith* und *Böckstiegel* (1962: 100ss).

[12] Ausführlich zu dem Entwurf einer Convention on Investments Abroad: *Schwarzenberger* 1969: 109ss.

zipien effektiver gestalten sollen. Die klare Darlegung dieser Prinzipien werde ein wertvoller Beitrag zur Stärkung der internationalen wirtschaftlichen Zusammenarbeit auf der Basis des Völkerrechts und gegenseitigen Vertrauens sein.

Die Verfasser des Entwurfs, als dessen Vater Alexander B. Elkin gilt, und der Ministerrat halten die folgenden Regeln für Grundsätze des allgemeinen Völkerrechts[13]:

1. Ausländisches Eigentum muß gerecht und billig (‚fair and equitable') behandelt werden; das heißt, die Entziehungen dürfen nicht gegen den internationalen Minimum Standard verstoßen.
2. Die Entziehungen müssen im öffentlichen Interesse vorgenommen sein.
3. Sie dürfen nur in rechtsstaatlicher Weise (‚under due process of law') erfolgen.
4. Sie dürfen nicht diskriminierend sein.
5. Gerechte und effektive Entschädigung ist zu gewähren.

Eine solche Ersatzleistung erfasse den wirklichen Wert des betroffenen Eigentums. Sie sei unverzüglich zu gewähren und müsse in dem Maß transferierbar sein, daß sie für den anspruchsberechtigten Ausländer wirksam sei (cf. OECD-Entwurf 1967 Artikel 3 Absatz 3 Satz 2). Als wirklicher Wert wird der ‚faire' Marktpreis angenommen (cf. ib.: 27).

Jenes Völkerrechtsverständnis kann als die offizielle Einschätzung der Rechtslage seitens der OECD-Mitglieder Belgien, Bundesrepublik Deutschland, Dänemark, Griechenland, Irland, Island, Italien, Japan, Kanada, Luxemburg, Niederlande, Norwegen, Österreich, Portugal, Schweden, Schweiz, Vereinigtes Königreich und Vereinigte Staaten gelten[14]. Die Regeln sind damit ein gewichtiges Indiz für bestehendes Recht. Falls und soweit sie ein Wunschdenken jener Staaten dokumentieren, weisen sie auf Entwicklungstendenzen hin, denn die Resolution betont, daß die Mitgliedsstaaten sie befolgen und empfiehlt eine breitere Beachtung[15].

---

[13] In dieser Zusammenstellung ist die entwurfeigene Kommentierung berücksichtigt, die dem dritten Absatz der Resolution zufolge anscheinend Bestandteil des Entwurfs sein soll; für diese Auslegung auch *Schwarzenberger* (1969: 155).

[14] Spanien und die Türkei haben sich der Stimme enthalten.

[15] Auf etwas anderer Ebene liegen die Leitsätze für Auslandsinvestitionen, die der Rat der Internationalen Handelskammer Ende 1972 beschlossen hat. Dort wird mit Hilfe von Empfehlungen, die allen Landesgruppen der Internationalen Handelskammer zur Stellungnahme vorgelegen haben, versucht, zwangsläufige und mögliche Interessengegensätze zwischen Investor und Gastland in den Rahmen partnerschaftlicher Zusammenarbeit zu stellen

7. Die seit 1958 geschlossenen Investitionsschutzverträge

Die Empfehlung ist auf bereiteten Boden gefallen; zwischen 1958 und 1969 haben kapitalexportierende Länder und ihre importierenden Partner 67 bilaterale sogenannte Investitionsförderungsverträge geschlossen, von denen 1969 schon 45 in Kraft getreten waren[16]. Diese Verträge folgen, soweit sie den Schutz von Kapitalanlagen betreffen, im wesentlichen den multilateralen Entwürfen. So heißt es in dem Muster eines Investitionsförderungsvertrages der Bundesrepublik Deutschland, das als exemplarisch gelten darf, in Artikel 3[17]:

‚1. Kapitalanlagen von Staatsangehörigen oder Gesellschaften einer Vertragspartei genießen im Hoheitsgebiet der anderen Vertragspartei vollen Schutz und Sicherheit.

2. Kapitalanlagen von Staatsangehörigen oder Gesellschaften einer Vertragspartei dürfen im Hoheitsgebiet der anderen Vertragspartei nur zum allgemeinen Wohl und gegen Entschädigung enteignet werden. Die Entschädigung muß dem Wert der enteigneten Kapitalanlagen entsprechen, tatsächlich verwertbar und frei transferierbar sein sowie unverzüglich geleistet werden. Spätestens im Zeitpunkt der Enteignung muß in geeigneter Weise für die Festsetzung und Leistung der Entschädigung Vorsorge getroffen sein. Die Rechtmäßigkeit der Enteignung und die Höhe der Entschädigung müssen in einem ordentlichen Rechtsverfahren nachgeprüft werden können.

3. Staatsangehörige oder Gesellschaften einer Vertragspartei, die durch Kriege oder sonstige bewaffnete Auseinandersetzungen, Revolution, Staatsnotstand oder Aufruhr im Hoheitsgebiet der anderen Vertragspartei Verluste an Kapitalanlagen erleiden, werden von dieser Vertragspartei hinsichtlich der Rückerstattung, Abfindung, Entschädigung oder sonstigen Gegenleistungen nicht weniger günstig behandelt werden als ihre eigenen Staatsangehörigen oder Gesellschaften. Solche Gegenleistungen sind frei transferierbar.

4. Hinsichtlich der in diesem Artikel geregelten Angelegenheiten genießen die Staatsangehörigen oder Gesellschaften einer Vertragspartei im Hoheitsgebiet der anderen Vertragspartei Meistbegünstigung.‘

Die folgenden 35 Staaten haben ähnliche Regelungen als verbindlich anerkannt: Belgien, Bundesrepublik Deutschland, Ceylon, Costa Rica,

---

und dort zu lösen. Investitionsschutzabkommen sind in diesen Rahmen einbezogen. Einen ersten Überblick bietet *Arendt* 1973: 247ss.

[16] Cf. Doc. 14/69: 2ss der Association internationale pour la promotion et la protection des investissements privés en territoires étrangers (APPI).

[17] Zitiert nach *Justus Alenfeld* 1971: 176.

Elfenbeinküste, Ekuador, Frankreich, Ghana, Griechenland, Guinea, Indien, Iran, Kamerun, Kongo (Brazzaville), Korea (Süd), Liberia, Luxemburg, Madagaskar, Malta, Malaysia, Marokko, Niederlande, Niger, Pakistan, Schweiz, Senegal, Sierra Leone, Sudan, Tanzania, Thailand, Togo, Türkei, Tunesien, das Vereinigte Königreich und die Zentralafrikanische Republik.

8. Freundschafts-, Handels- und Schiffahrtsverträge

Neben den Investitionsschutzverträgen der oben geschilderten Art ist seit 1945 eine Vielzahl von Vereinbarungen getroffen worden, in die teilweise der seit dem Ende des neunzehnten Jahrhunderts bestehenden Praxis bei Handels-, Niederlassungs- und Schiffahrtsverträgen entsprechend eine Meistbegünstigungsklausel aufgenommen ist (cf. Fouilloux 1962: 47). Dadurch wird sichergestellt, daß der geschützte Personenkreis jedenfalls nicht schlechter behandelt wird als irgend eine andere von der Enteignung betroffene Person. Zum Teil entsprechen jene Abmachungen, die weitere Bereiche erfassen, als ihr Titel vermuten läßt, inhaltlich den vorgenannten Investitionsförderungsverträgen (cf. Metzger 1962: 151s). In anderen Verträgen ist vorgesehen, daß die enteigneten Ausländer nach den Regeln des Völkerrechts zu entschädigen sind[18].

9. Die Entschädigungspraxis

Es ist schwierig, verläßliche Angaben über Entschädigungsleistungen zu erhalten, weil die Beteiligten oft zurückhaltend sind und weil die wirtschaftliche Einschätzung von enteignetem Wert und Ersatz nach verschiedenen Methoden und mit unterschiedlichen Voraussetzungen und Ergebnissen vorgenommen werden kann. Eine wirtschaftswissenschaftliche Untersuchung, die diesen Fragenkreis erhellt, fehlt.

Als Beispiel für die internationale Übung seien aus den vorhandenen Angaben die prozentualen Werte ausgewählt, die britische Staatsbürger teilweise nach 1945 für im Ausland verlorenes Vermögen erhalten haben[19]: aus Ägypten 57 %, Argentinien 60 %, Bulgarien 33 %, Frankreich 70 %, Jugoslawien 19 %, Mexiko 30 %, Polen 20 %, Rumänien 33 %, der Tschechoslowakei 10 %, Ungarn 24 %, Uruguay 60 %.

---

[18] Cf. APPI Doc. 14/69: 6ss. Bei solchen Verweisungen ist es angesichts der kontroversen Anschauungen über die Völkerrechtslage nicht ausgeschlossen, daß den Abmachungen Fehlvorstellungen zugrundeliegen, die gemäß Artikel 48 Absatz 1 der Wiener Konvention vom 23. Mai 1969 die vertraglichen Verpflichtungen entfallen lassen könnten.

[19] Cf. *Alfred Drucker* 1955: 477ss, *Georg Schwarzenberger* 1969: 40ss; die dortigen Angaben stimmen nicht ganz überein; hier wird der ungefähre Prozentsatz nicht der vereinbarten, sondern der tatsächlich gewährten Ersatzleistung angeführt.

Auch diese Zahlen sind, nach dem Gesagten verständlicherweise, zum Teil umstritten; so beziffern etwa Jugoslawien, Polen und die Tschechoslowakei ihre Leistungen mit rund 50 %, 25 % und 33 %. Die durchschnittliche Ersatzleistung liegt danach bei rund 43 %, nach den erstgenannten Zahlen bei rund 38 %.

Bei den obigen Angaben ist nicht zwischen Verträgen zur Individualentschädigung und Globalentschädigungsabkommen unterschieden, weil die Form der Vereinbarung für die Frage nach Existenz und Inhalt der Pflicht nicht wesentlich ist[20].

Es ist streitig, was die Werte zur Höhe der völkerrechtlichen Ersatzpflicht aussagen. Westlicherseits wird vielfach vertreten, mit den Entschädigungsvereinbarungen sei man nicht vom Prinzip des vollen Ersatzes abgegangen, sondern habe sich lediglich im Einzelfall in realistischer Einschätzung des Möglichen mit weniger begnügt. Die neuere östliche Position, die sich, was oft übersehen wird, nicht auf Entziehungen schlechthin bezieht, sondern nur auf Enteignungen im Rahmen einer Umwandlung in eine sozialistische Gesellschaftsordnung, lehnt es prinzipiell ab, den Entzug von Produktionsmitteln zu entschädigen. Alles andere, namentlich der Verlust von Kleinbetrieben, kleinen Bauernhöfen und Eigenheimen[21] ist prinzipiell zu ersetzen (cf. Drucker 1961: 238ss). Von diesen Grundsätzen könne, so wird argumentiert, im Staatsinteresse abgewichen werden, sei es, weil der Vertragspartner Vorteile in Aussicht stellt (wie Großbritannien bei Abschluß der Globalentschädigungsabkommen), sei es, daß er seinerseits, wie die USA, mit einer Blockierung des Auslandsvermögens droht (cf. Lillich 1967: 134s).

Trotz der unterschiedlichen Interpretationen scheint hiernach ein allgemeiner Konsens darüber zu bestehen, daß bei nichtsozialistischen Enteignungen Ersatz zu leisten ist und bei sozialistischen zumindest, soweit Nicht-Produktionsmittel entzogen werden. Damit bestätigt die Entschädigungspraxis, für die die britischen Erfahrungen typisch zu sein scheinen, in weitem Umfang die Vertragspraxis im Hinblick auf das Bestehen einer Ersatzpflicht.

Bevor indessen die Modalitäten jener Pflicht genauer bestimmt werden können, ist auf die internationale Gerichtspraxis, die Minimum

---

[20] Auf den ersten Blick scheinen Globalabkommen für die Enteigneten ungünstiger zu sein; bei der Bewertung sollte aber nicht übersehen werden, daß die berücksichtigten Abkommen ganz überwiegend in den schlechten Nachkriegsjahren mit leistungsschwachen Partnern geschlossen sind (cf. infra: 57s).

[21] Auch Kunst- und Schmuckgegenstände rechnen hierher; bei ihnen begegnet der Ersatzanspruch allerdings dem Argument, diese Güter seien zu Unrecht erlangt; mit der Expropriation werde nur der rechtmäßige Zustand wiederhergestellt (cf. infra: 56s).

Standards und die Allgemeinen Rechtsgrundsätze im Sinne des Artikels 38 Absatz 1 Buchstabe c IGH-Statut einzugehen, damit nicht ein Sollenssatz gemünzt wird, der vielleicht nur für jene vergangenen konkreten Situationen einen Sinn hätte.

10. Die internationale Gerichtspraxis

Die internationale Judikatur ist wenig ergiebig. Von den einundzwanzig von Veith und Böckstiegel (1962: 36ss) behandelten, die Thematik berührenden Entscheidungen, die vor dem zweiten Weltkrieg getroffen wurden, verneint keine die Entschädigungspflicht. Unter den sechs Entscheidungen, die davon sprechen, daß nicht ersatzlos enteignet werden dürfe, ist die cause célèbre, der Chorzow-Fall[22], im Hinblick darauf, ob das Gericht die Frage beantwortet habe, ob nach allgemeinem Völkerrecht unter Umständen eine entschädigungslose Enteignung erlaubt sei, seit je heftig umstritten[23].

Im Goldenberg-Fall des Jahres 1928 (ZaöRV 1929 I: 87ss) wird die Entschädigungspflicht aus Artikel 52 der Haager Landkriegsordnung hergeleitet; die Ausführungen zum allgemeinen Völkerrecht sind nur Hilfserwägungen[24].

In dem 1937 getroffenen Raissis-Urteil (cf. Veith und Böckstiegel 1962: 54s) handelt es sich bei den Feststellungen zur völkerrechtlichen Entschädigungspflicht um obiter dicta.

In nur drei zwischen 1927 und 1933 entschiedenen Fällen wird die Entschädigungspflicht eindeutig bejaht und ist zugleich einer der tragenden Gründe des Spruchs: im Fall britischer Schäden in Spanisch-Marokko, im Shufeldt-Fall und im de Sabla-Fall (cf. ib.: 44, 48, 52).

Aus der Zeit seit dem zweiten Weltkrieg liegen, soweit ersichtlich, keine Entscheidungen internationaler Gerichte vor, die eine Ersatzpflicht bestreiten. Ebensowenig finden sich Urteile, in denen diese Pflicht in der letztgenannten Weise Inhalt geworden ist.

Das Ergebnis kann deshalb dahin formuliert werden, daß die Auffassung, es dürfe entschädigungslos enteignet werden, in der Judikatur keine Stütze findet, während die Gegenmeinung tendenziell bestätigt wird, freilich ohne daß ein aussagefähiges Richterrecht festzustehen scheint.

---

[22] Urteil des Ständigen Internationalen Gerichtshofs vom 25. 5. 1926; PCIJ Series A, Nr. 7.

[23] Cf. *Veith* und *Böckstiegel* 1962: 42 n. 14; ohne Begründung und ohne den Meinungsstreit zu erwähnen, führt neuestens *Zouhair Kronfol* den Fall als Beleg dafür an, daß adäquater Ersatz geleistet werden müsse (1972: 19).

[24] Cf. *Veith* und *Böckstiegel* (1962: 45s), die dem Urteil gleichwohl eine hervorragende Bedeutung als Beleg für die Ersatzpflicht beimessen.

11. Minimum Standards

Unter Minimum Standards werden jene Minimalrechte zugunsten von Ausländern verstanden, die sich im Laufe der Jahrhunderte herausgebildet haben und etwa seit Mitte des neunzehnten Jahrhunderts als einigermaßen gefestigte Regeln des Völkergewohnheitsrechts gelten können (cf. Schwarzenberger 1967: 105s). Das Enteignungsvölkerrecht betreffen hiervon der Gemeinwohlvorbehalt, das Rechtsmißbrauchsverbot, das Diskriminierungsverbot, das Verbot des venire contra factum proprium und das Verbot der Rechtsverweigerung.

Die Rubrizierung der entsprechenden Regeln unter die Minimum Standards ist, wie die Klassifizierung von Normen des Völkerrechts überhaupt, nicht immer zwingend und ausschließlich; man könnte sie unter die Völkerrechtsprinzipien reklamieren und vielleicht auch zu den Allgemeinen Rechtsgrundsätzen rechnen. Hier werden die Regeln als Standards des Enteignungsrechts bezeichnet, denn sie werden nur in dieser Rolle, nicht in allgemeineren Bedeutungen behandelt.

Weit verbreitet ist eine Auffassung, die auch das Gebot der prompten, effektiven und adäquaten Entschädigung im Enteignungsfall zu den Standards zählt (cf. ib.: 106). Sie scheint zu weit zu gehen, da die entsprechende enteignungsrechtliche Kernfrage in der Praxis, wie wir gesehen haben, nicht eindeutig in jenem Sinn beantwortet ist.

12. Gemeinwohlvorbehalt und Rechtsmißbrauchsverbot

Gemeinwohlvorbehalt und Rechtsmißbrauchsverbot können als die zwei Seiten derselben Medaille aufgefaßt werden. Der Gemeinwohlvorbehalt, die Regel, daß das Eigentum von Ausländern nur zum Nutzen der Allgemeinheit entzogen werden darf, ist unbestritten. Der Grundsatz wirkt auch in Extremsituationen vernünftig und schränkt die nach außen hin bestehende Befugnis des Staates, das Allgemeininteresse zu konkretisieren, kaum ein; seine Stärke ist zugleich seine Schwäche.

Das Verbot des Rechtsmißbrauchs ist neuerlich von Jean-David Roulet in einer größeren Arbeit angezweifelt worden; dazu sei vorab Stellung genommen.

Roulet stellt zusammenfassend fest, die Lehre vom Rechtsmißbrauch sei wegen der Primitivität und häufigen Ungenauigkeit der Völkerrechtsregeln unnütz, zumal sich jenes Rechtsinstitut selber durch Dehnbarkeit und beträchtliche Ungenauigkeit auszeichne (1958: 150). An anderer Stelle bezeichnet er die Vorstellung vom Rechtsmißbrauch unter Berufung auf Planiol und Strupp als offenkundigen Unsinn, da ein

Verhalten nicht zugleich rechtmäßig und rechtswidrig sein könne (ib.: 40).

Der letzte Einwand geht fehl, denn der vermeintliche Widerspruch beruht auf sprachlicher Ungenauigkeit und erkenntnismethodischen Schwierigkeiten. Rechtsmißbrauch (l'abus de droit) ist streng genommen nicht Mißbrauch eines Rechts, sondern Verstoß gegen ein rechtliches Verbot, mit der in der Benennung ausgedrückten Sonderheit, daß eine von der Rechtsordnung gewährte Position unbillig ausgenutzt zu werden scheint. Der Schein entsteht, wenn man bei Betrachtung der Rechtslage zunächst die Gewährung und dann die Grenzen betrachtet; er entfiele, wenn wir jedes Recht sogleich in seiner inneren und äußeren Beschränkung erfassen könnten. Das ist nicht möglich; das Nacheinander des Erkennens braucht aber nicht zu dem Trugschluß zu führen, es bestehe eine Gestattung, die (teilweise) verboten sei.

Ob man das Institut des Rechtsmißbrauchs, das auf weiten Strecken den Mißbrauch der Staatenfreiheit erfassen soll, für unnütz hält, ist beinahe eine Geschmacksfrage. Die Fälle ließen sich wahrscheinlich mit Hilfe des Gemeinwohlvorbehalts und auch mit dem dem Rechtsmißbrauchsverbot übergeordneten Prinzip von Treu und Glauben (bonne foi, good faith) ähnlich erfassen; man bedient sich im internationalen wie im nationalen Bereich des Rechtsmißbrauchsverbots, um eine bestimmte Gruppe von Verstößen auszusondern, eine rechtstechnische Erleichterung. Um der Klarheit willen und nationalen Rechtsgewohnheiten folgend, arbeitet man nicht mit dem weitergespannten Prinzip von Treu und Glauben und bezieht das Rechtsmißbrauchsverbot nicht unter dem Gesichtspunkt der Sachgerechtigkeit in den Gemeinwohlvorbehalt ein.

a) Der Inhalt des Gemeinwohlvorbehalts

Es liegt auf der Hand, daß eine einigermaßen präzise Beantwortung der Frage, was in abstracto zum öffentlichen Nutzen gereiche, kaum möglich ist; selbst in concreto und in stabilen Zeiten gehen die Ansichten über das allgemeine Beste weit auseinander. Diese Mißlichkeit hat es nahegelegt, umgekehrt nach dem zu fragen, was nicht im öffentlichen Interesse liegt. Die dabei hervortretenden staatlichen Maßnahmen lassen sich in zwei Gruppen, in Verstöße gegen den Gemeinwohlvorbehalt und in Verstöße gegen das Verbot des Rechtsmißbrauchs aufteilen.

Eigentumsentziehungen, die gegen den Gemeinwohlvorbehalt verstoßen, lassen sich aufgliedern in

(a) Enteignungen, die nicht primär dem Gemeinwohl dienen,

(b) Enteignungen, die zwar primär dem Gemeinwohl dienen, wo aber der öffentliche Zweck durch einen leichteren Eingriff hätte erreicht werden können. Der Verhältnismäßigkeitsgrundsatz, dem alle Maßnahmen zum Wohl der Allgemeinheit, die zugleich einen einzelnen belasten, unterliegen, kommt hier zum Tragen.

Ob eine Eigentumsentziehung primär dem Gemeinwohl dient, hängt davon ab, ob wirtschaftlich betrachtet die Allgemeinheit überhaupt und gegebenenfalls mehr als jeder Dritte bereichert ist.

Sehr schwierig ist es, die Frage nach der Verhältnismäßigkeit zu beantworten, da den individuellen Rechten am Vermögen stets schon inhaltliche Grenzen gezogen sind, mit denen die vielfältig divergierenden Individual- und Allgemeininteressen in möglichst zumutbarer Weise geordnet werden sollen. Im deutschen Verfassungsrecht wird diese Art der Eigentumsbeschränkung mit dem Begriff der Sozialbindung charakterisiert, der die Pflicht zur Steuerzahlung ebenso umfaßt wie Beschränkungen des Grundstücksverkehrs, der Grundstücksnutzung und Maßnahmen der Wirtschaftslenkung wie Devisenbewirtschaftung, Kontingentierungen, Auf- und Abwertungen. Hier ist offensichtlich, daß sich nicht von vornherein mit Absolutheit festlegen läßt, wann z. B. eine Steuer den Bereich des sozial Adäquaten verläßt und materiell eine Enteignung darstellt; aber auch im Nachhinein wird es oft schwerfallen, die Maßlosigkeit zu belegen, denn selbst Vergleichswerte aus vergleichbaren Staaten geben angesichts der beträchtlichen wirtschaftspolitischen Toleranz einen nur sehr ungefähren Anhalt. Als eine gewisse Hilfe bietet sich für die Auseinandersetzung zwischen Ausländer und Gastland immerhin ein geordnetes internationales Schiedsverfahren an (cf. infra: 140ss).

b) Der Inhalt des Rechtsmißbrauchsverbots

Mit dem Begriff des Rechtsmißbrauchs werden die Fälle erfaßt, in denen die staatliche Instanz die Vermögensentziehung mit sachfremden Mitteln verfolgt oder die Entziehung selber als sachfremdes Mittel zur Verfolgung eines an sich zulässigen öffentlichen Zwecks benutzt. Diese Formen des détournement de pouvoir gelten als völkerrechtswidrig, weil sie gegen die Gebote der Rechtssicherheit und des Vertrauensschutzes verstoßen. Dabei ist es grundsätzlich gleichgültig, ob der entziehende Hoheitsakt nach innerstaatlichem Recht erlaubt ist oder nicht.

c) Entziehung mit sachfremden Mitteln

Neben dem oben erwähnten Steuerrecht, der Raumordnung, dem Bauwesen, dem Geld- und Kreditwesen und der Währungspolitik bieten sich weitere Rechtsbereiche für rechtsmißbräuchliche Vermögensentziehungen zum Nachteil von Ausländern an. An erster Stelle steht das Außenwirtschaftsrecht, das den Kapital-, Waren- und Dienstleistungsverkehr regelt. Die rechtstechnischen Mittel sind hier Beschränkungen, Genehmigungsvorbehalte und Verbote; sie brauchen nicht unmittelbar gegen den oder die zu enteignenden Ausländer eingesetzt werden: ein mit Warenfabrikation befaßtes Unternehmen kann wertlos werden, wenn der Inland-Markt, von dem es abhängig ist, für das Dumping eines Herstellers aus einem anderen Wirtschaftsgebiet geöffnet wird. Mit der Einführung eines generellen Vorkaufsrechts auf ausländische Unternehmungen etwa kann sich der entziehende Staat sodann die Möglichkeit billigen Erwerbs verschaffen, um am Ende den Binnenmarkt wieder abzuschließen und zum eigenen Vorteil zu nutzen.

Dem Staat wird vorgeworfen, formal zulässige Regelungen, die keine Enteignungen durch Gesetz darstellen oder zur Enteignung durch Hoheitsakt ermächtigen, zum Zwecke der Vermögensentziehung zu mißbrauchen.

Das Gewerbe- und Berufsrecht kann für mittelbare Eigentumsentziehungen eingesetzt werden, indem etwa der Ausübung des Berufs oder Gewerbes Qualifikationen vorausgesetzt werden, die ein Ausländer aus objektiven, das heißt nicht in seiner Person liegenden Gründen nicht erfüllen kann. Entfällt infolge der Einführung solcher Voraussetzungen das Recht des Ausländers, seine bisherige Tätigkeit auszuüben, so kommt jene Regelung einer Enteignung z. B. gleich, wenn es sich bei den Betroffenen um durch Inländer nicht zu ersetzende Fachkräfte handelt, ohne die das Unternehmen nicht fortgesetzt werden kann, ferner auch, wenn der Betroffene selbständig ein Gewerbe betreibt.

Im Gesellschaftsrecht kann vorgeschrieben werden, daß die Organe der Gesellschaft mit Inländern zu besetzen sind.

Unter Umständen kann auch schon mit der Nichtverlängerung von Aufenthalts- und/oder Arbeitserlaubnissen eine Vermögensentziehung bewerkstelligt werden.

d) Entziehung als sachfremdes Mittel

Geht es in der ersten Fallgruppe um den Einsatz sachfremder Mittel zum Zwecke der Entziehung, so wird an den folgenden Beispielen kenntlich, wie die Enteignung selber als sachfremdes Mittel mißbraucht werden kann. Ein Handelsminister möchte von einem ausländischen Auto-Importeur für sich und seine hohen Ministerialen kostenlos einige Limousinen erhalten; die entgeltliche Anschaffung würde die Staatskasse zu sehr belasten. Dem Importeur, der nicht in der gewünschten

Weise reagiert, wird die Importlizenz entzogen. — Die Entziehung der Erlaubnis ist rechtsmißbräuchlich, denn die Lizensierung dient nicht dazu, auf billige Weise Staatskarossen zu beschaffen.

Wird ein ausländisches Unternehmen enteignet, um z. B. die inländische Konkurrenz zu fördern, ist das Gebot der Sachgerechtigkeit verletzt, weil Enteignungen nach allgemeiner Ansicht kein Instrument der Wettbewerbsregelung sind.

Eine im Strafrecht, besonders im Wirtschaftsstrafrecht vorgesehene Geldstrafe kann mißbräuchlich als Vermögensentziehung eingesetzt werden. — An den Beispielen wird zugleich deutlich, wie schwierig eine überzeugende Rubrizierung im Einzelfall werden kann. Da sie schon deshalb häufig kontrovers sein wird, sei der Hinweis auf die Nützlichkeit einer Schiedsvereinbarung wiederholt.

13. Das Diskriminierungsverbot

Auf unsere Thematik bezogen untersagt das völkerrechtliche Diskriminierungsverbot die ungerechtfertigte Andersbehandlung von Ausländern bei Vermögensentziehungen. Diese im Prinzip unstreitige Regel zielt auf Gerechtigkeit; Gerechtigkeit wiederum kann hier als Gleichbehandlung bestimmt werden (cf. Hans Nef 1941: 67ss). Das freilich läuft nicht auf jenes platte, in der Diskussion häufig anzutreffende Gleichbehandlungsprinzip hinaus, das schlagwortartig mit der Forderung umrissen wird, Gleiches gleich, Ungleiches ungleich zu behandeln, und das prinzipiell der Willkür Tor und Tür öffnet. Denn ausgehend davon, daß nur zwei oder mehrere (von einander unterscheidbare weil verschiedene) Dinge gleich sein können, läßt sich sagen, daß nur Verschiedenes gleich sein kann[25]. Das hat zur Konsequenz, daß das Gleichbehandlungsgebot besagen kann, daß allen das Gleiche zu gewähren sei, und auch, daß allen (in gleichem Maße) Ungleiches auferlegt werden dürfe. Wie Nef ausführt (ib.: 118), erhebt sich bei der Frage, ob in der ersten oder nach der zweiten Weise zu verfahren sei, die Vorfrage nach der Gleichheit oder Ungleichheit der zu regelnden Sachverhalte. Da nun aber immer Gleichheit und Ungleichheit zugleich gegeben seien, könne in jedem Fall sowohl an das Gleiche wie an das Ungleiche angeknüpft und mithin das eine oder andere Verfahren gewählt werden. Beides sei gerecht. Welcher Weg zu wählen sei, könne die Gerechtigkeit nicht selbst bestimmen; die Wahl müsse von anderen Prinzipien geleitet werden. Diese Einsicht mündet in die Frage, unter welchen Voraussetzungen zum Vor- und Nachteil von Ausländern dif-

---

[25] Cf. *Nef* (ib.: 4s), der auf *Ulrici* und *Windelband* zurückgreift und seinerseits die Vergleichbarkeit als Voraussetzung von Gleichheit aufzeigt.

ferenziert werden darf, und ob Unterscheidungen unter Ausländern zulässig sind[26].

a) Schlechterbehandlung und Besserstellung

Beide Fragen sind unter der Prämisse zu stellen, daß die Staatsangehörigkeit das einzige Unterscheidungsmerkmal ist.

Mit dem Gebot der Inländergleichbehandlung (National Treatment) ist unstreitig eine Differenzierung zum Nachteil der Ausländer für unzulässig erklärt[27].

Aber schon die mit der ausländischen Staatsangehörigkeit gegebenen bürgerrechtlichen Unterschiede sind eine Ansatzstelle für zulässige Differenzierungen; regelmäßig lassen sich auch andere Unterschiede finden, an die angeknüpft werden kann.

Der Anspruch von Ausländern, unter gewissen Bedingungen besser behandelt zu werden als Inländer, ist mit dem Hinweis abgelehnt worden, Ausländer seien nicht besser als Inländer, eine Besserstellung sei deshalb ausgeschlossen. Sie könne den Inländern im übrigen nicht zugemutet werden. Dort, wo die Verstaatlichung als Rückgabe des Volkseigentums an das Volk verstanden wurde, konnte man sich Ausländern gegenüber auch mit einem ‚Mitgefangen, Mitgehangen' begnügen.

Das Argument des ‚Mitgefangen, Mitgehangen' setzt eine ideologische Position voraus, die an anderer Stelle diskutiert ist (cf. supra: 29ss infra: 56s). Der Einwand, daß Ausländer nicht besser seien, geht fehl, denn es wird übersehen, daß im Völkerrecht eine Ungleichheit von In- und Ausländern etabliert ist, die ihren allgemeinsten Ausdruck darin findet, daß das Völkerrecht grundsätzlich nur Ausländer, nicht Inländer vor staatlichen Eingriffen schützt. Die zugunsten von Ausländern geltenden völkerrechtlichen Minimum Standards gewährleisten ein gewisses, geringes Maß an Achtung der Würde, des Lebens, der Freiheit und des Vermögens. Der vermögensmäßige Mindeststandard bei Enteignungen liegt nach hier vertretener Ansicht bei den materiellen Mindestvoraussetzungen für eine menschenwürdige Existenz (cf. infra: 50s).

---

[26] *Günther Jaenicke* formuliert das Ergebnis seiner Untersuchung über die Diskriminierung im Völkerrecht dahin, daß eine Diskriminierung, die eine völkerrechtliche Haftung des Staates begründe, erst vorliege, wenn die unterschiedliche Behandlung eine völkerrechtlich gebotene Gleichbehandlungspflicht verletze oder ihrer Absicht oder ihren Konsequenzen nach offensichtlich und in herabsetzender Weise speziell gegen einen oder mehrere bestimmte Staaten oder deren Staatsangehörige gerichtet sei (1940: 211s).

[27] So im Ergebnis auch *Böckstiegel* (1963: 116ss), der vertritt, das Gebot der Gleichbehandlung sei mehr als das Verbot der Diskriminierung.

Das Völkerrecht gebietet eine Besserbehandlung der Ausländer, wenn die Inländerbehandlung unter den Minimum Standard sinkt. Die Frage, ob den Inländern eine entsprechende Differenzierung zugemutet werden kann, ist demgegenüber unerheblich.

b) Diskriminierung bestimmter Nationalitäten

Wenn die Inländerbehandlung auf dem Niveau der Minimum Standards liegt, ist es denkbar und zulässig, daß der Staat einen Teil der Ausländer wie Inländer behandelt und einige Nationalitäten, sei es aufgrund vertraglicher Verpflichtungen, sei es aus anderen Erwägungen, besserstellt.

Liegt die Inländerbehandlung über dem Niveau der Minimum Standards, kann der Staat einige fremde Nationalitäten wie seine eigenen Angehörigen, andere auch besser behandeln. Ob er ausnahmsweise, etwa aufgrund eines Vertrages mit dem Heimatstaat der Ausländer, in der Ausländerbehandlung die Stufe der Inländerbehandlung bis hinab zu den Minimum Standards unterschreiten darf, hängt davon ab, ob man die Pflicht zur Inländergleichbehandlung unter solchen Umständen als zur Disposition stehend ansieht.

Liegt die Inländerbehandlung unter dem Niveau der Minimum Standards, so steht dem Staat frei, einige Nationalitäten auf der Stufe der Standards und andere besser zu behandeln.

14. Das Verbot des venire contra factum proprium

Das Verbot ist Bestandteil eines Vertrauensschutzes, eines zum Rechtsprinzip gehärteten ethischen Gebots, wonach durch fremdes Verhalten geweckte Erwartungen schutzwürdig sind; Verhalten und Erwartung freilich nicht schlechthin, sondern qualifiziert.

Die Frage nach der Qualifikation wurde bislang kaum beachtet. In einer jetzt vorliegenden Arbeit weist Jörg Müller das Vorhandensein des Vertrauensschutzes in Gestalt der Estoppel-Doktrin, in der Lehre vom Qualifizierten Schweigen (Acquiescence), bei den Instituten der Verwirkung und Verjährung und in vielfältiger Weise im Vertragsrecht nach. Besonderes Interesse darf die Überlegung beanspruchen, ob nicht das Vertrauensprinzip bei gewissen Formen der Entstehung von Gewohnheitsrecht neben der Übung dadurch eine entscheidende Rolle spielt, daß die durch die Übung geweckten Erwartungen als rechtsschutzwürdig erscheinen (1971: 78).

Die Geltung des Prinzps non licet venire contra factum proprium ist unbestritten (cf. ib.: 9s); problematisch ist die Inhaltsbestimmung. Am Ende der induktiven Untersuchung gelangt Müller zu der Feststellung, beim Vertrauensschutz handele es sich um ein abstraktes und formales Rechtsprinzip, dem nicht unmittelbar eine Verhaltensnorm für die Rechtssubjekte entnommen werden könne, das vielmehr erst durch Zuordnung auf typische oder konkrete Problemlagen einen bestimmten Inhalt bekomme (ib.: 255).

a) Investment Codes

Eine typische Problemlage ist geschaffen, wenn der Gaststaat einen Investment Code publiziert, mit dem Gesetz ausländische Investoren anzieht und nach kurzer Zeit seine Gesetzgebung zum Schaden der Anleger revidiert[28].

Wann derartige Abänderungen das Maß des Zulässigen überschreiten, hängt von den äußeren Umständen, der Geltungsdauer des ursprünglichen Gesetzes und vom Umfang der Revision ab; es kann abstrakt und generell nicht festgesetzt werden[29].

b) Investitionsschutzverträge

Eine im obigen Sinn typische Problemlage ist nicht gegeben, wo zwischen den Parteien ein Vertrag besteht, der die Fälle der Vermögensentziehung behandelt. Dort gelten die allgemeinen und speziellen Gebote des Vertragsrechts.

Ein Investor, der nicht direkt oder indirekt an dem Investitionsschutzvertrag beteiligt ist, kann sich unter Umständen gegenüber einer Enteignung darauf berufen, er habe angenommen, der internationale Vertrag werde eingehalten; dem enteignenden Staat kann auf internationaler Ebene eventuell ein Verstoß gegen das Verbot des venire contra factum proprium zur Last gelegt werden[30].

c) Wohlerworbene Rechte

Die Frage, ob das Völkerrecht eine einmal erworbene Rechtsposition eines Ausländers schützt, an dieser Stelle unter dem Aspekt des Ver-

[28] *Nwogugu* hebt hervor, daß die lokale Gesetzgebung, sei sie in Investment Codes oder Verfassungsnormen gefaßt, für den Investor wenig Wert habe (cf. 1965: 61ss).

[29] Die dadurch bedingte Unsicherheit erscheint tragbar; belastender ist es, daß bei einem Streit um das Maß des Zulässigen nach dem gegenwärtigen Stand der Dinge vermutet werden kann, daß nahezu jede Abänderung angesichts der überragenden politischen Bedeutung des Souveränitätskonzepts für rechtens gehalten wird; demgegenüber scheint die kaum erkannte Notwendigkeit, gewisse begründete Erwartungen zu schützen, kein Gewicht zu haben.

[30] Da das Verbot des venire contra factum proprium auch in vielen nationalen Rechtsordnungen gilt, könnte der Einwand des Investors unter Umständen auch in innerstaatlichen Verfahren erheblich sein.

trauensschutzes gestellt, ist stark umstritten. Während die westliche Völkerrechtslehre (bei inhaltlichen Differenzen) ganz überwiegend annimmt, das Völkerrecht gebiete die Respektierung wohlerworbener Rechte (vested oder acquired rights, droits acquis), wird östlicherseits die Geltung des Gebots bestritten. Rudolf Bystricky führt aus, es gebe keine wohlerworbenen Rechte für die Ewigkeit. Die interne Rechtsordnung gewähre und entziehe die Rechte; die Befugnis hierzu könne das Völkerrecht wegen des Souveränitätsprinzips nicht einschränken (1956: 20, 23).

Bystricky argumentiert weiter dafür, daß die Beurteilung des Schutzes wohlerworbener Rechte bei westlichen Nationalisierungen und bei sozialistischen Nationalisierungen verschieden ausfallen müsse, da sie quantitativ und qualitativ, ökonomisch und juristisch unterschiedlich seien. Der quantitative Unterschied folge daraus, daß bei westlichen Verstaatlichungen der Großteil der Produktionsmittel in privatem Eigentum bleibe, während sich bei sozialistischen Nationalisierungen der Staat alle Hauptzweige der Produktion aneigne (ib.: 17).

Der qualitative Unterschied zeige sich darin, daß bei kapitalistischen Enteignungen zwar der Eigentümer ausgewechselt werde, die Einrichtung des Privateigentums an Produktionsmitteln aber nicht angetastet werde. Beim sozialistischen Eingriff handele es sich dagegen nicht um eine Auswechslung, sondern um die Schöpfung eines inhaltlich neuen Rechts, des sozialistischen Staatseigentums (ib.: 18).

d) Zur sozialistischen Auffassung

Das Argument der Souveränität wäre verständlich, wenn es sich dabei um absolut gewährte Staatenfreiheit handelte; das ist, mancher politischen Position zum Trotz, nicht der Fall (cf. infra: 95ss). — Zuzustimmen ist Bystricky in der Feststellung des grundlegenden Unterschieds zwischen kapitalistischer Enteignung und der Überführung sämtlicher wesentlicher Produktionsmittel in Staatseigentum; der erste Eingriff läßt die Grundzüge der bisherigen Eigentumsordnung unberührt, im zweiten verändert sich das System. Für die Bedingungen der Völkerrechtsmäßigkeit einer Enteignung läßt sich aus der Verschiedenheit allein indessen nichts ableiten, denn das Völkerrecht ist systemneutral; es überläßt den Staaten, ihre Rechts- und Gesellschaftsordnungen beizubehalten, zu modifizieren oder zu revolutionieren.

Betrachtet man die verschiedenen Vermögensentziehungen unter dem Gesichtspunkt des Vertrauensschutzes, zeigt sich zuerst die Selbstverständlichkeit, daß das Völkerrecht nicht jeden Vermögensbestand eines Ausländers gewahrt wissen will. Die kapitalistische Enteignung und die sozialistische Verstaatlichung verstoßen, anders als die oben erwähnten Post-Investment-Code-Eingriffe, nicht in einer typischen Weise gegen das Prinzip des Vertrauensschutzes.

Damit ist nicht ausgeschlossen, daß ein entsprechender Eingriff im Einzelfall gegen das Verbot des venire contra factum proprium verstoßen kann; da er es aber typischerweise nicht tut, liegt das Schwergewicht der Problematik in jenen Fällen bei der Frage nach der Entschädigung (cf. infra: 54ss); untypische konkrete Problemlagen, in denen das begründete Vertrauen des ausländischen Anlegers getäuscht ist, können hier nicht näher berücksichtigt werden.

15. Verbot der Rechtsverweigerung

Zu den Minimum Standards des Enteignungsrechts gehört das auch in anderem Zusammenhang wichtige völkerrechtliche Verbot der Rechtsverweigerung (denial of justice) in der Doppelbedeutung, daß Eingriffe den nationalen Verfahrensregeln folgen müssen und dem betroffenen Ausländer Gerichtsschutz zu gewähren ist. Das Völkerrecht erkennt das Eigengewicht eines ordnungsgemäßen Procedere an und geht damit über ein bloßes Willkürverbot weit hinaus. Dabei genügt, wie Böckstiegel anhand von Präjudizien aufzeigt, nicht irgendein beliebiges Verfahren (1963: 105). Die die internationale Rechtsethik beherrschende Regel von Treu und Glauben verlangt, daß das Verfahren für den Betroffenen überschaubar ist, daß es in zumutbaren Formen abläuft und daß Fristen ohne Not eingehalten werden können.

Der Ansicht Böckstiegels (ib.: 106), das Gebot, Gerichtsschutz zu gewähren, sei die Kehrseite der Pflicht, die lokalen Rechtsmittel zu erschöpfen, kann nicht gefolgt werden, weil jene Regel nur als abdingbare Verfahrensvoraussetzung für eine Intervention verstanden wird (cf. infra: 126ss). Der Anspruch auf Rechtsgewährung wird vielmehr als fundamentales Recht, als ein eigenständiger Minimum Standard des Völkerrechts begriffen, der das Gebot, die Menschenwürde zu achten, konkretisiert.

a) Grunderfordernisse des Gerichtsschutzes

Die Grunderfordernisse der Rechtsgewährung lassen sich abstrakt nur grob umreißen (cf. infra: 128). Unerläßlich ist, daß der Betroffene angehört wird, daß er hinreichend Gelegenheit hat, seinen Standpunkt darzutun. Das abschließende Urteil muß innerhalb einer überschaubaren Zeitspanne gefällt werden; — eine Rechtsverweigerung liegt vor, wenn die Entscheidung unzumutbar lange verschleppt oder der abschließende Spruch durch einen allzu langen Instanzenweg ungebührlich hinausgezögert wird. Das Verfahren selber muß einem die Minima von Menschenwürde und Freiheitlichkeit gewährleistenden innerstaatlichen Prozeßrecht folgen.

Nicht ersichtlich ist aus der bisherigen Praxis, daß die Entscheidung einem hauptamtlichen Berufsrichter obliegen muß; das Verfahren kann z. B. auch bei einer weisungsgebundenen Verwaltungsinstanz durchgeführt werden.

Einen völkerrechtlich geschützten Anspruch auf ein sachlich richtiges Urteil hat der Betroffene nicht; das Völkerrecht fragt grundsätzlich nicht nach der Richtigkeit der Entscheidung.

Ein gegenüber einem Ausländer ergangener Spruch kann jedoch unter Umständen eine völkerrechtliche Verantwortlichkeit begründen, wenn nämlich die Entscheidung auf materiell-rechtliche Vorschriften gestützt ist, die gegen die Minimum Standards verstoßen oder, Fälle der Rechtsverweigerung, wenn der zugrundegelegte Sachverhalt nachweislich erheblich von der Wirklichkeit abweicht, wenn die angewandten Normen in unvertretbarer Weise interpretiert sind, wenn eine Begründung fehlt, wenn die zur Begründung angeführten Überlegungen oder eine Beweiswürdigung in entscheidenden Punkten wider alle Vernunft ist.

16. Allgemeine Rechtsgrundsätze

Obwohl Paul Guggenheim schon 1948 knapp und erschöpfend zur Frage nach den ‚general principles of law recognized by civilized nations' in Artikel 38 Absatz 1 Buchstabe c IGH-Statut Stellung genommen hat, wird die Geltung der Prinzipien von manchen Autoren immer wieder wortreich problematisiert. Darum seien die Darlegungen Guggenheims wiederholt, der davon ausgeht, daß wegen der Lückenlosigkeit des Völkerrechts ein rechtstechnisches Bedürfnis für allgemeine Rechtsgrundsätze nicht bestehe (1948: 139s).

Zur Kernfrage, ob die Allgemeinen Rechtsgrundsätze positives Völkerrecht seien, wird ausgeführt, das Völkerrecht habe sie nicht in toto rezipiert. Sie würden gelten, soweit in Verträgen auf sie verwiesen sei.

Einzelne Rechtsgrundsätze seien kraft Übung zu Völkerrecht geworden.

Daneben kämen sie mittels Analogie zum Zuge, wo eine vergleichbare Situation bestehe und ein rechtspolitisches Bedürfnis gegeben sei, die Staatenfreiheit etwas zu begrenzen (ib.: 141 - 143)[31].

---

[31] Nach *David Benzionowitsch Lewin* kommt gerade jener letzten Gruppe heute eine besonders wichtige Rolle zu (1969: 79).

17. Völkerrechtliche Verantwortlichkeit

Der Satz von der Verantwortlichkeit im Völkerrecht, der dem allgemeinen Gedanken des Einstehenmüssens für unerlaubtes Handeln nachgeht, besagt, daß ein Staat für deliktisches Verhalten seiner Organe, ein Tun oder Unterlassen, das gegen eine Völkerrechtsnorm verstößt, hafte. Er ist relevant bei rechtswidrigen Enteignungen (cf. infra: 59ss); zur Begründung eines Ersatzanspruchs bei rechtmäßigen Eingriffen in ausländisches Vermögen ist er nicht geeignet und hilft deshalb hier nicht weiter[32].

18. Treu und Glauben

Der Grundsatz von Treu und Glauben (bona fides) wird seit je als ein allgemeiner, auch das gesamte internationale Recht beherrschender Grundsatz angesehen. Deshalb ist der Frage nachzugehen, ob die Pflicht zu redlichem Verhalten bei Enteignungen eine Ersatzpflicht, gegebenenfalls welchen Inhalts, begründet. Der Grundsatz ist eine ins Rechtliche gewendete Moralregel; sein auf den jeweiligen Gegenstand zu beziehender Inhalt ist wesentlich bestimmt durch die Anschauungen der beteiligten Kreise.

Als Auslegungsvorschrift für zwischenstaatliche Verträge hat der Grundsatz seine überkommene Bedeutung behalten[33].

Das Verbot des venire contra factum proprium (cf. supra: 45ss) enthält den Aspekt des Vertrauensschutzes.

Der Grundsatz liegt auch den Verboten des Rechtsmißbrauchs (cf. supra: 39ss) und der Rechtsverweigerung (cf. supra: 48s) zugrunde.

Das Eigentumsverständnis selber hingegen ist heute in hohem Maße kontrovers (cf. supra: 20s, 28ss); die einheitlich vom westeuropäischen Liberalismus gekennzeichneten, das Völkerrecht des neunzehnten Jahrhunderts beherrschenden Vorstellungen gelten nicht mehr. Als ein gemeinsamer Nenner internationaler Moralität (auch) in bezug auf das Eigentum könnte vielleicht der Respekt vor der Menschenwürde gefunden werden[34]; jedenfalls dürfte kaum bestritten werden, daß Auslän-

---

[32] Anders als in einzelnen nationalen Rechtsordnungen wird die Verantwortlichkeit auf internationaler Ebene bislang nur als Haftung für deliktisches Verhalten verstanden (cf. *Ingo von Münch* 1963: 151s); Ausgleichspflichten für rechtmäßige Schädigungen werden darunter nicht erfaßt.

[33] In der Wiener Vertragskonvention vom 23. Mai 1969 wird er in Artikel 31 Absatz 1 als erste Interpretationsregel genannt.

[34] Zahlreiche internationale Äußerungen bieten ein Indiz hierfür; andererseits deutet der Umstand, daß es bis heute keine empirische Untersuchung über die Auswirkung der Menschenachtung im nationalen Bereich z. B. der in den Vereinten Nationen zusammengeschlossenen Staaten gibt, darauf hin,

dern bei Vermögensentziehungen wenigstens die materiellen Minima für ein menschenwürdiges Dasein zu belassen sind.

Der damit gemeinte Schutz materieller Bedürfnisse ist gering; es kann deshalb festgestellt werden, daß die allgemeine Pflicht zu redlichem internationalem Verhalten für sich genommen heute einen äußerst begrenzten Eigentumsschutz bietet, der nur in Extremfällen Bedeutung erlangt (cf. infra: 57, 58).

19. Wohlerworbene Rechte

Es scheint, als spielten die ‚wohlerworbenen Rechte' (cf. supra: 46s) die Rolle der heiligen Kühe im internationalen Enteignungsrecht; den einen gelten sie als letzter sicherer Grund (cf. Böckstiegel 1963: 61, 66), andere sprechen ihnen jede Existenzberechtigung ab (Bystricky 1956: 23)[35]. Auf unseren Gegenstand bezogen lautet die These von den wohlerworbenen Rechten, die rechtlich geschützten vermögenswerten Interessen von Ausländern seien staatlicherseits zu achten.

Ein entsprechendes allgemeines, von Staaten mit verschiedenen Eigentumsordnungen praktiziertes Rechtsprinzip fehlt. Wie Gérard Fouilloux anhand einiger siebzig Verfassungen dargetan hat (cf. 1962: 9ss, 34, 38), bewahren diese Grundordnungen in ihrem gemeinsamen Nenner das Eigentum lediglich als Institution. Wird unterstellt, daß die Institutsgarantien auf internationalem Feld zum Tragen kommen, hieße das, daß es den Staaten untersagt ist, das Eigentum als Rechtseinrichtung abzuschaffen. Eine inhaltliche Gewährleistung ließe sich nicht ableiten, denn ein gemeinsames tradiertes oder sonst konsensuell fundiertes Eigentumsverständnis gibt es zwischen den Völkern nicht; die divergierenden Auffassungen in diesem Punkt sind im Gegenteil eine Ursache der politischen Gegensätze.

Zutreffend scheint an der These von den wohlerworbenen Rechten zu sein, daß einige (verschieden fundierte) Regeln des allgemeinen Völkerrechts einen relativen Schutz ausländischen Vermögens gewähren (cf. infra: 58ss); in diesem Sinn kann vom Schutz wohlerworbener Rechte gesprochen werden; eine über jene Vorschriften hinausgehende Regel in der Form der These kann hingegen nicht festgestellt werden.

---

daß die internen Verhältnisse vielerorts nicht recht in das verbale Gewand passen, in das man sie kleidet; die Moral stände hiernach auf niederer Stufe als das positive Recht.

[35] *Schwarzenberger* hält dafür, die Gegner der wohlerworbenen Rechte hätten den Nachweis für die Richtigkeit ihrer Meinung zu erbringen (1969: 8). Die Frage der Beweislast hat mit der materiell-rechtlichen Problematik unmittelbar nichts zu tun; immerhin scheint aber keine der möglichen Betrachtungsweisen den Anspruchsteller im Streitfall davon zu entlasten, das Bestehen der völkerrechtlichen Entschädigungspflicht zu beweisen.

20. Ungerechtfertigte Bereicherung

Während eine Minderheit unter den Völkerrechtlern und Kollisionsrechtlern dem Gedanken der ungerechtfertigten Bereicherung die Geltung als Allgemeiner Rechtsgrundsatz abstreitet, scheint sich die Mehrheit dafür auszusprechen[36]. Die Rechtsprechung, auf die die Mehrheit dabei verweisen kann, ist schmal und rechtfertigt die Vorsicht, mit der Amerasinghe (1967: 148s) eine gewisse Geltung annehmen möchte. Die Frage wird erschwert durch die unterschiedlichen Konzeptionen der Bereicherung in den nationalen Rechtsordnungen (cf. Philippe Drakidis 1968: 735ss), von denen in der jeweils vertrauten speziellen Ausformung zweifellos keine ins Völkerrecht transponiert ist.

Dahm formuliert den bereicherungsrechtlichen Allgemeinen Rechtsgrundsatz dahin, daß ein Völkerrechtssubjekt zur Herausgabe verpflichtet sei, wenn es etwas auf Kosten eines anderen ohne Rechtsgrund erlangt habe; derjenige, auf dessen Kosten der Vorteil erlangt sei, erhalte einen Bereicherungsanspruch (III, 1961: 274).

21. Das Prinzip der Gegenleistung

Um dieser Formel kritisch begegnen zu können, muß auf die dem Bereicherungsgedanken zugrundeliegenden Phänomene zurückgegangen werden[37]. Die Bereicherungsregeln dienen dem Güterschutz. Für den Bereich der vermögenswerten Güter gilt allenthalben das Prinzip der Gegenleistung, wonach grundsätzlich für jeden gewährten oder sonstwie erlangten Vorteil eine Gegenleistung erbracht werden muß. Der Universalität dieses Grundsatzes entspricht es, daß in allen bekannten Rechtsordnungen unentgeltliche Geschäfte, wie die Schenkung, seltene Ausnahmen unter den die vermögenswerten Leistungen regelnden Rechtsinstituten bilden, und daß andere als die zugelassenen Formen der Güterverschiebung, wie der gegenleistungsfreie Diebstahl und der Betrug allerorts unter Strafe gestellt sind.

Das die Rechtsordnungen beherrschende Prinzip der Gegenleistung findet seinen Unterbau in den ökonomischen Verhältnissen der Völker, die überall durch die prinzipielle Knappheit materieller Güter gekennzeichnet sind. Die Notwendigkeit, unsere Existenz mit Gütern auszu-

---

[36] *Dahm* zählt *Carlston, Ripert* und *Garcia Amador* zu den Befürwortern; ablehnend hätten sich *Balladore Pallieri, Meron* und *Spiropoulos* geäußert (cf. III, 1961: 274 n. 1). Zu den Befürwortern rechnen außer *Dahm* selber auch *Wolfgang Friedmann* (1963: 132), *Paul Guggenheim* (1948: 145s) und *Ben Atkinson Wortley* (1959: 95s).

[37] Es ist bemerkenswert und illustriert die Selbstverständlichkeit, mit der vernünftig erscheinende, bewährte nationale Rechtsinstitute in den internationalen Raum projeziert werden, daß dieser Weg anscheinend nirgends beschritten ist.

statten und abzusichern, zwingt uns angesichts der Tatsache, daß alle Güter einzig durch menschliche Leistung erlangt, erstellt werden können, dazu, unsere Leistung grundsätzlich nur für eine andere Leistung, nicht für nichts einzutauschen.

In der ökonomischen Begründung findet das Prinzip der Gegenleistung zugleich seine ethische Rechtfertigung[38]; die Frage nach gerechter Verteilung, zu deren Beantwortung wenigstens noch das Gleichheitsprinzip hinzugezogen werden muß, ist dadurch nicht präjudiziert.

Ins Völkerrechtliche gewendet, läßt sich hiernach das Prinzip der Gegenleistung so fassen:

Wenn ein Völkerrechtssubjekt etwas auf Kosten eines anderen Rechtssubjekts erlangt, so ist es verpflichtet, eine Gegenleistung zu erbringen; derjenige, auf dessen Kosten der Vorteil erlangt ist, hat einen Anspruch auf Gegenleistung.

a) Gegenleistung versus Bereicherung

Die sprachliche Unterscheidung in Gegenleistungsprinzip und Bereicherungsgedanken für Vorstellungen, die dasselbe Phänomen zu erfassen trachten, hat insofern einen Grund in der Sache, als mit dem Bereicherungsgedanken (etwa in der Dahmschen Formel) enger an nationalen Regelungen orientierte Herleitungen gemeint sind, wogegen das Gegenleistungsprinzip die versuchte Fundierung bezeichnet. Der Unterschied ist erheblich, weil jener Bereicherungsgedanke geschlossenen, alle Güterbereiche explizit regelnden Ordnungen entnommen ist, denen die Völkerrechtsordnung nicht gleicht; das macht sich als Mangel bemerkbar, wenn man nach dem in der Bereicherungsformel verwendeten ‚Rechtsgrund' und nach der ‚Herausgabepflicht' fragt.

b) Rechtsgrund und Herausgabepflicht

Aus dem nationalen Recht wissen wir, daß sich eine (gelegentlich versuchte) allgemeine Aussage über das, was der fehlende Rechtsgrund ist, nicht treffen läßt. Gleichwohl kann mit dem fehlenden Rechtsgrund gearbeitet werden, weil sich aus der durchgebildeten innerstaatlichen Leistungs- und Güterordnung ablesen läßt, wann ein Rechtsgrund für eine Vermögensverschiebung nicht vorhanden ist.

Im Völkerrecht fehlt ein entsprechendes Koordinatensystem. Die prinzipielle Offenheit des Völkerrechts, in der das Wort von der Staatensouveränität einen Sinn findet, erlaubt es zwar, positiv einen

---

[38] In einem Zeitalter der Abundanz müßten vielleicht neue Regeln gefunden werden, zumal wenn die der Knappheit entsprechende menschliche Haltung, die mit ‚Sparsamkeit' unzureichend umschrieben ist, entfällt.

Rechtsgrund zu ermitteln, läßt aber nicht negativ sein Fehlen aufscheinen. Internationale Verträge, die einen Leistungsaustausch vorsehen, bilden den häufigsten Rechtsgrund für internationale Vermögensverschiebungen; da aber auch alle anderen nicht verbotenen Verschiebungen erlaubt sind[39], und der Rechtsgrund stets erst in der Übung gebildet wird, scheint es verfehlt, von vornherein mit diesem Institut zu arbeiten.

Während die Bereicherungsformel grundsätzlich auf Herausgabe des Erlangten dringt, ist nach dem Prinzip der Gegenleistung ein Gegenwert zu erbringen.

Während es konsequent ist, die Rückgängigmachung einer rechtsgrundlos erfolgten Verschiebung anzuordnen, kommt aus der hier entwickelten Perspektive eine Rückgabepflicht nicht in Betracht: Nicht nur als formale Folgerung angesichts der eliminierten Rechtsgrundlosigkeit, sondern weil nach der Funktion des Gegenleistungsprinzips eine völkerrechtlich zulässige Vermögensverschiebung nur die Erstattung des Gegenwerts zur Folge haben kann; — demgegenüber ist schwer einzusehen, warum eine völkerrechtsmäßige Enteignung einen Herausgabeanspruch nach sich ziehen sollte.

c) Grundsatz des vollen Gegenwerts

Im Angesicht des ökonomischen Fundaments ist es eine Selbstverständlichkeit, daß nach dem Prinzip der Gegenleistung für den erlangten Vorteil der volle Gegenwert zu erbringen ist. In diese Selbstverständlichkeit ist eine Prämisse eingeschlossen, die Annahme, daß wirtschaftlich gleichbewertete Leistungen gleichwertig seien, daß die mit 2000 Geldeinheiten bewertete Arbeit des A den mit je 1000 Einheiten bewerteten Leistungen von B und C entspricht, daß ein Haus hundert Kartoffelernten wert ist.

Für die Prämisse ist es unwesentlich, ob der Güter- und Geldmarkt gelenkt oder nicht gelenkt ist: dem Prinzip der Gegenleistung zufolge kommt es auf die marktmäßige Gleichwertigkeit im Zeitpunkt der Verschiebung an.

Der Grundsatz, daß der marktmäßige Gegenwert zu erstatten ist, nimmt an dem Argument, der Marktwert sei ungerecht, keinen Schaden. Denn ethische Wertungen sind rechtlich nur relevant, soweit die Rechtsordnung sie berücksichtigt (cf. infra: 56s).

---

[39] Die Zulässigkeit der Verschiebung ist nicht Rechtsgrund, so wenig wie etwa beim Kauf sein Erlaubtsein den Rechtsgrund für den Leistungsaustausch abzugeben vermag.

Falsch kann der Marktwert nie sein; bei nicht fixierten Werten können lediglich vertretbare unterschiedliche Berechnungen zu vertretbaren unterschiedlichen Ergebnissen führen.

Der Grundsatz, daß der volle Gegenwert zu leisten ist, wird ergänzt durch das Gebot, daß die Leistung prompt und effektiv zu sein hat[40]. Das dergestalt konkretisierte Prinzip der Gegenleistung muß anhand der Frage nach Ausnahmen und Modifikationen weiter präzisiert werden.

d Ausnahmen und Modifikationen

Konstantin Katzarov hat es in seiner französisch und englisch erschienenen, vielerseits bewunderten, aber möglicherweise wenig gelesenen ‚Theorie der Nationalisation' (1964) unternommen, die in der sozialistischen Praxis aufgetretenen Abweichungen von der Pflicht, den vollen Gegenwert zu ersetzen, theoretisch zu fundieren. Im Kern lassen sich die Überlegungen vielleicht so zusammenfassen: Die sozialistischen Länder verstehen unter Eigentum etwas grundsätzlich anderes als die kapitalistischen Länder. Das führt zur Andersbehandlung, namentlich bei Entziehung zu geringer oder zu keiner Entschädigung. Da die sozialistischen Länder einen beträchtlichen Teil der internationalen Gesellschaft ausmachen, sollte ihre Praxis auch im Völkerrecht berücksichtigt werden[41].

An diesen Thesen interessiert an dieser Stelle, worin der Autor die grundsätzliche Verschiedenheit sieht, und wie er aus ihr eine Verminderung des Gegenwerts herleitet.

e) Bilaterales und trianguläres Eigentum

Katzarov unterscheidet zwei Formen des Eigentums; einmal ein bilaterales Verhältnis zwischen dem Eigentümer und seinem Gut und zum anderen eine Dreiecksbeziehung zwischen Eigentümer, Gesellschaft und Gut. Die zweite Form habe sich geschichtlich aus der ersten entwickelt. Wichtigste Konsequenz aus dieser Entwicklung sei, daß der Eigentümer neuer Art seine Rechte nicht zum Nachteil der Gesellschaft ausüben dürfe, sie nach neuesten Vorstellungen zum Wohl der Gesellschaft ausüben müsse (ib.: 121).

---

[40] Dieser Aspekt des Prinzips der Gegenleistung bestätigt im Ergebnis die Ansicht *Schwarzenbergers*, daß der Nachteil voll, prompt und effektiv zu vergüten sei (1967: 106). Der Unterschied zur Auffassung *Schwarzenbergers* liegt darin, daß *Schwarzenberger* für diese Regel allein eine gefestigte, nicht aufgewiesene internationale Übung in Anspruch nimmt (cf. 1969: 4ss).

[41] *Sarraute* begründet seine Ansicht, daß entschädigungslos enteignet werden dürfe, mit der Staatensouveränität (1956: 36). Diese dem Absolutismus und der sozialistischen Völkerrechtsdoktrin verbundene Auffassung überzeugt nicht (cf. infra: 95ss).

Ob ernstlich gemeint ist, bei der ersten Eigentumsform handele es sich um ein zweiseitiges Rechte-Pflichten-Verhältnis zwischen Eigentümer und Gut, ist nicht erkennbar, weil Erläuterungen fehlen. Da die unter dem Begriff Eigentum zusammengefaßten Rechtsbeziehungen nur zwischen dem Eigentümer und anderen Rechtsfähigen bestehen können, weil nur dort von Rechten und Pflichten im juristischen Sinn gesprochen werden kann, ist auch das Bild vom Dreiecksverhältnis zwischen Eigentümer, Gesellschaft und Gut irreführend. Ein Gut kann immer nur Objekt, nicht Subjekt einer Rechtsbeziehung sein. Es ist Objekt der Rechtsbeziehungen des Eigentümers zu Dritten, wobei grundsätzlich alle Rechtssubjekte, natürliche und juristische Personen, beide Rollen übernehmen können. Die generelle und abstrakte gesellschaftliche Pflichtigkeit des Eigentums, an anderer Stelle als Sozialbindung bezeichnet, ist keine Eigentümlichkeit sozialistischer Systeme.

f) Ungerechte Eigentumsordnungen

Zur Entschädigungslosigkeit sozialistischer Enteignungen wird festgestellt, in der Sowjetunion habe man mit der Nationalisierung altes Unrecht beseitigen und dem Volk zurückgeben wollen, was der private Eigentümer der Gemeinschaft ungebührlicherweise genommen habe[42]. In Osteuropa sei das soziale Unrecht differenzierter aufgetreten, mit der Folge einer bedingten Entschädigungspflicht (ib.: 336). Die Richtigkeit solchen Vorgehens wird nicht mit jener Dreiecksform des Eigentums begründet, sondern mit der Feststellung, das nationale Vermögen gehöre kraft seiner Natur der Nation (ib.: 335).

Die Auffassung Katzarovs, die sozialistische Eigentumsordnung sei die natürliche, kann zurückgestellt werden (cf. supra: 29ss). Wichtig ist das nicht auf sozialistische Staaten beschränkte Phänomen, daß man glaubt, mit jeder großen oder kleinen Umgestaltung der Eigentumsverhältnisse eine bessere, eine gerechtere Eigentumsordnung zu schaffen. Besäße man tatsächlich einen tauglichen Gerechtigkeitsmaßstab, man könnte danach die Gegenleistung festsetzen. Je relativ weiter der enteignende Eingriff in Richtung einer gerechten Endordnung tragen würde, um so weniger brauchte ersetzt zu werden.

Individuelle Gerechtigkeitsvorstellungen lassen halbausgemalte Paradiese, Utopien, am Horizont entstehen. Einzelne Staaten mögen einen als Endzustand begriffenen Punkt ansteuern. Die Völkergemeinschaft hat eine allgemein anzustrebende wirtschaftliche Endordnung nicht fixiert.

---

[42] Nach der Darstellung *S. Bystrovs* dürfen Enteignungen in der Sowjetunion heute nur bei gleichwertiger und prompter Gegenleistung vorgenommen werden (cf. 1968: 40ss).

Die Präambel der UN-Charta spricht von verbesserten Lebensbedingungen in größerer Freiheit unter Wahrung der Menschenwürde und Gleichheit. Tausendfach, vielleicht millionenfach wurden diese guten Wünsche wiederholt. Die Worte verbergen fast den Umstand, daß Aufrechterhaltung und Verbesserung jeder individuellen und kollektiven Existenz menschliche Anstrengung, Leistung, erfordert; daß es andererseits ein allgemein akzeptiertes System einer als gerecht empfundenen Leistungsbewertung und Belohnung weder auf internationaler noch auf nationaler Ebene gibt; daß deshalb die Vielzahl der konkreten nationalen Eigentumsordnungen nur bei jeweils systemkonformer Betrachtung (relativ) gerecht ist[43]. Vor diesem Hintergrund erweist sich das Argument, die sozialistische (oder eine sonstige) Enteignung stelle eine gerechte Ordnung her, als völkerrechtlich irrelevant.

g) Völkerrechtswidrige Eigentumsordnungen

Die Überlegungen zeigen auf die Frage, ob bei einer Enteignung, durch die ein völkerrechtswidriger Zustand beendet wird, Ersatz zu leisten ist. Die Frage zielt auf Fälle, in denen eine (gleichsam mittelbar) völkerrechtswidrige Güterordnung, wie sie etwa in einer Sklavenhalter-Gesellschaft herrscht, durch Umgestaltung der Eigentumsverhältnisse in einen völkerrechtsmäßigen Zustand überführt wird. Das Gegenleistungsprinzip dient dem Güterschutz; es beschränkt als rechtliches Prinzip seine Schutzfunktion auf Vermögensverhältnisse, die im Einklang mit der Rechtsordnung stehen, der das Gegenleistungsprinzip emaniert; das völkerrechtliche Gegenleistungsprinzip schützt nicht völkerrechtswidrige Besitzverhältnisse.

Die Schutzlosigkeit völkerrechtswidriger nationaler Wirtschaftsordnungen ist nahezu absolut: den Staaten ist nicht vorgeschrieben, welche Art eines völkerrechtmäßigen Zustands einzuführen ist. Es steht ihnen frei, die Höhe der Entschädigung für enteignende Eingriffe festzusetzen. An der unteren Grenze sind dem ehemaligen Eigentümer die Minima für ein menschenwürdiges Dasein zu gewähren.

Werden völkerrechtlich gemißbilligte Eigentumsordnungen in andere Formen völkerrechtlich gemißbilligter Verteilungssysteme überführt, ist für die Anwendung des Gegenleistungsprinzips kein Raum.

h) Staatenfreiheit versus Gegenleistungspflicht

Die Pflicht, bei einer Enteignung wirksam und prompt vollen Ausgleich herzustellen, findet ihre Grenze an der Leistungsfähigkeit des

---

[43] Zur erstaunlich selten erörterten Frage der Leistungsbewertung cf. *Helfert* 1974: 224ss, dem es allerdings in erster Linie um eine kritische Diskussion des gesellschaftspolitischen Leistungsprinzips geht.

Staates; sie wird durch die konkreten wirtschaftlichen Möglichkeiten modifiziert[44]. In der Grenzsituation, wenn die Pflicht zu vollem, promptem und effektivem Ersatz den Staat hindern würde, die geplante Umordnung der Eigentumsverhältnisse durchzuführen, hat das völkerrechtlich anerkannte Interesse des Betroffenen hinter der Freiheit des Staates zurückzutreten, eine mehr oder weniger andere Güterordnung einzuführen[45]. Der Grund für diese Rangfolge liegt weniger darin, daß das Völkrrecht nach wie vor in erster Linie eine von Staaten für Staaten geschaffene Ordnung ist; vielmehr wird der allgemeinen staatsrechtlichen Güterabwägung darin gefolgt, im Grenzfall, dort, wo keine Zwischenlösung möglich ist, dem Allgemein-Interesse den Vorrang vor dem Individual-Interesse einzuräumen. In einer solchen Situation ist eine den vollen Ausgleich unterschreitende Entschädigungsleistung (cf. supra: 36ss) gerechtfertigt.

Der Vorrang findet seine nicht unterschreitbare völkerrechtliche Grenze an der Würde des einzelnen; dem Betroffenen muß eine menschenwürdige Existenz gesichert bleiben.

22. Ergebnisse

Die Regelung der Eigentumsverhältnisse ist im nationalen und internationalen Raum weithin kontrovers. Während die staatlichen Regelungen im Sinne der einen oder anderen vorherrschenden Anschauungen ausgestaltet sind, enthält das allgemeine Völkerrecht lediglich die dargestellten Vorschriften; es verhält sich im übrigen neutral.

Die politische Brisanz einer Umgestaltung der Eigentumsverhältnisse, die oftmals mit dem Anspruch auf absolute Richtigkeit vorgetragenen gegensätzlichen Positionen des enteignenden Staates auf der einen und des Ausländers und seines Heimatstaates auf der anderen Seite, weiterhin die Schwierigkeit, die wirtschaftlichen Aspekte des Eingriffs in vertretbarer Weise festzustellen und rechtlich einzuordnen, lassen es allen Parteien geraten scheinen, Streitigkeiten aus internationalen Enteignungen grundsätzlich der Zuständigkeit eines internationalen Gerichts zu unterstellen[46].

---

[44] Diese theoretisch und praktisch begründete Einschränkung ist vereinzelt anerkannt (cf. *Seidl-Hohenveldern* 1961: 568).

[45] Diese Regelung des Normenkonflikts unter Hintansetzung des einzelnen erfordert mühselige Feststellungen und Verhandlungen um denjenigen Ausgleich, der angesichts der begrenzten Leistungsfähigkeit des Staates möglich ist. Dabei obliegt es dem Staat, darzutun, warum und inwieweit der Grundsatz vom vollen, prompten und wirksamen Ausgleich modifiziert werden muß.

[46] Die Voraussetzungen hierfür sind 1966 durch die Convention on the Settlement of Investment Disputes between States and Nationals of Other States für Auslandsanlagen geschaffen worden (cf. infra: 143ss).

Ausländern kann ihr Vermögen in völkerrechtsmäßiger Weise unter den Voraussetzungen entzogen werden, (a) daß der Eingriff vorwiegend dem Interesse der inländischen Allgemeinheit dient; (b) daß die Maßnahme verhältnismäßig ist; (c) daß die Enteignung nicht als ein sachfremdes Mittel zur an sich zulässigen Verfolgung öffentlicher Zwecke eingesetzt und nicht durch Einsatz sachfremder Mittel durchgeführt wird; (d) daß die Ausländer nicht in unzulässiger Weise diskriminiert werden; insbesondere, daß der Eingriff grundsätzlich nicht die Stufe der Inländerbehandlung unterschreitet; (e) daß die Maßnahme nicht schutzwürdige Erwartungen, die durch vorheriges staatliches Verhalten geweckt wurden, entgegenläuft; (f) daß eine volle, prompte und effektive Entschädigung geleistet wird, sofern nicht die Ausnahme staatlicher Leistungsunfähigkeit gegeben ist; (g) daß der Eingriff die die Würde, das Leben und die Freiheit von Ausländern schützenden Minimum Standards nicht verletzt.

Die in der dargestellten internationalen Praxis tendenziell vorgezeichnete Pflicht zu voller, prompter und effektiver Ersatzleistung findet ihre Bestätigung in dem Allgemeinen Rechtsprinzip der Gegenleistung. Die internationale Übung scheint indessen nicht gefestigt genug, um hier im rechtstechnischen Sinn von einem internationalen Standard zu sprechen.

23. Die deliktische Enteignung

Enteignungen, die gegen die oben genannten Vorschriften verstoßen, sind völkerrechtswidrig; Vermögensentziehungen können ferner bei Verstößen gegen spezielle völkerrechtliche Verpflichtungen Deliktscharakter erhalten. Neben der Rechtswidrigkeit gehören der Eintritt eines Schadens bei einem Ausländer und die Zurechnung der Verantwortlichkeit zu einem Staat zu den notwendigen Momenten der deliktischen Enteignung. Die seit langem vieldiskutierte Frage, ob dabei eine reine Erfolgshaftung oder eine Schuldhaftung gilt, wird vorläufig noch nicht einheitlich beantwortet.

a) Erfolgs- und Schuldhaftung

Die Untersuchung Hans Peter Rossens zu jener Frage (sie wird nur bei nachgewiesenem Nichtverschulden der Staatsorgane erheblich) kommt zu dem Ergebnis, daß im Völkerrecht heute eine objektivierte Schuldhaftung praktiziert werde. Die Nachteile der gegensätzlichen ‚reinen‘ Meinungen würden dadurch überwunden, daß man mehr und mehr darauf abstelle, ob die Völkerrechtswidrigkeit bei Anwendung der im Völkerrechtsverkehr erforderlichen Sorgfalt vermeidbar gewesen sei (1963: 159). Demgegenüber möchte Alexandre Carlebach das

Individuum als prinzipiellen Träger jeder Verantwortung in den Mittelpunkt der haftungsrechtlichen Diskussion rücken und daran das Postulat knüpfen, die Last der Verantwortung stets über das Schuldmoment zu erleichtern (1962: 125). Ingo von Münch stellt heraus, daß je nach den Umständen eine Schuld- oder Erfolgshaftung eingreife (1963: 169).

Die Rückbesinnung Carlebachs auf den Umstand, daß alles Unrecht, daß jedes völkerrechtliche Delikt seinen Grund im Fehlverhalten einzelner, oft benennbarer Menschen hat, ignoriert, daß es bei der haftungsrechtlichen Zurechnung der Verantwortlichkeit zur juristischen Person Staat, gleichgültig, ob man den Haftungsgrund im Fehlverhalten oder in einer Risikoübernahme sieht (cf. Jean-Pierre Queneudec 1966: 89ss, 102ss), vor allem darum geht, dem durch das Verhalten staatlicher Organe Geschädigten einen Ersatz gleichsam zu garantieren. Ohne daß auf den voluntaristischen Aspekt der Ansicht Carlebachs eingegangen werden muß, kann hinzugefügt werden, daß mit jenem rechtstechnischen Kunstgriff die Frage nach der moralischen und eventuell strafrechtlichen Verantwortung nicht präjudiziert und ein Regreßanspruch gegen den Verantwortlichen nicht ausgeschlossen wird.

b) Grenzen der Garantie

Die Ergebnisse des 1964 vom Max Planck-Institut für ausländisches öffentliches Recht und Völkerrecht in Heidelberg veranstalteten internationalen Kolloquiums über die Haftung des Staates für rechtswidriges Verhalten seiner Organe zeigen, daß die von Rossen beobachtete Objektivierung des Schuldmoments im Völkerrecht der Entwicklung in den nationalen Rechten entspricht (cf. Günther Jaenicke 1967: 866ss). Die Grenze der Ersatzgarantie für den Betroffenen liegt hiernach zwischen denjenigen Fällen, in denen das völkerrechtswidrige staatliche Tun oder Unterlassen, das unmittelbar oder mittelbar zur Schädigung des Ausländers geführt hat, bei Anwendung einer Ausländern gegenüber gebotenen Sorgfalt objektiv vermeidbar und objektiv unvermeidbar war[47].

c) Restitution und Reparation

Zum Teil wird angenommen, internationale Verantwortlichkeit ziehe primär die Pflicht zur restitutio in integrum, zur Wiederherstellung des ursprünglichen Zustands nach sich, womit, so scheint es, die Herstellung des konkreten status quo ante gemeint ist (cf. Schwarzenberger 1969:

---

[47] Diese den Ergebnissen *Rossens* nachgebildete, auf Enteignungsfälle bezogene Formel scheint auch den Differenzierungen *von Münchs* (cf. 1963: 149ss) gerecht zu werden.

10). Ob das Völkerrecht tatsächlich theoretisch konsequent zunächst Restitution in diesem Sinn fordert und nur bei Unmöglichkeit und vielleicht Unverhältnismäßigkeit davon abgeht (so István Vásárhelyi 1964: 74), konnte nicht verläßlich festgestellt werden. Vertretbar und der Haftungspraxis entsprechend (cf. Grigorij Iwanowitsch Tunkin 1969: 28) erscheint es, die Pflicht zur Naturalrestitution dahin zu formulieren, daß der herzustellende Zustand wirtschaftlich dem Zustand zu entsprechen hat, der vermutlich bestehen würde, wenn das schädigende Ereignis nicht eingetreten wäre.

Einen Sonderfall stellt die rechtswidrig entschädigungslose, ansonsten rechtmäßige Enteignung insofern dar, als es sinnvoll scheint, die Wiederherstellungspflicht dort von vornherein darauf zu beschränken, daß nur die völkerrechtlich gebotene Entschädigung als Ersatz zu leisten ist.

III. Das Feld ausländischer Enteignungsakte

Der Versuch, das Feld ausländischer Enteignungsakte abzustecken, zielt darauf ab, die territorialen Grenzen von Rechtsetzung und Vollzug im Enteignungsvölkerrecht zu bestimmen. Eng hiermit verwandt ist die Frage nach der Anwendung privatrechtsgestaltenden öffentlichen Rechts, die dem Kollisionsrecht angehört (cf. infra: 75ss). Die an anderer Stelle behandelte Frage nach der Judikabilität ausländischer Hoheitsakte (cf. infra: 77ss) wird mit der Territorialität häufig in der Weise verknüpft, daß man innerhalb der Staatsgrenzen ergangene fremde hoheitliche Maßnahmen als nicht judikabel erachtet.

Die Abgrenzung des räumlichen Wirkungsfeldes ausländischer Akte wird als Problem notwendiger, konflikthindernder Machtbegrenzung verstanden und an fünf für Enteignungen typischen Gestaltungen erörtert. Macht wird dabei allgemein als die Möglichkeit begriffen, innerhalb einer sozialen Beziehung den eigenen Willen auch gegen Widerstreben durchzusetzen (cf. Arnold Gehlen 1961: 77). In der Untersuchung ist deshalb nicht nach Rechtsetzung und Vollzug geschieden, sondern auf die Verbindlichkeit der Regelung, auf ihre zwangsweise Durchsetzbarkeit, abgestellt.

1. Territorialitätsprinzip

Bei der Frage nach dem räumlichen Wirkungsbereich der fremden Maßnahme kann die völkergewohnheitsrechtliche Regel herangezogen werden, derzufolge die Vornahme von Hoheitsakten auf dem Gebiet eines anderen Staates verboten ist und internen Maßnahmen keine extraterritoriale Wirkung beigelegt wird. Das völkerrechtliche Territorialitätsprinzip grenzt Gebietshoheiten ab. Burth (1963: 12) spricht vom Grundsatz der Territorialität hoheitlicher Maßnahmen. Dieser Grundsatz ist dispositiv; er kann durch zwischenstaatliche Vereinbarung eingeschränkt werden. Ferner kann unter Umständen ein Übergriff aus allgemeinem oder besonderem Völkerrecht gerechtfertigt (cf. Schlochauer 1962: 41ss) oder kollisionsrechtlich zugelassen sein[1].

---

[1] Als Beispiele für gewohnheitsrechtlich zulässige Akte auf fremdem Staatsgebiet nennt *Wilhelm Karl Geck* gewisse Tätigkeiten der diplomatischen und konsularischen Vertretungen (1960: 795).

a) Hoheitsakte

Es ist in vielfältiger Weise umstritten, was im Rahmen jenes Verbots unter Hoheitsakten zu verstehen ist (cf. Vogel 1965: 342ss). Die Diskussion wird reichlich genährt durch die allenthalben mehr oder weniger unterschiedlichen Auffassungen über die rechtliche Einordnung der Formen staatlichen Handelns. Die Unterschiede sind in Begriffe eingewoben, über deren Inhalt schon im Ursprungsland selten Einigkeit besteht; in den Fremsprachen finden sie kein Äquivalent. Man kann indessen von den Differenzen im Staatsverständnis und von ihrem sprachlichen Niederschlag absehen und feststellen, daß Enteignungsake fast einheitlich als Maßnahmen im Sinne des Verbots gewertet werden (ib.: 121).

2. Unmittelbare Entziehung von Sachen

Die Bedeutung des Verbots ist unstreitig, soweit die Akte gegenständliches Vermögen, dingliche Rechte, betreffen. In der Form der kollisionsrechtlichen lex loci rei sitae besagt es, daß der Wirkungsbereich von Entziehungsakten, die dingliches Vermögen unmittelbar zu erfassen trachten, an den Staatsgrenzen endet. Vorbehaltlich anderer kollisionsrechtlicher und völkerrechtlicher Regelungen wird der Zugriff als wirksam erachtet, wenn die Sache im Zeitpunkt der Enteignung im Gebiet des enteignenden Staates belegen war (cf. Kegel 1971: 446). Das heißt, daß sich der enteignende Staat innerhalb seiner Machtgrenzen bewegt hat. Regelungen, mit denen Sachen außerhalb des eigenen Hoheitsbereichs eingezogen werden sollen, sind hingegen völkerrechtlich als Nichtakte zu behandeln.

So einfach sich das Verbot regelmäßig auf dingliche und beschränkte dingliche Rechte anwenden läßt, so schwierig ist es bei einem Eingriff in nichtdingliche Rechte[2], namentlich in Mitgliedschaftsrechte und Forderungen, zu handhaben. Denn dort ist die räumliche Komponente in zweifacher Hinsicht problematisch: bezüglich der Belegenheit der Rechte und bezüglich der Wirkungsweise des Enteignungsakts.

3. Lokalisierbarkeit von Rechten

Ein Recht kann als eine bestimmte, staatlich sanktionierte Verhaltensmöglichkeit begriffen werden: sie müßte als im Rechtsinhaber liegend gedacht werden. Die Rechtsordnung kann freilich andere Orte fingieren und tut dies auch. So wird aus Gründen des rechtsgeschäftlichen Verkehrs bei verbrieften Rechten das Papier zum freien Symbol

---

[2] Zur diffizilen Lokalisierung hypothekarisch gesicherter Forderungen cf. *Friedrich Wilhelm Pammel* 1966: 76ss.

der Verhaltensmöglichkeit; das Recht aus dem Papier folgt dem Recht am Papier. Bei Forderungsenteignungen entscheidet nach h. M. der Schuldnerwohnsitz; der Schuldner muß im Zeitpunkt der Enteignung im enteignenden Staat gewohnt haben, damit sie anerkannt werden kann; Kegel (ib.: 447) will an die Lage des Schuldnervermögens anknüpfen.

a) Gesellschaftsvermögen und Mitgliedschaftsrechte

Wir befassen uns eingehender mit der Entziehung von Mitgliedschaftsrechten und von Gesellschaftsvermögen, da dort das Schwergewicht der Auslandsenteignungen liegt. Dabei kann zwischen dinglichem und nichtdinglichem Gesellschaftsvermögen unterschieden werden. Für dingliches Gesellschaftsvermögen gelten die oben herausgestellten Regeln (cf. supra: 63). Von den Formen des nichtdinglichen Vermögens werden wiederum die Anteilsrechte, und zwar an einer in einem anderen Staat konstituierten Tochtergesellschaft berücksichtigt[3].

Ein Überblick über bevorzugte Belegenheitsfiktionen zeigt folgende Lokalisierungen: (1) Mitgliedschaftsrechte sind belegen, wo sie ausgeübt werden können, nämlich am Sitz der Gesellschaft; (2) die Lage des Papiers entscheidet; (3) die Rechte sind überall dort situiert, wo sich Gesellschaftsvermögen befindet; (4) sie sind überall belegen, wo sie veräußert werden können; (5) Mitgliedschaftsrechte befinden sich, wo immer eine Rechtsordnung ihnen Schutz gewährt.

Die divergierenden, an den Belangen des internationalen Privatrechts orientierten Auffassungen brauchen nicht näher erörtert zu werden. Denn unter dem Machtaspekt betrachtet kann ein Anspruch grundsätzlich nur von derjenigen Rechtsordnung entzogen werden, die ihn geschaffen und mit Verbindlichkeit ausgestattet hat. Der Fall, daß Entziehungsmacht übertragen wird, kann ausgeklammrt bleiben. Daß das Inhaberpapier für den Privatrechtsverkehr verselbständigt ist, macht es öffentlich-rechtlichen Regelungen nicht ohne weiteres zugänglich (cf. infra: 72s).

Mitgliedschaftsrechte an einer Gesellschaft sind von dem Staat geschaffen, nach dessen Recht sie sich konstituiert hat. Ungeachtet kollisionsrechtlicher Belegenheitsfiktionen kann angesichts gegenwärtiger Gesellschaftsrechtspraxis daher unter dem Blickwinkel der freilich dispositiven völkerrechtlichen Machtgrenzen fingiert werden, daß die Mitgliedschaftsrechte im Inkorporations- bzw. Sitzstaat belegen sind.

---

[3] Zur Enteignung von Forderungsrechten, bei der der Schuldner Gefahr läuft, sowohl im Enteignerstaat wie im Inland in Anspruch genomen zu werden, cf. *Friedrich Wilhelm Pammel* 1966: 132ss.

Hiernach könnte eine Übersicht über die der Enteignung ausgesetzten Rechte und ihre Belegenheiten so aussehen:

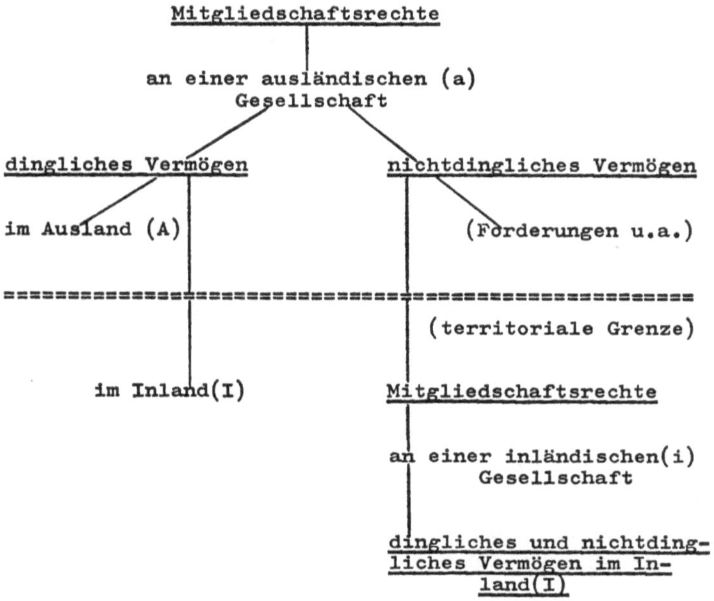

4. Lokalisierung staatlicher Eingriffe

Ein Beispiel verdeutlicht die Funktion der Ortsbestimmung: Ausland (A) entzieht alle Mitgliedschaftsrechte an einer ausländischen (a) Gesellschaft, die den Hauptteil ihres Gesellschaftsvermögens im Inland (I) hat. Wirtschaftlich gesehen hat Ausland (A), nunmehr Alleinaktionär der Gesellschaft, Vermögenswerte an sich gebracht, die auf fremdem Boden liegen. Rechtlich ist die ausländische Gesellschaft nach wie vor Eigentümerin der inländischen Anlagen.

a) Berücksichtigung aller Folgen

Wer als Wirkungen eines Hoheitsakts allein seine rechtlichen Konsequenzen sieht, wie anscheinend Vogel gerade innerhalb der angedeuteten Problematik (cf. 1965: 346), kann seine sonstigen Folgen mit dem Verbot, Hoheitsakte auf fremdem Territorium vorzunehmen, nicht abwehren. Dieser Mangel beruht m. E. auf einem doppelten Mißgriff. Staatliche Rechtsetzung hat wie andere staatliche Äußerungen nicht nur einen rechtlichen Aspekt. Sie gestaltet in verbindlicher Weise soziale Realität. Das mag in manchem Zusammenhang übersehen werden dürfen, nicht aber im Rahmen des Territorialitätsprinzips. Denn das ist kein bloß juristisches Hindernis, das es mit etwas Geschick zu umspielen gilt, es trägt vielmehr der notwendigen Abgrenzung tatsächlicher Machtbereiche Rechnung. Von der Basis des Verbots aus sind deshalb unabhängig von der Frage der Anerkennung oder Nichtanerkennung der Akte zunächst ihre gesamten Wirkungen auf fremdem Territorium zu untersuchen, um prinzipiell zulässige von prinzipiell unzulässiger Machtausübung trennen zu können.

Zu § 15 Abs. 2 Steueranpassungsgesetz, wonach eine ausländische Gesellschaft der inländischen Steuerpflicht unterworfen und die Steuerhoheit mithin auf ausländisches Territorium erstreckt wird, stellt Peter Müller (1969: 259) fest, das widerspreche zwar der internationalen comitas, sei aber völkerrechtmäßig. Nach dem Territorialitätsprinzip sei allein die Vornahme von Hoheitsakten im Ausland unzulässig (ib.: 88). Eine solche Betrachtung verkennt, daß jeder Gesetzgeber auf dem Papier zwar an beliebige, im nationalen oder internationalen Raum liegende Tatbestände anknüpfen kann, daß verbindliche Regelungen aber grundsätzlich nur innerhalb der eigenen Machtgrenzen getroffen werden können. Wenn im Sinne eines eingeschränkten Territorialitätsprinzips formuliert wird, ein Staat dürfe ausländische Tatbestände regeln, wenn sie zu seiner Ordnung in nicht zu fern liegenden Beziehungen ständen und die inländische Regelung nicht unsinnig oder unbillig sei (ib.: 97), so ist das mißverständlich, weil es scheinbar etwas über die Verbindlichkeit, die Wirksamkeit der Regelung im Ausland sagt. Soweit in jenseits der eigenen Grenzen geregelte Rechtsverhältnisse eingegriffen wird, bleiben die Maßnahmen unwirksam (cf. Günther Beitzke 1960: 504s), sofern nicht der andere Staat ihnen Verbindlichkeit zuspricht.

5. Typische Gestaltungen

Die Fälle, die es in der Praxis zu lösen gilt, lassen sich in verschiedener Weise systematisieren. Mann (1962: 471s) hat eine Ordnung mit zahlreichen Beispielen gegeben, die teilweise benutzt wird. Von den fünf unterschiedenen Idealisierungen wurde die erste eben illustrativ erwähnt. Es ist der Fall, in dem das Ausland sämtliche Mitgliedschaftsrechte einer ausländischen Gesellschaft entzieht, die Vermögen im Inland hat. Im zweiten Fall wird eine ausländische Gesellschaft mit inländischem Vermögen im Ausland zwangsweise aufgelöst. Die dritte Gruppe ist mit einem Auffangtatbestand umschrieben: gemeint sind ausländische Eingriffe in eine ausländische Gesellschaft, die weder Mitgliedschaftsrechte noch Gesellschaftsvermögen entziehen, aber der Gesellschaft eine neue Lenkung oktroyieren. Das sind z. B. Fälle, in denen anstelle des Vorstands staatliche Kommissare eingesetzt werden.

Viertens wird erörtert, was mit dem Inlandsvermögen einer ausländischen Gesellschaft ist, wenn das Ausland nur einzelne Mitgliedschaftsrechte entzogen hat. An fünfter Stelle ist die ausländische Einziehung im Ausland belegener Aktien einer inländischen Gesellschaft diskutiert[4].

6. Grenzen der Spaltungstheorie

Die Scheidung von erlaubtem und verbotenem Machtgebrauch ist mit Hilfe der dafür entwickelten Spaltungstheorie versucht worden. Burth, der sie in einer Monografie untersucht hat, faßt sein Ergebnis so zusammen (1963: 68):

‚Aus all dem ergibt sich, daß die Spaltungstheorie sowohl aus rechtlichen wie auch aus praktisch-wirtschaftlichen Gründen abzulehnen ist. Diese Theorie beruht auf folgenden grundlegenden Irrtümern:

1. Sie geht von der Annahme aus, daß eine staatliche Zwangsmaßnahme ohne weiteres zum Außerachtlassen der Rechtsform der juristischen Person und zu einer Zurechnung des Gesellschaftsvermögens auf die Gesellschafter berechtige.
2. Sie unterstellt eine Beziehung der Gesellschafter zum Gesellschaftsvermögen und leitet daraus eine von den allgemeinen Grundsätzen des IPR abweichende Belegenheit der Gesellschaftsrechte ab.
3. Sie verwischt die Vermögensbereiche von Gesellschaft und Gesellschafter.
4. Sie bietet schließlich praktisch und rechtlich unbrauchbare Ergebnisse[5].‘

Mit diesen Feststellungen wird eine Grundthese bekämpft, die besagt, daß eine Gesellschaft im Enteignungsfall als gespalten zu betrachten sei; es gäbe zwei Gesellschaften, weil im Enteignungsfall das Recht aus dem Papier überall belegen sei, wo sich Vermögenswerte der Gesellschaft befinden (cf. Seidl-Hohenveldern 1952: 131). Hinsichtlich des außerhalb des Enteignungsstaates belegenen Gesellschaftsvermögens wird angenommen, die alte Gesellschaft bestehe fort. Bezüglich des im Enteignungsstaat belegenen Vermögens sei eine neue Gesellschaft mit neuen oder teilweise neuen Mitgliedern entstanden.

Von den dogmatischen Schwierigkeiten abgesehen liegt die Hauptschwäche der Spaltungstheorie, die in der BRD zeitweilig als herr-

[4] Die Beispiele sind einfachheitshalber auf den Grundfall eines Zwei-Staaten-Verhältnisses abgestellt. Unter der Voraussetzung, daß Ausland (A) der enteignende Staat ist, gelten die Feststellungen über das Wirkungsfeld für Inland (I) entsprechend für Ausland (X).

[5] Mit ähnlichen Argumenten lehnt *Walter Lewald* die Spaltungstheorie ab (1958: 281ss).

schende Meinung bezeichnet werden konnte, in ihrer ganz begrenzten Praktikabilität. Burth will ihr nur außerhalb des internationalen Enteignungsrechts einen Platz einräumen; sie sei bei Enteignungen von Gesellschaften anwendbar, die nach früherem deutschem Reichsrecht entstanden seien (1963: 50); keiner der beiden Teilstaaten könne mit Wirkung für das gesamte ehemalige Reichsgebiet enteignen, in dem die Mitgliedschaftsrechte nach der damaligen Regelung belegen seien. Die Vermutung liegt nahe, daß derartige Vorstellungen bei der Konzeption der Theorie zu Beginn der fünfziger Jahre eine Rolle gespielt haben. Dort paßten sie, wie auch F. A. Mann zugesteht, hin (1962: 483); im internationalen Raum ist die Theorie ohne Bedeutung geblieben.

7. Erster Fall

Bei der Erörterung der einzelnen Gestaltungen wird versucht, im Rahmen des Territorialitätsprinzips die Interessen des enteignenden Staates, der Gesellschafter und der Gesellschaftsgläubiger zu berücksichtigen. Die Belange der Schuldner, die in die Problematik der Forderungsenteignungen gehören, bleiben ausgeklammert (cf. supra: 64).

Wenn im Ausland die Mitgliedschaftsrechte an einer ausländischen Gesellschaft, die im Inland Vermögen hat, entzogen werden, könnten betroffene Aktionäre oder Gesellschaftsgläubiger inländische Gerichte mit dem Ziel befassen, sich aus dem Inlandsvermögen zu befriedigen. Von den dabei auftretenden Fragen wird an dieser Stelle das räumliche Wirkungsfeld des Eingriffs zu bestimmen versucht; außerdem sind die Konsequenzen des Falles behandelt, daß dem Akt völkerrechtlich keine extraterritorialen Wirkungen zukommen und das Kollisionsrecht den fremden Akt nicht heranzieht.

Die Gesellschaft und ihre Rechtspositionen im Inland haben sich rechtlich nicht verändert, die aus den Anteilsrechten fließenden Herrschaftsbefugnisse sind jedoch in andere Hände gefallen, ein für das Territorialprinzip relevanter Vorgang, weil es Machtgrenzen zieht, die überschritten sein könnten.

a) Der Schleier bleibt intakt

Diese Betrachtungsweise ist mit dem gern gerügten und ebenso gern praktizierten Durchstoßen des gesellschaftlichen Schleiers (‚piercing the corporate veil‘) verwandt. Darunter versteht man das Außerachtlassen der juristischen Person Gesellschaft, um die dahinterstehenden natürlichen Personen berücksichtigen zu können. Die Kontrolltheorie bietet ein Beispiel: bei der Bestimmung der Nationalität einer Gesellschaft, ihrer rechtlichen Zuordnung, greift man durch auf die Nationalitätenverteilung bei den Gesellschaftern und/oder in den Lenkungsgremien (cf. infra: 116s). Hier liegen die Dinge etwas anders; da es darum geht, Auswirkungen hoheitlich ausgeübter Macht zu erfassen, müßten eigentlich alle sozialen Bereiche ins Auge gefaßt werden; in unserem Beispiel und für unsere Aufgabe können wir uns auf sozioökonomische Aspekte beschränken.

Wirtschaftlich gesehen wird inländisches Vermögen durch einen ausländischen Hoheitsakt entzogen und übertragen (cf. Münch 1959: 479). Das erfüllt den Tatbestand des Verbots, weil dadurch die im Inland in bezug auf das Vermögen gewährten Verhaltensmöglichkeiten unmittelbar oder mittelbar (je nachdem, ob man die juristische Person Gesellschaft und ihre Organe in den Blick einbezieht) berührt werden[6].

Zu diesem Ergebnis gelangt Burth (1963: 101ss) auf geringfügig anderem Weg, indem er zunächst die Entziehung der gesamten Mitgliedschaftsrechte mit der Enteignung des Gesellschaftsvermögens gleichsetzt und dann unter Berufung auf die lex loci rei sitae feststellt, daß es sich um eine im Inland unwirksame Entziehung handele. Münch (1959: 479) zieht in Betracht, die Entziehung mit einer Auflösung gleichzusetzen. F. A. Mann, der nach einer differenzierenderen Lösung sucht (1962: 191 - 193), scheint prinzipiell mit dem hier vorgeschlagenen Weg übereinzustimmen.

b) Abgetrenntes Gesellschaftsvermögen

In einem zweiten Schritt muß untersucht werden, was mit dem inländischen Vermögen ist, an das sich die enteigneten Mitglieder und möglicherweise die Gesellschaftsgläubiger halten möchten. Da der rechtstechnische Versuch, mit der Entziehung von Mitgliedschaftsrechten staatliche Machtgrenzen zu überschreiten, grundsätzlich rechtlich wirkungslos bleibt, können die Nachfolger der enteigneten Aktionäre in der Hülle der Gesellschaft keine Rechte an dem im Inland belegenen Vermögen der Gesellschaft geltend machen, sofern nicht das Inland ausdrücklich etwas anderes bestimmt[7]. Während die auslän-

[6] Mit diesem Ergebnis wird nicht die Wirksamkeit der Enteignung der Mitgliedschaftsrechte im Ausland in Zweifel gezogen. Es ist lediglich festgestellt, daß mit der Enteignung die mit den Mitgliedschaftsrechten verbundenen, im Inland gewährten Herrschaftsbefugnisse mit Rücksicht auf die Machtgrenzen grundsätzlich nicht als auf die neuen Inhaber übergegangen angesehen werden können. Um das zu erreichen, bedarf der ausländische Staat der entsprechenden Mitwirkung des Inlands. Unter Berufung auf die Staatensouveränität ähnlich: *Raymond Sarraute* 1956: 37, 39.

[7] Bei entschädigungslosem Eingriff wird das Kollisionsrecht mit Rücksicht auf den ordre public regelmäßig die sog. Anerkennung verweigern. Andererseits braucht einer Entziehung gegen Entschädigung nicht notwendig extraterritoriale Wirkung zugesprochen werden, auch wenn dies in aller Regel geschehen wird (cf. *Günther Beitzke* 1948: 110).

dische Gesellschaft ohne weiteres im Ausland fortbestehen kann, sind die inländischen Anlagen allein nicht lebensfähig. Es scheint deshalb naheliegend, die lebensunfähigen Werte nach den Regeln des Aktienrechts zu liquidieren.

Diese Konsequenz wird, obschon aus einer Verschiedenheit von Gesichtspunkten gezogen, als zutreffend anerkannt (cf. Burth 1963: 101, F. A. Mann 1962: 495, Serick 1956: 204)[8]. Man ist sich weithin darüber einig, daß die Gesellschaft deshalb im Inland lediglich als zur Abwicklung fortbestehend zu behandeln ist. Sie wird nicht, wie nach der Spaltungstheorie teilweise angenommen, gleich Phoenix aus der Asche steigend (F. A. Mann 1962: 493) zu einer inländischen Aktiengesellschaft. Auch können die enteigneten Aktionäre nicht, wie Kuhn zu ihren Gunsten meint (1956: 6), mit dem inländischen Vermögen im Inland eine neue Gesellschaft gründen, denn nach wie vor haben sie keine Eigentums- oder Verfügungsrechte an den Anlagen (Burth 1963: 102). Richtigerweise behilft man sich mit der Fiktion, die Gesellschaft sei aufgelöst und bezüglich ihres Inlandvermögens abzuwickeln. Mißverständlich ist deshalb, wenn Burth davon spricht, ihre Rechtspersönlichkeit sei nach dem Enteignungsgesetz des Sitzlandes jedenfalls materiell aufgelöst (ib.: 101).

Die Abwicklung, hierüber herrscht weitgehend Einklang, hat nach dem Recht des Auslands in Verbindung mit der Gesellschaftssatzung stattzufinden, so, wie beides vor der Enteignung galt. Im Inland sind gegebenenfalls Pfleger zu bestellen.

Diese Lösung, die den ausländischen Eingriff in seinen territorialen Grenzen respektiert, entspricht den Interessen der Gesellschaftsgläubiger und berücksichtigt die enteigneten Gesellschafter insoweit, als das nach Berichtigung der Verbindlichkeiten verbleibende Vermögen unter ihnen verteilt wird[9].

8. Zweiter Fall

Die zweite ideale (generale) Gestaltung betrifft den Fall der zwangsweisen Auflösung einer ausländischen Gesellschaft durch ausländischen Hoheitsakt. Gemeint sind Auflösungen im materiellen Sinn, alle hoheitlichen Maßnahmen, die dahin gehen, die bestehende wirt-

[8] Die Lösung folgt dem Vorgehen Großbritanniens und einiger Rand- und Nachfolgestaaten des Russischen Reichs im Hinblick auf Vermögen von verstaatlichten Gesellschaften mit Sitz in der Sowjetunion (cf. *Schütte* 1958: 161).

[9] Da bei einer Liquidation die Gefahr besteht, daß die Teile, in die das Vermögen zerschlagen wird, in ihrer Summe unter den Wert des Ganzen fallen, möchte *Burth* zugunsten der Aktionäre annehmen, sie könnten die Gesellschaft fortsetzen, sofern genügend inländische Substanz vorhanden ist (1963: 102s). Bei diesem Vorschlag vermeidet er es nur verbal, sich zuguter-

schaftliche Entität de facto zu zerschlagen. Unerheblich ist, wie der Eingriff bezeichnet und mit welchen rechtstechnischen Mitteln er durchgeführt wird. Eine Auflösung in diesem Sinn liegt nach F. A. Mann (1962: 480) auch vor, wenn der Akt die Einziehung ausländischen wie inländischen Vermögens vorsieht und die Maßnahme im Inland, wo vielleicht der Hauptanteil liegt, nicht wirksam sein mag. Dieses weite Verständnis wird damit begründet, daß eine juristische Person ohne Eigentum zwar theoretisch, nicht aber in der rechtlichen Realität vorstellbar sei. Vielleicht kann die Überlegung dahin ergänzt werden, daß es der ausländischen Rechtsordnung anheimgestellt ist, wie sie mit ihren Gesellschaften verfährt, und daß auch deshalb neben die formale eine materielle Auflösung gestellt werden kann.

Bei dieser Betrachtungsweise liegt es nahe, die Frage nach dem Schicksal des inländischen Gesellschaftsvermögens vorbehaltlich ausdrücklicher entgegenstehender Regeln des internationalen Privatrechts dahin zu beantworten, daß in Anbetracht der im Ausland wirksamen Auflösung das inländische Vermögen zu liquidieren ist (cf. Münch 1959: 475s). Sofern nicht inländische Vorschriften eingreifen, mag zweifelhaft werden, nach welchen Regeln die Liquidation zu erfolgen hat. Angemessen scheint, nach denjenigen Regeln abzuwickeln, die während des Bestehens der Gesellschaft galten.

9. Dritter Fall

Die dritte Gruppe, in der die Gesellschaftslenkung durch zwangsweise Umbesetzung der Gesellschaftsorgane abgewandelt wird, kann wie eine Entziehung sämtlicher Mitgliedschaftsrechte behandelt werden (F. A. Mann 1962: 488 - 495). Das ist gerechtfertigt, weil die Macht über die der Gesellschaft eigenen Rechte, die die Gesellschafter vormals über ihre Mittler ausübten, durch Einsetzung einer den Gesellschafter-Interessen nicht gerechten Lenkung eliminiert worden ist. Die Überlegungen zum ersten Fall können deshalb entsprechend gelten. Auch hier gelangt man mithin zu einer Liquidation des inländischen Gesellschaftsvermögens nach den vor dem Eingriff geltenden ausländischen Abwicklungsregeln, sofern nicht inländische Vorschriften etwas anderes bestimmen (cf. Münch 1959: 481).

10. Vierter Fall

Gefragt wird, wie das inländische Vermögen zu behandeln ist, wenn das Ausland einzelne Mitgliedschaftsrechte an einer ausländischen Ge-

letzt auf den Boden der von ihm abgelehnten Spaltungstheorie zu stellen, indem er die alte Gesellschaft als im Enteignungsstaat materiell untergegangen bezeichnet.

sellschaft enteignet. Hier wird angenommen, die Rechtslage sei nur in den Grenzen des Eingriffs verändert. Die Gesellschaft bestehe mitsamt ihrem ausländischen und inländischen Vermögen fort. Die betroffenen Aktionäre könnten sich nicht im Wege der Liquidation aus dem inländischen Restvermögen befriedigen (Burth 1963: 104 - 111). F. A. Mann stimmt damit im Prinzip überein; ausnahmsweise möchte er aber eine Liquidation zulassen. In seinem Beispielsfall verbirgt sich hinter der ungarischen juristischen Person faktisch eine Personalgesellschaft mit zwei Aktionären, einem Ungarn und einem Briten; Beteiligung 60 : 40. Die Gesellschaft hat keine Schulden und als einziges Vermögen einen Goldbarren in England (1962: 496). Die Anteilsrechte des Briten werden in Ungarn eingezogen.

Das Beispiel zeigt, daß billigerweise in manchen Fällen eine inländische Liquidation ins Auge gefaßt werden muß. Die jenseits der Illustration liegende Schwierigkeit ist, jene Fälle von vornherein generalisierend zu umreißen.

Das Territorialitätsprinzip hilft nur begrenzt weiter. Danach sind Hoheitsakte insoweit unwirksam, wie ein Staat mit ihnen seinen Machtbereich überschreitet; die Enteignung sämtlicher Mitgliedschaftsrechte wurde deshalb als ein in bezug auf inländisches Gesellschaftsvermögen prinzipiell wirkungsloser Eingriff gewertet. Da die Konzeption einer teilweisen Wirkungslosigkeit nicht praktikabel erscheint, stellt sich bei der Einziehung einzelner Mitgliedschaftsrechte die Frage, unter welchen Voraussetzungen eine völlige Wirkungslosigkeit in bezug auf das im Inland belegene Gesellschaftsvermögen anzunehmen ist. Neben den Interessen der Anteilseigner sind die Interessen des enteignenden Staates, der Gesellschaftsgläubiger und der Schuldner zu bedenken. Eine einfache Regel, die dem Machtgedanken entsprechend auf das Moment der wirtschaftlichen Kontrolle abstellt, bietet sich schon deshalb nicht an, weil sich die Kontrollverhältnisse nur anhand der unterschiedlichen nationalen Gesellschaftsrechtsordnungen in Verbindung mit den jeweiligen Gesellschaftssatzungen feststellen lassen. Die Erwägungen zum vierten Fall müssen sich vorläufig auf diese Feststellung beschränken, da es aus dem Rahmen der Arbeit fällt, im einzelnen Maßstäbe zu entwickeln[10].

11. Fünfter Fall

Die Illustration der mit dem Wirkungsfeld fremder Enteignungsakte verbundenen Problematik trifft in der letzten Typisierung die auslän-

---

[10] Solange der nationale Gesetzgeber keinen Anhalt liefert, bleibt es den Gerichten überlassen, im Einzelfall Breschen in das Dickicht widerstreitender Interessen und konkurrierender Ansichten zu schlagen.

dische (a) Einziehung im Ausland (A) verbriefter Anteilsrechte an einer inländischen Gesellschaft. Eingedenk bisheriger Ausführungen wäre zu sagen, sie hätte im Inland keinen Erfolg, und zu fragen wäre, wie dort der Entziehung des Papiers Rechnung zu tragen sei.

Anderer Ansicht ist F. A. Mann, der, soweit erkennbar, diese Gestaltung als bislang einziger näher behandelt hat (1962: 497 - 502). Er unterscheidet zwischen Namens- und Inhaberaktien und sieht bei letzteren die Rechte als am Ort des Papiers belegen an. Hieraus zieht er den Schluß, daß die Einziehung im Inland gelte, sofern ihr keine ausdrückliche inländische Regelung entgegenstehe. Das ist eine konsequente Ableitung aus der Verbriefheit der Rechte, zu deren Übertragung allein die Übertragung des Papiers nötig ist[11].

Im Rahmen des internationalen Enteignungsrechts scheint indessen noch eine andere Lösung angemessen. Erinnert man sich, daß die Verkörperung der Rechte durch das Papier ein im Interesse des leichten rechtsgeschäftlichen Verkehrs benutzter juristischer Kunstgriff ist, so fällt ins Auge, daß die dazu entwickelten Regeln einschließlich der Belegenheitsfiktion solche des privatrechtlichen Verkehrs sind. Ihre unmittelbare Anwendung im Bereich hoheitlicher Übertragungsakte ist deshalb ausgeschlossen. Ob sie im Weg der Analogie zum Zug kommen können, läßt sich nicht eindeutig beantworten, weil es sich dabei um eine Denkfigur handelt, die im philosophischen Sinn strikte Ableitungen nicht zuläßt. Gesagt werden kann lediglich, ob die Entsprechung für annehmbar gehalten wird oder nicht, ein für juristisches Problemdenken typisches Ergebnis.

M. E. ist die privatrechtliche Anknüpfung an die Lage des Papiers nicht in den Enteignungsbereich übertragbar, weil die Einseitigkeit hoheitlicher Regelungen einen wesensmäßigen Unterschied zur Zweiseitigkeit privater Rechtsgeschäfte bildet, eine essentielle Differenz, die eine analoge Verwendung der Belegenheitsfiktion verbietet. Eine Künstlichkeit, die sich aus den Interessen beider Parteien rechtfertigen läßt, sollte nicht unter Außerachtlassung der Interessen des betroffenen Aktionärs einseitig zugunsten des enteignenden Staates übernommen werden; einer solchen Bevorzugung fehlen einsichtige Gründe. Im letzten Modell kommt es deshalb nach hier vertretener Ansicht grundsätzlich nicht auf die Belegenheit des Papiers an. Ausnahmsweise gilt

---

[11] Aus der Sicht der Spaltungstheorie führt *Kegel* aus, zwar könne das Papier (nur) von dem Staat entzogen werden, in dem es liege (lex cartae sitae), die Enteignung des verbrieften Rechts dagegen folge den für dieses Recht geltenden Regeln: während für dingliche Rechte die lex loci rei sitae gelte, könnten Forderungen und Mitgliedschaftsrechte nur für Schuldner- und Gesellschaftsvermögen enteignet werden, das im Enteignungsstaat liege (1971: 450).

selbstverständlich anderes, wenn eine inländische Vorschrift vorsieht, daß für die Wirksamkeit einer Auslandsenteignung (unter anderem) die Lage der Urkunde maßgeblich sei.

Werden im Ausland inländische Aktien eingezogen, ohne daß das Inland der Enteignung eine inländische Wirkung zuspricht, so kann man dem Verlust der Papiere dadurch Rechnung tragen, daß man die inländische Gesellschaft als verpflichtet ansieht, jene Aktien für kraftlos zu erklären und an ihrer Stelle neue an die betroffenen Aktionäre auszugeben. Dabei könnte in Betracht gezogen werden, daß die Ausgabe in einzelnen Fällen zwecklos sein kann, weil die Papiere mit an Sicherheit grenzender Wahrscheinlichkeit einem neuen Zugriff ausgesetzt wären.

12. Bedeutung der räumlichen Abgrenzung

Die territorialen Machtgrenzen, die das Völkerrecht zieht, limitieren die zwischenstaatliche Verbindlichkeit hoheitlichen Handelns, um zwischenstaatliche Konflikte zu verhindern; sie gewähren andererseits ein von fremden Einwirkungen prinzipiell freies Feld interner staatlicher Herrschaft. Ein so verstandenes Territorialitätsprinzip, das nicht nur abstrahierte Rechtsverhältnisse, sondern grundsätzlich alle sozialen Beziehungen, in die ein Staat gestaltend eingreifen kann, zu berücksichtigen hat, gibt jedem Staat die prinzipielle Freiheit, ausländische Regelungen zu ignorieren, ihnen ihre intendierten extraterritorialen Wirkungen völlig oder teilweise beizulegen oder sie auszuschließen. Mit der Bestimmung des Wirkungsfelds durch das Territorialitätsprinzip und der Erörterung inländischer Konsequenzen ist ein auch für das kollisionsrechtliche Verständnis wichtiger erster Schritt der völkerrechtlichen Behandlung abgeschlossen. Die mangelnde Anschaulichkeit der fünf Modellfälle liegt im Bemühen begründet, praktikable Grundmuster zu zeichnen, die kombiniert, analog angewandt und weiterentwickelt werden können. Der folgende Abschnitt untersucht, inwieweit Auffassungen zutreffen, die die Bedeutung des Territorialitätsprinzips in der Gerichtspraxis durch Vorschriften über Anerkennung und Judikabilität fremder Hoheitsakte eingeschränkt sehen.

IV. Die Anwendung der ausländischen Enteignungsregelung

Der Betroffene kann dem Enteignungsakt[1] auf verschiedene Weise gerichtlich entgegentreten. Vor internationalen Schiedsgerichten bestimmen sich die Angriffsmöglichkeiten nach den zulässigen Entscheidungsinhalten, die im Schiedsvertrag umrissen sind (cf. infra: 142ss). Der zum diplomatischen Schutz berufene Heimatstaat des Betroffenen kann unter Umständen gerichtlich für ihn eintreten (cf. infra: 108ss, 140ss). Innerhalb des enteignenden Staates beantwortet die Rechtsverfassung, ob und auf welchem Weg gegen die Maßnahme vorgegangen werden kann (cf. infra: 126ss). Ansonsten wird die Frage der Zuständigkeit ebenso wie die des anzuwendenden Rechts durch die jeweilige Rechtsordnung des Forumsstaates bestimmt (cf. Andreas Heldrich 1969: 131).

1. Der ausländische Enteignungsakt vor inländischen Gerichten

Die Hauptschwierigkeiten, denen sich ein inländisches Gericht gegenübersieht, sind mit den Stichwörtern Rechtsanwendung, Act of State Doktrin, Immunität und Anerkennung gekennzeichnet. Das Problem der Rechtsanwendung taucht mit der Frage nach den dem Urteil zugrundezulegenden Eigentumsverhältnissen auf: es kommt darauf an, in welcher Weise der ausländische Eingriff zu berücksichtigen ist[2]. Mit der Act of State Doktrin und den ihr im Ergebnis nahestehenden Thesen sind Ansichten untersucht, die eine Pflicht zur ‚Anerkennung' fremder Hoheitsakte annehmen und teilweise vertreten, die ausländische Maßnahme sei nicht judikabel. Das Wort von der Immunität ratione materiae und ratione personae ist die sprachliche Nahtstelle von ‚Anerkennungspflicht' und Staatenimmunität. Dort (cf. infra: 92ss) sind vor

---

[1] Gesetze, Hoheitsakte und Urteile werden nicht unterschieden, da es sich dabei bloß um verschiedene Formen gesetzten Rechts handelt. Daß diese Formen in zwischenstaatlichen Vereinbarungen und kollisionsrechtlichen Regelungen teilweise unterschiedlich behandelt sind, bleibt außer Betracht.

[2] Häufig wird gefragt, ob die fremde Regelung zu berücksichtigen sei, und zwar entweder als fremdes Recht oder als eine Rechtstatsache. Die letztere Scheidung erscheint verfehlt, weil die Frage nach den Eigentumsverhältnissen eine Frage nach Rechtsverhältnissen ist, tatsächliche Vorgänge dort mithin nicht ohne ihren rechtlichen Überbau begriffen werden können. Die Ob-Frage ist ungenau, weil das Gericht in irgendeiner Weise zu der zu seiner Kenntnis gebrachten ausländischen Regelung der Eigentumsverhältnisse Stellung nehmen muß.

allem die prozessuale Rolle der Immunität und die Bedeutung der Nichtanerkennung von Staaten für die Immunitätsfragen behandelt.

2. Der Hoheitsakt als Hauptgegenstand

Für die Judikabilität der Enteignung außerhalb des Enteignungsstaates kommt es nach herrschender Meinung zunächst darauf an, ob die ausländische öffentlichrechtliche Regelung zum Hauptgegenstand gemacht ist oder in einer Vorfrage beurteilt werden soll (cf. Vogel 1965: 194ss). Als Hauptgegenstand sei die Maßnahme nicht judikabel. Diese Auffassung, die Vogel zufolge bislang umschrieben, aber nicht begründet worden ist, erscheint angesichts der territorial begrenzten Rechtsetzungsgewalt einerseits und der territorial begrenzten Rechtsprechungsgewalt andererseits gerechtfertigt.

Hiervon zu trennen ist die These von der Einseitigkeit des internationalen Verwaltungsrechts. Ihr zufolge kann ein Staat bloß eigenes öffentliches Recht anwenden; die Normen des internationalen Verwaltungsrechts sollen nur etwas über die Anwendbarkeit des Heimatrechts, nichts aber über die fremden Regeln bestimmen (cf. van Hecke 1969: 63). Die These hat innerhalb der Enteignungsproblematik keine Bedeutung erlangt, weil die Betroffenen ihre Belange nicht mit verwaltungsrechtlichen, sondern mit privatrechtlichen Ansprüchen zu verfolgen suchen. Im übrigen hat Vogel überzeugend dargestellt, daß kein Staat prinzipiell gehindert ist, auf fremde öffentlichrechtliche Regelungen zurückzugreifen, etwa die Schulpflicht von Ausländern nach ihrem Heimatrecht zu bestimmen (cf. 1965: 194ss, 199s)[3].

3. Anerkennung fremder Hoheitsakte

Das Problem, wie eine ausländische Maßnahme in einer Vorfrage zu einem privatrechtlichen Gegenstand zu behandeln ist, wird zumeist etwas undifferenziert als Frage nach der ‚Anerkennung' des Akts gesehen. Dabei geht es nicht, wie vielfach angenommen wird, darum, ob inländische Gerichte den Akt beurteilen, verwerfen oder bestätigen dürfen, sondern darum, ob er mit der inländischen Rechtsordnung vereinbar ist oder nicht (cf. Klaus König 1965: 62). Es geht um die Frage, ob dem Akt über die völkerrechtlichen Rechtsetzungsgrenzen (cf. supra: 62ss) hinweg die intendierte Wirkung zugemessen werden kann. Anerkennung in diesem kollisionsrechtlichen Sinn bedeutet, daß dem fremden Akt im Inland die rechtlichen Konsequenzen beigegeben werden, die ihm das Ausland zugedacht hat[4].

---

[3] Zur extraterritorialen Wirkung bundesdeutscher Hoheitsakte cf. *Schlochauer* 1962: 14ss.

[4] Die von *Johannes Schulze* in seiner Untersuchung über das öffentliche

Damit eine solche Anerkennung möglich ist, muß die ausländische Regelung dem inländischen internationalen Privatrecht zufolge zu berücksichtigen sein[5]. Danach stellt sich die dem Kollisionsrecht geläufige Frage nach der Vereinbarkeit des fremden Rechts mit dem heimischen Recht, seinem ordre public. Beides ist speziell im Zusammenhang mit der Enteignungsproblematik durch die im anglo-amerikanischen Raum angesiedelte Act of State Doktrin und verwandte Lehren dahin beantwortet worden, daß Enteignungen, die das Ausland auf eigenem Gebiet vorgenommen hat, nicht judikabel und stets anzuerkennen seien.

4. Act of State Doktrin

In der 1943 erschienenen, wenig beachteten kritischen Darstellung mit dem Titel ‚The Sacrosanctity of the Foreign Act of State' stellt F. A. Mann sein Ergebnis voran: die Lösung der Anerkennungsproblematik sei weder im britischen Verfassungsrecht, noch im Völkerrecht, noch in anderen, allgemeinen Rechtsprinzipien zu finden, sondern im internationalen Privatrecht. Ausländische Hoheitsakte, unter Ausnahme der gesondert geregelten Gerichtsurteile, seien in England in gleicher Weise überprüfbar wie im Heimatstaat. Gegebenenfalls sollen englische Gerichte den Akten zuwiderlaufende Verfügungen erlassen, sie als unerlaubte Handlungen werten oder ihnen die englische public policy entgegensetzen können (1943: 42s).

Eine andere, verbreiteten Vorstellungen entsprechende Auffassung vertritt Edward D. Re in der Monografie ‚Foreign Confiscations in Anglo-American Law'. Der Band handelt fast ausschließlich von der Act of State Doktrin im Gewand des Rule of Decision Prinzips. Es heißt, das Rule of Decision Prinzip bringe nicht nur das ausländische Recht zur Anwendung, sondern verlange, daß als rechtmäßig behandelt werde, was immer das Ausland getan habe. Dabei sei gleichgültig, ob der fremde Hoheitsakt im Einklang mit dem ausländischen Verfas-

---

Recht im internationalen Privatrecht entwickelte Kollisionsgrundnorm steht hierzu nicht im Widerspruch. Die Norm lautet (1972: 125): ‚Privatrechtsgestaltendes öffentliches Recht ist anzuwenden, wenn es selbst angewandt werden will und wenn nach Maßgabe der lex fori eine Bindung zur Anwendung besteht (die voraussetzt, daß es eine legitimierende Beziehung zum geregelten Sachverhalt hat).'

[5] Die von *Fiezel* für das internationale Enteignungsrecht propagierte offene Anwendungsdiskussion scheint die Frage nach dem anwendbaren Recht mit Hilfe einer richterlichen politisch-ökonomischen Interessendiskussion beantworten zu wollen (cf. 1974: 69ss). Gegen diesen an sich interessanten Weg spricht neben methodischen Schwierigkeiten, die ein fast willkürliches Diskussionsergebnis erwarten lassen, vor allem eine m. E. unzulässige Befrachtung der Judikative mit legislativen und exekutiven Verantwortlichkeiten.

sungsrecht stehe und ob er gegen Völkerrecht verstoße oder nicht (1951: 161). Bei diesem Prinzip handele es sich wohl um einen völkerrechtlichen Grundsatz im Sinn der anglo-amerikanischen Rechtsprechung (ib.: 162). Die sachlich übereinstimmende sowjetische Lehre sieht darin einen allgemeinen Völkerrechtssatz (cf. Boguslavskij 1965: 125).

a) Ursprung der Act of State Doktrin

Von Haus aus ist die Act of State Doktrin ein britischer Verfassungsgrundsatz und bezieht sich auf britische Hoheitsakte gegen ausländische Staaten, gegen Ausländer außerhalb britischen Territoriums und Angehörige von Feindstaaten auch innerhalb dieses Gebiets (Phillips 1962: 260, 262ss)[6]. Sie ist Ausfluß der königlichen Prärogative und besagt, daß britische Gerichte jene Akte zwar feststellen, nicht jedoch werten dürfen. Dieser Rahmen ist bislang von den Gerichten eingehalten worden (cf. Mann 1943: 44s)[7]. Die abweichende Meinung, derzufolge der Grundsatz auch ausländische Maßnahmen einbezieht, stützt sich seit der klärenden Untersuchung Manns in England ernsthaft nur noch auf das dictum Lord Sumners in ‚Johnstone v. Pedlar' (cf. M. Mann 1967: 165).

Indessen trägt jener Ausspruch nur dem Wortlaut nach: ‚Sie (die inländischen Gerichte) überprüfen keine Akte, die ein fremder Staat auf seinem Gebiet in Ausübung seiner souveränen Befugnisse erlassen hat, um etwa ihre Rechtmäßigkeit zu kritisieren oder um ihre Rechtmäßigkeit zu fordern.' (cf. 1921 2 A.C. 262, 290). Denn einerseits geht es nicht darum, die fremde Maßnahme generell zu bekritteln, sondern allein um ihre extraterritorialen Wirkungen. Andererseits handelt es sich bei jener Wendung bloß um ein obiter dictum; in der Entscheidung verneinte das House of Lords die Anwendbarkeit der Act of State Doktrin und bejahte die Frage, ob ein Amerikaner von der Polizei konfisziertes Geld herausverlangen könne.

Denkbar ist allerdings, daß der englische Verfassungsgrundsatz im Wege der Analogie auf ausländische Akte angewendet werden soll. Das würde voraussetzen, daß der ausländische Staat ein der königlichen Prärogative ähnliches Rechtsinstitut kennt. Auf der Folgeseite stände aber doch nur ein kleiner Teil sakrosankter ausländischer Maß-

---

[6] *Herrmann-Wilfried Bayer* vermutet, die Doktrin gehe auf völkerrechtliche Vorstellungen zurück (1965: 41). In der Doktrin in ihrem heutigen Sinn vermengen sich Anschauungen über die innere und äußere Staatensouveränität; geschichtlich dürfte das Institut indessen aus britischem Verfassungsrecht hervorgegangen sein.

[7] Neue Strömungen wollen die Grenzen der Unüberprüfbarkeit unter Berufung auf das gewandelte Verhältnis von Krone und Bürger noch enger fassen (cf. *Collier* 1968: 127ss).

nahmen. Denn eine Analogie führt lediglich dazu, ausländische Akte gegen andere Staaten, gegen Fremde außer Landes und Feindstaatler auch im Land der Überprüfung zu entziehen. Die Vielzahl derjenigen Enteignungen, die gegen nicht-feindliche Ausländer (und gegen Inländer) gerichtet sind, bliebe der Kontrolle unterworfen. Die Act of State Doktrin als britischer Verfassungsgrundsatz eignet sich mithin weder unmittelbar noch mittelbar zur Rechtfertigung der von Re vorgetragenen Meinung.

5. Rechtssystematische Einordnung

Die Suche nach einem System, in dem das Verständnis der Doktrin seitens der herrschenden Meinung untergebracht werden könnte, begegnet der Ansicht Res, es sei nicht so wichtig, ob darin eine verfassungs- oder kollisionsrechtliche Regelung gesehen werde (1951: 162). Das Rule of Decision Prinzip sei mehr als ein Satz des internationalen Privatrechts (ib.: 159). Es scheine beser, darin ein Völkerrechtsprinzip nach anglo-amerikanischer Judikatur zu sehen (ib.: 162)[8]. Doch solle das Prinzip nicht angewandt werden, wenn die Exekutive ausdrücklich erkläre, es sei der politische Wunsch der Regierung, daß es nicht angewendet werde (ib.: 167).

a) Fullers dictum in ‚Underhill v. Hernandez'

Die Meinung, daß die Doktrin einen Völkerrechtssatz widergebe, wird auf die Entscheidung des U.S. Supreme Court in ‚Underhill v. Hernandez' gestützt; genauer auf zwei Sätze von Chief Justice Fuller, die immer wieder beschworen werden: ‚Jeder souveräne Staat hat die Unabhängigkeit jedes anderen souveränen Staates zu respektieren, und die Gerichtshöfe eines Landes werden nicht Gericht sitzen über die auf eigenem Territorium vollzogenen Hoheitsakte eins anderen. Wiedergutmachung von Mißständen infolge solcher Akte ist zu erlangen durch die Mittel, die souveränen Mächten untereinander verfügbar sind[9].' Der erste Satz immunisiert die ausländische Maßnahme, der zweite verweist auf den diplomatischen Weg; er kann etwas ungenau als Folgesatz verstanden werden und darf an dieser Stelle außer Acht gelassen werden (cf. infra: 108ss).

Der erste Satz besteht aus zwei Hälften; in der ersten wird die im Begriff der Souveränität eingeschlossene Vorstellung von Unabhängigkeit hervorgehoben, die additiv mit einer Anspielung auf das Territorialitätsprinzip in der zweiten Hälfte verbunden ist; mehr ist m. E. in

[8] Ähnlich *Adriaanse*, der die Act of State Doktrin dem internationalen Privatrecht und dem Völkerrecht zuordnet (cf. 1956: 132s).

[9] Cf. 1897 / 168 U.S. 250; übersetzt nach dem Zitat bei *F. A. Mann* 1943: 49.

jenem Ausspruch nicht enthalten. Denn Fuller hat die dem Wort nach gemachte Aussage weder empirisch-induktiv fundiert (cf. F. A. Mann 1943: 49s), noch theoretisch abgeleitet und auch nicht dargetan, daß ihre Richtigkeit so offenbar sei, daß sich eine Begründung erübrige[10]. Als Basis für die herrschende Auffassung über die Act of State Doktrin erscheint es damit wertlos.

6. Souveränität und Territorialität

Vermutlich haben die in der Fullerschen Formel anklingenden Vorstellungen von Souveränität und Territorialität zahlreiche Gerichte und Schriftsteller veranlaßt, die Formel inhaltlich zu überfrachten. Mit jenen vielschichtigen und dehnbaren Konzeptionen (cf. Vogel 1965: 13, 21ss, 54ss) kann das Dogma von der Unüberprüfbarkeit fremder Hoheitsakte jedoch nicht begründet werden.

a) Zur Souveränität

‚Souveränität' ist kein spezifisch juristischer Terminus; an einem Ende der Skala verbindet er sich mit Ahnungen von göttlicher Allmacht, am anderen Ende ist er politisches Schlagwort. Im Völkerrecht treten die Momente der Unabhängigkeit und rechtlichen Gleichheit hervor; wie im Anschluß an Jean Bodin (1530 - 1596) immer wieder definiert wird, ist der Souverän keiner übergeordneten staatlichen oder anderen irdischen Macht unterworfen. Wer auf die Regeln zurückgreift, aus denen das Souveränitätsprinzip abstrahiert ist, stellt fest, daß sie das Verhältnis hoheitlicher Regelungen zu einander aus dem Territorialitätsprinzip zu beantworten suchen (cf. Georg Schwarzenberger 1967: 65)[11].

Das völkergewohnheitsrechtliche Territorialitätsprinzip, das im Interesse eines friedlichen Zusammenlebens der Völker definitive Machtgrenzen zieht, kann die Frage der extraterritorialen Berücksichtigung fremden Rechts nicht allein beantworten; hierzu sind kollisionsrechtliche Regeln hinzuzuziehen.

---

[10] Hierin liegt insofern kein Vorwurf gegen *Fuller,* als der U.S. Supreme Court in der Sabbatino-Entscheidung (cf. infra: 81ss) ausführt, jenes Urteil könne allein auf Immunität ratione personae gestützt sein (cf. 58 AJIL 1964, 792).

[11] Die geistesgeschichtlichen und rechtstheoretischen Untersuchungen zur Souveränität, von denen die deutschsprachigen Studien *Leonard Nelsons, Hans Kelsens, Hermann Hellers* und die neuen Arbeiten von *Jürgen Dennert* und *Helmut Quaritsch* erwähnt seien, bleiben an dieser Stelle unberücksichtigt, weil es hier nicht um die rechtsgeschichtliche Entwicklung des Souveränitätsgedankens geht und auch nicht darum, das Verhältnis von Herrschaft und Ordnung und weitergreifend die Beziehung von Norm und Individualität zu behandeln.

b) Zur Territorialität

Heutige kollisionsrechtliche Territorialitätsvorstellungen gehen auf Ulrik Huber (1636 - 1694) zurück, wie Vogel in seiner weitgreifenden Studie über das Territorialitätsprinzip und dessen Auflösung durch den Positivismus gezeigt hat (1965: 128ss). Bei dem Versuch, das internationale Privatrecht und Strafrecht zu begründen, gelangt Huber zu folgenden ‚axiomata':

1. ‚Die Gesetze eines jeden souveränen Staates haben Kraft nur innerhalb der Grenzen des betreffenden Gemeinwesens und verpflichten alle ihm untergebenen, jedoch nicht darüber hinaus.'

2. ‚Als der Staatsgewalt untergeben sind alle anzusehen, die sich innerhalb ihrer Grenzen befinden, gleichgültig, ob sie sich dort ständig oder nur vorübergehend aufhalten.'

3. ‚Die Lenker der Staaten kommen einander darin entgegen, daß die Rechte eines jeden Volkes, die innerhalb seiner Grenzen angewandt werden, überall ihre Kraft behalten, sofern dadurch nicht die Macht oder das Recht eines anderen Souveräns und seiner Bürger beeinträchtigt werden[12].'

Man ist sich darüber einig, daß dem heutigen internationalen Privatrecht andere dogmatische Vorstellungen zugrundeliegen (cf. Kegel 1971: 42ss, Vogel 1965: 205ss). Die sogenannte öffentlich-rechtliche Auffassung Hubers, derzufolge die Anwendung fremden Rechts auf Entgegenkommen (comitas) beruht, herrscht jedoch noch, wo ausländisches öffentliches Recht im Rahmen einer Vorfrage relevant wird (Vogel ib.: 121ss). Nach Hubers drittem Grundsatz sind ausländische Enteignungsakte anzuerkennen, wenn sie politisch und rechtlich mit inländischen Regelungen übereinstimmen; innerhalb der Variationen zur Act of Sate Doktrin ist man vereinzelt geneigt, die Frage der Anwendung nach der public policy zu beantworten. Ein genaueres Bild der Doktrin erhellt aus ihrer Anwendung durch den U.S. Supreme Court im Zusammenhang mit einer kubanischen Enteignung.

7. Die Sabbatino Kontroverse

Unter dieser geborgten Überschrift (von Richard Falk ‚The Sabbatino Controversy') wird ein Fall erörtert, der in den USA in der Mitte der sechziger Jahre allen drei Staatsgewalten und der Lehre Anlaß gegeben hat, Beiträge zur Act of State Doktrin zu leisten.

---

[12] Zitiert nach *Vogel* 1965: 31.

a) Fallgeschichte

Der Fall wurde am 10. 10. 1960 beim United States District Court for the Southern District of New York als ‚Banco Nacional de Cuba v. Farr, Whitlock & Co.' anhängig. Etwas vereinfacht stellt er sich so dar:

Am 7. 7. 1960 machte Präsident Eisenhower von dem ihm am Vortag verliehenen Recht Gebrauch, die Einfuhrquote für kubanischen Zucker herabzusetzen. Im Gegenschlag wurde ein Gesetz erlassen, das den kubanischen Präsidenten und den Premier ermächtigte, amerikanisches Eigentum und solche Unternehmen, an denen Amerikaner beteiligt waren, enteignen zu lassen.

Im Februar und Juli 1960 hatten Farr, Whitlock & Co., eine amerikanische Maklergesellschaft, mit einer Tochter der Compania Azucarera Vertientes-Camaguey de Cuba (C.A.V.) einen Vertrag über die Lieferung kubanischen Zuckers abgeschlossen. Die C.A.V. war unter kubanischem Recht inkorporiert; über 90 % der Gesellschaftsanteile waren in Händen von Einwohnern der USA. Am 6. 8. 1960 wurde das auf kubanischem Territorium befindliche Eigentum der C.A.V. nationalisiert. Vom 6. - 9. 8. wurden 22 000 Sack Zucker auf die in kubanischem Gewässer ankernde deutsche ‚Hornfels' verladen. Die kubanische Regierung erlaubte der ‚Hornfels' am 11.8., nach Marokko auszulaufen, nachdem Farr, Whitlock & Co. mit der Banco para el Commercio Exterior de Cuba (Banco Exterior) einen Vertrag geschlossen hatte, der dem ursprünglichen Vertrag mit der C.A.V. entsprach.

Die Banco Exterior, ein Instrument der kubanischen Regierung, übertrug die Ladescheine auf die Banco Nacional de Cuba (Banco Nacional), ein anderes Instrument der kubanischen Exekutivspitze. Die Banco Nacional sandte die Papiere an die Société Générale, die sie Farr, Whitlock & Co. in New York vorlegen sollte. Nach Absprache mit der C.A.V. in New York nahmen Farr, Whitlock & Co. die Scheine zwar an, weigerten sich aber, den vereinbarten Erlös zu zahlen.

Am 10. 10. 1960 erhob die Banco Nacional Klage auf den Erlös aus den Ladepapieren. Farr, Whitlock & Co. wurden angewiesen, die 173 936,31 Dollar bei Sabbatino zu hinterlegen. Er war gerichtlich als Zeitweiliger Empfänger (Treuhänder) der Aktiva für die C.A.V. ernannt worden. Drei Wochen später wurde er auf der Beklagtenseite in den Prozeß einbezogen; unter seinem Namen, nicht seinetwegen, wurde der Fall berühmt.

31. 3. 1961: Die Klage wird abgewiesen, weil Kuba mit einer völkerrechtswidrigen (diskriminierenden und entschädigungslosen) Enteignung keine Rechte an dem Zucker habe erwerben können.

6. 7. 1962: Das Urteil wird in der Berufungsinstanz bestätigt.

23. 3. 1964: Der U.S. Supreme Court revidiert die Entscheidung. Aufgrund der Act of State Doktrin dürfe die Rechtmäßigkeit einer ausländischen Enteignung nicht überprüft werden. Zurückverweisung an die erste Instanz.

7. 10. 1964: Das Sabbatino/Hickenlooper Amendment tritt in Kraft.

17. 7. 1965: Auf dieses Amendment gestützt wiederholt das Gericht seinen ursprünglichen Entscheid.

31. 7. 1967: Er wird von der Berufungsinstanz bestätigt. Der U.S. Supreme Court läßt die Revision nicht zu[13].

b) Entscheidungsgründe

Nach dem Urteil des Supreme Court läßt sich die amerikanische Act of State Doktrin so fassen:

Ausländische Hoheitsakte sind grundsätzlich nicht judikabel. Entzieht eine von den USA anerkannte ausländische Regierung auf eigenem Territorium Eigentum, können amerikanische Gerichte die Rechtswirksamkeit dieser Enteignung nicht nachprüfen, auch dann nicht, wenn geltend gemacht wird, die Entscheidung verletze Völkergewohnheitsrecht. Etwas anderes gilt, wenn jene Maßnahmen durch Vertrag oder sonstige Abmachung zwischen beiden Staaten bestimmten Rechtsprinzipien unterstellt sind (cf. 58 AJIL 1964, 779).

Bevor auf die gerichtliche Begründung eingegangen wird, kann nach gesetzlichen Grundlagen gefragt werden. White ist in der dissenting opinion diesen Weg gegangen (cf. 58 AJIL 1964, 803). Nach seiner Ansicht folgt aus Art. III § 2 der Verfassung, daß amerikanische Gerichte Völkergewohnheitsrecht wie spezielles Völkerrecht zu berücksichtigen haben. Die Rechtsprechung habe das in ‚The Paquete Habana' (175 U.S. 677, 700) bestätigt. Die Richtigkeit dieser Position wird von Harlan in seiner Darstellung der Mehrheitsmeinung nicht bestritten. Es sieht aus, als fasse das Gericht demgegenüber die Doktrin als einschränkendes Bundesrecht auf, das sich in Präjudizien herausgebildet hat[14].

---

[13] Cf. Banco Nacional de Cuba v. Sabbatino (376 U.S. 398), 58 AJIL 1964, 779ss; Banco Nacional de Cuba v. Farr, Whitlock & Co. (383 F. 2d 166) 62 AJIL 1968, 165ss; beide Entscheidungen mit umfangreichen weiterführenden Hinweisen.

[14] Cf. 58 AJIL 1964, 791. So hat auch der Court of Appeals die Ausführungen verstanden, cf. seine Entscheidung vom 31. 7. 1967 in Banco Nacional de Cuba v. Farr, Whitlock & Co. (383 F. 2d 166), 62 AJIL 1968, 177s. Dagegen scheint *Wolfgang Friedmann* in nicht ganz verständlicher Wendung anzunehmen, in dem Urteil werde die Doktrin als eine nicht zwingende internationale Regel behandelt (1965 - 1966: 449s), während *Bayer* die Äußerungen des Gerichts in Richtung eines Verfassungs- oder Völkerrechtssatzes zu interpretieren scheint (1965: 41).

Das Gericht beginnt mit der Feststellung, nach dem traditionellen Wortlaut der Doktrin sei es amerikanischen Gerichten verwehrt, die Rechtswirksamkeit solcher ausländischen Hoheitsakte zu überprüfen, die eine anerkannte souveräne ausländische Macht in ihrem Hoheitsbereich begehe. Seinen klassischen Ausdruck habe die Doktrin in der Formulierung von Fuller (cf. supra: 79) gefunden. Ihre Geltung sei auch in Fällen völkerrechtswidriger Enteignung durch Präjudizien abgedeckt[15].

Es sind sieben Gesichtspunkte, die nach Auffassung des Gerichts die Anerkennung auch völkerrechtswidriger Enteignungen rechtfertigen (cf. 58 AJIL 1964, 793 - 796)[16].

1. Mit den Macht- und Druckmitteln der Exekutive sei dem Enteigneten generell mehr gedient als mit Maßnahmen der Rechtsprechung.

Auf diesem Gleis läßt sich ein so krasser Satz nachschieben wie: Polizei und Henker werden der Kriminalität ohne justizielle Kontrolle viel leichter Herr; die Strafjustiz könne abgeschafft werden.

Solche Argumentation verkennt, daß im nationalen und internationalen Bereich ein Zustand erreicht ist, der es ermöglicht, Maßnahmen der Exekutive einer Prüfung durch die Judikative zu unterwerfen. Das wird aus der verbreiteten Erfahrung getan, daß nicht schon jede besonders effektive Maßnahme unserer Vorstellung von Recht und Gerechtigkeit entspricht. Ins Rechtsphilosophische gewendet: Recht ist nicht an Effektivität, sondern an Richtigkeit orientiert.

Aber auch auf dem Boden einer reinen Effektivitätslehre bliebe nachzuweisen, daß außerrechtliche Regelungen erfolgreicher sind als rechtliche[17].

2. Richterliche Unwirksamkeitserklärungen können im enteignenden Staat Anstoß erregen.

Niemand bestreitet das. Die Geister scheiden sich bei der Frage, ob dies ein hinreichendes Argument ist. Internationale Beziehungen sollten durch richterliche Aussprüche nicht unnötig verschlechtert werden. Doch ist wenig einsichtig, wieso die anempfohlene Alternative, der Einsatz exekutiver Druckmittel, von dem Betroffenen freundlicher aufgenommen werden sollte. Es will leichter scheinen, das Urteil eines

---

15 Das wird von *White* bestritten (58 AJIL 1964, 799). Die Auseinandersetzung um die Aussagen der Präjudizien ist hier ausgeklammert.

16 Dem common-law-System entsprechend handelt es sich vorwiegend um rechtspolitische Überlegungen und Billigkeitserwägungen.

17 In der Entscheidung wird der Nachweis nicht erbracht; weder für eine Mehrheit von Fällen, noch für den vorgelegten Einzelfall.

unabhängigen Gerichts hinzunehmen als einen Propagandafeldzug oder wirtschaftliche Sanktionen einer Regierung. Das um so mehr, als es dem enteignenden Staat manchmal nicht schwerfällt, sein Opfer unter den erfolgreichen Lobbyisten jenseits des Zaunes auszumachen.

3. Es sei sehr ernst und habe weitreichende Konsequenzen, wenn ein Gericht einen Akt für völkerrechtswidrig erkläre, obwohl das Außenamt ihn vielleicht als völkerrechtsmäßig bezeichnet habe.

Mit dieser Bemerkung, die Harlan etwas präzisiert, wird das Gewaltenteilungsprinzip anvisiert. Es führt hier zu Schwierigkeiten, weil in derselben Sache gleichzeitig zwei Gewalten angerufen sind, die aus verschiedener Sicht argumentieren und agieren. Unkoordiniertes Verhalten kann Nachteile einbringen, die sich bei einer Koordination vermeiden ließen. Gleichwohl muß eine Judikative in Staaten mit nicht bloß verbaler Gewaltentrennung ihre Pflicht erfüllen und Rechtsstreitigkeiten in Unabhängigkeit entscheiden. Die Aufgabe besteht auch dort, wo üblicherweise in politisch einschneidenden Fällen mit Auslandsberührung konvenienterweise zunächst die Meinung der Exekutive eingeholt wird. — Etwas anderes gilt, wo die nationale Rechtsordnung die Entscheidung der Exekutive an die Stelle der richterlichen Entscheidung setzt; dort ist das Teilungsprinzip durchbrochen. Eine solche Ersetzung wird aber von dem Supreme Court nicht angenommen, insbesondere nicht aus der Act of State Doktrin hergeleitet.

Vielleicht entgeht man der Gefahr, die Mißlichkeiten zu überschätzen, die aus der Gewaltenteilung erwachsen können, wenn man sich daran erinnert, daß es zu den Geläufigkeiten einer Regierung gehört, Entscheidungen von unabhängigen Gerichten wie andere vielleicht nicht vorhergesehene Ereignisse in ihr Verhaltensmodell einzubeziehen.

4. Die mögliche Invalidation einer Enteignung durch fremde Gerichte trage eine gewisse Unsicherheit in den internationalen Handel.

Es darf wiederholt werden, daß die Frage nach einer Invalidation verfehlt ist, weil sie auf der Vorstellung beruht, das Inland könne ausländische Akte aufheben. Das ist nicht möglich; hier beschäftigt allein die Frage, ob und in welchem Umfang jenen Maßnahmen die intendierten Wirkungen auch jenseits der territorialen Grenzen beizumessen sind.

Das Gericht hat keine Erwägungen darüber angestellt, welches Gewicht dem zutreffenden Unsicherheitsargument innerhalb der Rechtsanwendungsproblematik zukommt. Es darf angenommen werden, daß es diesen Rechtssicherheitsaspekt aus rechts- und handelspolitischen Gründen als wesentlich angesehen hat.

5. Für das Völkerrecht werde angesichts der bewegten gegenwärtigen Weltverhältnisse nichts gewonnen, wenn man die Völkerrechtsmäßigkeit von Enteignungen erörtere.

   Außerdem müsse befürchtet werden, daß eine Entscheidung in dieser Frage von Leuten anderer ideologischer Provenienz kaum als Ausdruck rechtlicher Würdigung akzeptiert würde.

Dieses und die beiden folgenden Argumente hat das Gericht als Entgegnung auf das Vorbringen der Beklagtenseite entwickelt. Die Beklagten hatten nahegelegt, der Supreme Court solle Völkerrecht gestalten.

Eine, wenn auch nur indirekte Einflußnahme des höchsten amerikanischen Gerichts auf die Ausformung völkerrechtlicher Regeln ist ein diskutabler Punkt[18]. Die gerichtliche Stellungnahme dazu erscheint unangemessen, denn sie besagt im Ergebnis: da die Verhältnisse wirr seien, könnten sie auch so gelassen werden. Aus einem Sein wird so ein Sollenssatz gemünzt und zugleich impliziert, daß es sich für einen Richter nicht lohne, in Zeiten schnellen Wandels Recht zu sprechen.

Auch die ergänzende Bemerkung des Gerichts überzeugt nicht. Vom Standpunkt einer Ideologie läßt sich alles ihr Ungemäße verteufeln; jedes Urteil, jede Wertung ist dieser Gefahr ausgesetzt. Daher ist schwer begreiflich, wieso eine Frage deswegen unentschieden bleiben soll. In letzter Konsequenz würde jene Meinung zur Stillegung der Rechtspflege führen[19].

6. Die gerichtliche Invalidation einer Enteignung könne dem Erwerber des enteigneten Gutes schaden.

Hier wird eine Variante der in Punkt (4) allgemein angesprochenen Möglichkeit hervorgehoben. Das Gericht stellt den gutgläubigen rechtsschutzlosen Erwerber dem mit diplomatischer Protektion versehenen ehemaligen Eigentümer gegenüber. Dunkel bleibt dabei, ob dieser Gegensatz als Regelfall gesehen wird. Für das dem Sabbatino-Fall nicht entsprechende Modell findet keine Güterabwägung statt. Lediglich Nuancen in der Formulierung deuten an, daß in einem solchen Modell (vielleicht in Erinnerung an die im ersten Gesichtspunkt vertretene These) der Erwerber schutzwürdiger erscheint. Wenn das Gericht

---

[18] *Milo Coerper* betont in seiner zustimmenden Besprechung des erstinstanzlichen Urteils unter Berufung auf *Jessup*, die Judikabilität ausländischer Enteignungen sichere nicht nur eine größere Einzelfallgerechtigkeit, wichtiger sei, daß dadurch langfristig die Möglichkeit geschaffen werde, die Völkerrechtsregeln über die Auslandsenteignung zu festigen und weiterzuentwickeln (1962: 147).

[19] Im übrigen bietet die Nicht-Judikabilität ihrerseits, das wird dem Supreme Court nicht entgangen sein, eine breite Angriffsfläche.

damit eine Antwort auf die Frage ‚Eigentümer oder Erwerber' hat aufzeigen wollen, so hätte um einiger Klarheit willen vielleicht doch die Beziehung zum Fall hergestellt werden müssen, denn dort klagt der Enteigner.

7. Die Frage der Judikabilität ausländischer Enteignungen sei unabhängig davon zu entscheiden, ob sie ein Mittel zum Schutz amerikanischer Investitionen biete oder nicht.

Damit wird die gegenteilige These der Beklagten verworfen. Die Aussage ist im Zusammenhang mit dem ersten Gesichtspunkt zu sehen, demzufolge die Machtmittel der Exekutive ohnehin erfolgversprechender sind. Das Gericht bezweifelt zudem, daß die Judikabilität ein taugliches Mittel ist, den Enteignungswilligen von seinem Schritt abzuhalten. So werden das erste und das letzte Argument zu einem Kreis geschlossen[20].

8. Act of State Doktrin und Sabbatino Amendment

Der Kongreß erließ noch 1964 das Sabbatino Amendment[21], das ein Jahr später mit kleineren Beifügungen zeitlich unbeschränkt gültig wurde und den Tenor der besprochenen Sabbatino-Entscheidung zur heutigen modifizierten amerikanischen Act of State Doktrin ergänzt[22]. Wenn wir, was für unseren Zweck zulässig ist, Verfassungsmäßigkeit unterstellen, etwas vergröbern und die Ausnahmen des Amendments (cf. Hollweg 1969: 325ss) unbeachtet lassen, kann die Doktrin so gefaßt werden:

Grundsätzlich sind Hoheitsakte einer von den USA anerkannten ausländischen Regierung nicht judikabel. Entziehen sie aber Eigentum, so dürfen amerikanische Gerichte die Rechtswirksamkeit dieser Maßnahmen unter völkerrechtlichen Gesichtspunkten prüfen und verneinen[23].

---

[20] Es fällt auf, daß die sonst recht universale Betrachtungsweise zuletzt einem parochalen Blickwinkel weicht: das Gericht stellt sich nicht vor, welche Folgen es für den Eigentumsschutz hätte, wenn nicht nur Gerichte der Vereinigten Staaten, sondern auch andere die extraterritorialen Wirkungen von Auslandsenteignungen als abwehrbar ansähen. Vermutlich übt das Gericht diese Sichtbeschränkung, um das angestrebte Ergebnis nicht zu gefährden; sonst hätte es feststellen müssen, daß die Neigung, fremde Hoheitsakte prinzipiell anzuerkennen, nicht allgemein ist (cf. *Geck* 1960 a: 56; 1960 b: 57; *Schlochauer* 1962: 56ss). Ironischerweise war es dann das Ergebnis, das einen Proteststurm in den USA hervorrief. Das mögliche Ziel des Gerichts, die Dritte Gewalt aus einem schwelenden Wirtschaftskrieg mit Kuba herauszuhalten, wurde wahrscheinlich nicht gesehen.

[21] Dazu ausführlich *Hollweg* 1969: 316ss, der den vollen Text wiedergibt.

[22] Vereinzelt wird das Amendment als verfassungswidrig angesehen. *Hollweg* (ib.: 327ss) hält das Gewaltenteilungsprinzip für verletzt. Dann würde die Doktrin in der uneingeschränkten Form des Sabbatino-Urteils gelten (cf. supra: 83).

9. Der Doktrin verwandte Theorien

Eine Reihe von Theorien gelangt zu einem Ergebnis, das dem der Act of State Doktrin entspricht, wie sie der Sabbatino-Entscheidung des U.S. Supreme Courts zugrundeliegt. Johannes Schulze, auf dessen Ausführungen verwiesen wird, hat sie in zwei Gruppen geteilt (1972: 185ss). In der ersten Gruppe unterscheidet er drei Thesen: (1) Es komme einem Staat zu, innerhalb des ihm zuerkannten Bereichs seine Hoheitsgewalt auszuüben, woraus die Pflicht folge, die Ausübung innerhalb des Territoriums zu respektieren. (2) Im Interesse einer friedlichen internationalen Ordnung seien Enteignungen anzuerkennen, wenn sich der enteignende Staat in den Grenzen seiner Macht gehalten habe. (3) Da öffentliches Recht nicht über die Landesgrenze hinaus wirke, müsse es innerhalb der Landesgrenzen wirksam sein.

Die zweite Gruppe arbeitet mit den Gedanken der Rechtshilfe, der Gegenseitigkeit und der internationalen Entscheidungsharmonie.

Die Kritik Schulzes, die in Einzelheiten nicht nachgezeichnet werden kann, wendet gegen die an Rechtshilfe und Gegenseitigkeit orientierten Auffassungen ein, ihnen fehle in der Praxis eine Basis, die sie relevant werden lassen könne. Der Gedanke, eine möglichst weitgehende internationale Entscheidungsharmonie zu erreichen, vermöge keine hinreichend differenzierten Lösungen zu liefern. Eine Unschärfe liege darin, daß angenommen werde, die ohnehin unverbindliche Entscheidung einer Vorfrage sei ein Eingriff in den fremden Hoheitsakt; das könne allenfalls bei einer Entscheidung in der Hauptsache zutreffen.

Die Folgerungen in der ersten Gruppe seien unscharf, was vor allem auf ein ungenaues Verständnis der ‚Anerkennung' zurückzuführen sei. Von einer Anerkennung im rechtstechnischen Sinn könne keine Rede sein, wenn ein ausländischer Staatsakt lediglich einer im Ergebnis unverbindlichen Entscheidung über eine Vorfrage zugrundegelegt werde.

10. Die Thesen Johannes Schulzes

Das Ergebnis seiner Untersuchung über die Anwendung ausländischen öffentlichen Rechts faßt Schulze so zusammen (ib.: 266):

Ausländisches öffentliches Recht ist grundsätzlich nur örtlich beschränkt auf den unmittelbaren Zwangsbereich des gesetzgebenden Staates anzuwenden, jedoch mit folgenden Ausnahmen:

a) ‚Überholtes', d. h. gebrochenes ausländisches öffentliches Recht ist

[23] In der Form ist die Doktrin, wie das Amendment sagt, amerikanisches Bundesrecht. Ob sie so, wie einige meinen, treffender ist (cf. *Richard Falk* 1965: 56ss), kann offen bleiben.

nicht mehr anzuwenden, wenn der fremde Staat die Herrschaft über den weiteren Ablauf des Privatrechtsverhältnisses verloren hat.

b) Die Vorbehaltsklausel in der herkömmlichen (passiven) Form kann auch in diesem Bereich die Anwendung ausschließen.

c) Über den Territorialitätsbereich hinaus ist ausländisches öffentliches Recht anzuwenden,

— wenn der Vollzugszustand ohne Vollzug erreicht ist;

— wenn und soweit seine Anwendung durch ein unabweisbares inländisches öffentliches Interesse oder die inländischen guten Sitten geboten ist (aktiver ordre public);

— im Zwangsbereich eines dritten Staates, soweit dessen aktiver ordre public die Anwendung verlangt.

Diese Thesen über die Anwendung ausländischen öffentlichen Rechts scheinen in der Sache weitgehend mit der hier unter dem Aspekt ausländischer Vermögensentziehung dargelegten Betrachtungsweise übereinzustimmen. Bedenken bestehen gegen den Satz, daß überholtes ausländisches öffentliches Recht nicht anzuwenden sei, wenn der fremde Staat die Herrschaft über den Ablauf der Privatrechtsverhältnisse verloren habe, und gegen den Satz, daß die fremde Regelung über den fremden Hoheitsbereich hinaus anzuwenden sei, wenn der Vollzugszustand ohne Vollzug erreicht sei.

Als Beispiel für die Überholung des fremden Verwaltungsrechts durch den tatsächlichen Stand der Dinge nennt Schulze den Fall, daß der Enteignete den von dem Entziehungsakt betroffenen Gegenstand vor der tatsächlichen Entziehung ins Inland verbringt. Der Vollzug des Enteignungsbefehls sei nach dem Prinzip der Einheit der nationalen Rechtsordnung abzuwehren (ib.: 175). Mit dem Prinzip wird der Gedanke ausgedrückt, daß die verschiedenen Teile einer Rechtsordnung zusammen ein widerspruchsloses Ganzes bilden müssen (cf. ib.: 129s). An anderer Stelle wird ausgeführt, die inländische Freiheitsgarantie verbiete die weitere Anwendung des ausländischen öffentlichen Rechts (ib.: 194).

Zur Anerkennung von Vollzugszuständen ohne Vollzug wird dargelegt, es handele sich um Fälle, in denen das Ausland eine Sache enteigne, die sich im Zeitpunkt der Enteignung bereits im tatsächlichen Besitz seiner Staatsorgane oder desjenigen befinde, dem bei dem Eingriff das Eigentum übertragen werde, mag die Sache auch auf staatenlosem Gebiet oder gar im Inland belegen sein. Da ein Vollzugsakt nicht in Erscheinung trete, bestehe für die inländische Verwaltung kein Anlaß zur Abwehr. Die Wirksamkeit der Enteignung dürfe nach dem Prinzip der Einheit der nationalen Rechtsordnung durch eine gerichtliche Entscheidung nicht verletzt werden. Folglich sei nach dem Prinzip der inaktiven Neutralität zu entscheiden und, da der tatsächliche Zustand dem Vollzugszustand entspreche, der Eingriff anzuerkennen (ib.: 195). Mit dem Prinzip der inaktiven Neutralität wird der Gedanke ausgedrückt, daß das Inland im Angesicht der widerstreitenden Interessen von enteignendem Ausland und Enteignetem sich prinzipiell neutral zu verhalten habe.

Der These von der Nichtanerkennung überholter fremder Regelungen und der These von der Anerkennung vollzugsfreier fremder Rechtsgestaltung zufolge sind im Ergebnis jeweils die faktischen Verhältnisse maßgebend. Da das Faktische keine im Rechtssinn normierende Kraft hat, ist zu fragen, ob das Prinzip der Einheit der nationalen Rechtsordnung eine stringente Ableitung im Sinne der Sätze zuläßt: ob nur mit jenen Sätzen ein Widerspruch zwischen den einzelnen Rechtsbereichen vermieden werden kann.

Die Auffassung Schulzes setzt für beide Gruppen voraus, daß das inländische internationale öffentliche Recht in einer bestimmten Weise auf den internationalen Tatbestand reagiere, und daß das inländische internationale Privatrecht nach dem Prinzip der Einheit in gleicher Weise zu reagieren habe; die Rechtsfolgen aus beiden Ordnungen müßten miteinander übereinstimmen. Die Prämisse der prinzipiellen Einheit erscheint zutreffend; Bedenken bestehen gegen die Konsequenzen.

Zunächst ist festzustellen, daß das inländische öffentliche Kollisionsrecht grundsätzlich ebenso wenig wie das private Kollisionsrecht gehindert ist, die fremde hoheitliche Maßnahme als maßgeblich anzusehen (cf. Vogel 1965: 194ss). Nach bisheriger Übung freilich greift inländisches öffentliches Recht regelmäßig nicht auf ausländisches öffentliches Recht zurück; es ist inaktiv neutral. Dieser Zustand erlaubt es dem Privatrecht, seinerseits eine unabhängige Regelung zu treffen, weil eine Möglichkeit des Widerspruchs zu einer öffentlich-rechtlichen Nichtregelung ausgeschlossen ist[24]. Auf den Überholungsfall bezogen bedeutet das, daß sich das inländische öffentliche Recht gegenüber dem Auslandsakt neutral verhalten wird; das Privatrecht wird regelmäßig die nicht vollzogene Enteignung als nicht wirksam ansehen; es ist ihm indessen möglich, gegebenenfalls über das Institut des ordre public der ausländischen Regelung die intendierte Wirkung beizulegen.

Für den Vollzugsfall gelten grundsätzlich die gleichen Erwägungen: Vorausgesetzt, daß das internationale öffentliche Recht inaktiv neutral

[24] Wenn das internationale Verwaltungsrecht nicht inaktiv neutral ist, sind die Kollisionsrechte im Sinn widerspruchsfreier Regelungen zu interpretieren.

ist, steht es dem internationalen Privatrecht prinzipiell frei, in welcher Weise es auf den Vollzug reagiert. Es ist nicht anzunehmen, daß diese Freiheit stets im Sinn einer Anerkennung des Vollzugszustands genutzt wird. Denn eine ausländische Enteignungsnorm, die keines Vollzuges bedarf, ist in bezug auf jedes Recht an jedem Ort der Welt denkbar; dazu brauchte die Enteignungsregelung nur den jeweiligen tatsächlichen Zuständen übergestülpt zu werden. Deshalb ist davon auszugehen, daß über den Territorialitätsbereich hinaus auch vollzugsfreies fremdes öffentliches Recht im Inland nur maßgeblich ist, soweit die inländiche Rechtsordnung es ausdrücklich heranzieht.

11. Anwendungsregeln

In der Antwort auf die Frage, in welcher Weise inländische Gerichte die ausländische Enteignungsregelung zu berücksichtigen haben, können hiernach die Ergebnisse des Abschnitts wie folgt zusammengefaßt werden:

1. Der Geltungsbereich ausländischen öffentlichen Rechts ist grundsätzlich auf das ausländische Hoheitsgebiet beschränkt. Regelungen innerhalb des Geltungsbereichs können nicht zum Hauptgegenstand eines inländischen Rechtsstreits gemacht werden; sie sind der inländischen Rechtsprechungsgewalt entzogen, nicht judikabel.
2. Innerhalb einer Vorfrage kommt es für die Anwendung der ausländischen Regelung darauf an, daß sie vom inländischen Kollisionsrecht als maßgeblich herangezogen und mit dem inländischen ordre public vereinbar ist. Es besteht keine völkerrechtliche Verpflichtung, dem fremden Akt die intendierten Wirkungen grundsätzlich beizulegen[25].

---

[25] Bezüglich der Belegenheit von Rechten kann auf die obige Erörterung verwiesen werden (cf. supra: 63ss). Zu beachten ist, daß der den dortigen Ausführungen zugrundegelegte Umstand, daß Rechte innerhalb des Hoheitsbereichs des Staates belegen sind, der sie gewährt, durch kollisionsrechtliche Fiktion modifiziert sein kann.

V. Immunität

Überall, wo ein Staat im Ausland klagt oder verklagt wird, stellt sich die Frage nach seiner Immunität, mit der gemeint ist, ob das ausländische Gericht ihm gegenüber verbindlich verfügen und entscheiden kann und ob gegebenenfalls gegen ihn vollstreckt werden kann, ob das Ausland aus der inländischen Gerichtsbarkeit ausgenommen ist oder nicht. Es ist ein mit der Act of State Doktrin verwandtes Problem, das gelegentlich mit ihr in einen Topf geworfen wird[1]. Die Dinge können indessen getrennt werden.

1. Korrelation und Differenz

Harold Maier (1966: 571) unterscheidet sie, indem er sie als korrelative Regeln begreift: Immunität werde gewährt wegen der hoheitlichen Natur des Aktes[2]. Dieser Sicht scheint Schaumann der Sache nach zuzuneigen, wenn er von einer identischen funktionalen Ausrichtung spricht (cf. 1968: 68, 70). Andererseits qualifiziert er wie hier die Act of State Doktrin als innerstaaliche Regel und setzt den Immunitätsgedanken davon als einen völkergewohnheitsrechtlichen Satz ab, der auch durch andere Motivationen getragen werde (ib.: 702). Die darüber hinaus getroffene inhaltliche Unterscheidung, zu der die Kommission[3] nahezu einhellig gelangt, ist an dieser Stelle uninteressant, weil sie auf einem bewußt verengten Verständnis der Doktrin basiert (cf. ib.: 70).

Maiers Annahme einer Korrelation von Staatenimmunität und Hoheitsakt ist aposteriorisch, eine nach Durchsicht der amerikanischen Rechtsprechung gezogene Folgerung. Ob jene Wechselbeziehung auch apriorisch existiert, ist eine Frage, die im Zusammenhang mit den Grundlagen der Immunitätslehre steht und nach den dazu getroffenen Feststellungen zu verneinen ist (cf. infra: 95ss).

---

[1] Nachweise bei *Schaumann* 1968: 69, 97; *Boguslavskij* 1965: 125ss.

[2] *Hollweg* kommt von einer anderen Fragestellung zu einem ähnlichen Ergebnis (1969: 320).

[3] Die Arbeit *Schaumanns* ist ein Bericht über die völkerrechtlichen Probleme der Staatenimmunität im Auftrag der Deutschen Gesellschaft für Völkerrecht. Einbezogen sind Stellungnahmen aus der Studienkommission, der *W. Bertram, H. Blomeyer, H. Bülck, H. Golsong, W. J. Habscheid, G. Jaenicke, H. Kutscher, W. Lewald, H. Meyer-Lindenberg, H. Miehsler, H. Mosler, C. F. Ophüls, D. v. Schenk, U. Scheuner, L. Schnorr v. Carolsfeld* und *I. Seidl-Hohenveldern* angehörten.

Andreas Lowenfeld nimmt an, daß Act of State Doktrin und Immunitätslehre einander räumlich ergänzen. Während erstere sich mit ausländischen Akten befasse, die auf ausländischem Territorium ergehen, beschäftige sich letztere mit den Aktivitäten, die ein ausländischer Staat außerhalb seines eigenen Gebietes ausübe (1965: 905). Diese Symmetrie der Funktionen ist verfehlt, weil der Unterschied der Nichtpflichtigkeit von Personen und der Nichtbeurteilbarkeit von Handlungen nicht erkannt ist, und weil eine prädominante räumliche Komponente in die Immunitätslehre gelegt wird, die ihr nicht eignet.

a) Ontologischer Unterschied von Person und Handlung

Ein wesentlicher Unterschied zwischen der Immunitätslehre und der Act of State Doktrin liegt darin, daß sich erstere auf Staaten und ihre Organe, letztere auf Handlungen bezieht. Die Unterscheidung von Person und Akt hat zu der bekannten Differenzierung von Immunität ratione personae und Immunität ratione materiae geführt. Diese sprachliche Trennung gibt den Eindruck, es handele sich dabei um unterschiedliche Phänomene, die auf einer gemeinsamen Ebene lägen[4]. Gerade das aber ist nicht der Fall: grundsätzlich folgen alle Rechtsordnungen der Lebenswirklichkeit darin, daß sie in mannigfacher Weise zwischen Personen und Handlungen differenzieren. So gilt etwa im deutschen Strafrecht nicht mehr der germanische Satz, die Tat richte den Mann; stattdessen ist ein personenbezogenes Schuldprinzip eingeführt. Im verfahrensrechtlichen Bereich wird dem unterschiedlichen Sein unter anderem dadurch Rechnung getragen, daß zwar Personen, nicht dagegen Handlungen verurteilt werden können[5]. Die möglichen Immunitäten gehören mithin richtigerweise verschiedenen Sphären an, und eine eventuelle korrelative Verknüpfung wäre vertikal zu begreifen. Die dargestellte Getrenntheit hat eine reale Bedeutung: während Staatenimmunität nur relevant werden kann, wo ein Staat vor Gericht auftritt, spielt die Unbeurteilbarkeit von Akten auch in einem Streit zwischen Privaten eine Rolle, sofern sie staatliche Regelungen ihrer Rechte angreifen.

2. Arten der Immunität

Bevor weiter auf die Grundlagen und den Inhalt der Staatenimmunität und ihr Verhältnis zur Anwendung fremden Rechts eingegangen wird, seien verschiedene Facettierungen der Immunität dargestellt.

---

[4] Dieser Ansicht scheint auch *F. A. Mann* zu sein (cf. 1943: 46s).

[5] Eine Sonderheit stellt in diesem Zusammenhang die anglo-amerikanische actio in rem dar, eine rein dingliche Klage, bei der auch das Urteil gegen die Sache ergeht. Soweit letzterer Immunität zugerechnet wird, ist sie funktionsbedingt und von dem ausländischen Staat bezogen.

a) Absolute und relative Immunität

Die Freiheit eines Staates und seiner Hoheitsträger, sich nicht vor Instanzen eines anderen Staates verantworten zu müssen, kann absolut oder relativ begriffen werden. Unter absoluter Immunität wird die völlige Freistellung von der Gerichtsbarkeit eines anderen Staates verstanden. Mit relativer Immunität ist eine Beschränkung der Freistellung gemeint. Dabei ist grundsätzlich gleichgültig, woran die Eingrenzung geknüpft wird. Sie kann etwa abhängig gemacht sein von der Qualität des in Rede stehenden Verfahrens, von der Qualität des Staates (anerkannt, nichtanerkannt), seines Organs (Verfassungsorgan, Verwaltungsorgan), seines Verhaltens (acta iure imperii, acta iure gestionis) oder von der Qualität des angerufenen Gerichts.

b) Völkerrechtliche und verfahrensrechtliche Immunität

Immunität ist danach unterscheidbar, von welcher Rechtsordnung sie gewährt wird. Sie kann dem Völkerrecht oder dem Verfahrensrecht des Forums emanieren. Diese Ordnungen können auf einander verweisen oder ihrerseits fremde Immunitätsregelungen als maßgeblich benennen.

c) Immunität im Erkenntnis- und im Vollstreckungsverfahren

Immunität kann im Erkenntnis- und im Vollstreckungsverfahren gewährt werden. Dabei hat die Abhängigkeit des Vollstreckungsverfahrens zur Folge, daß die Frage der Freistellung nur zu prüfen ist, wenn im Erkenntnisverfahren nicht auf Immunität erkannt oder aber von dem betroffenen Staat insoweit auf dieses Recht verzichtet wurde. Der Verzicht auf Immunität wird allgemein als zulässig angesehen[6].

d) Sonstige Formen der Immunität

Die dargelegten Aspekte geben kein vollständiges Bild von den Facettierungen der Immunität. So sind etwa die Sonderformen der diplomatischen und konsularischen Immunität ebenso wie die von internationalen Organisationen und deren Angestellten außer Betracht geblieben; auch auf die Ausnahmen von der Steuerhoheit, auf die sogenannte fiskalische Immunität, ist nicht eingegangen. Mit der Ausgrenzung wird die Immunitätsproblematik auf die im Rahmen des Enteignungsrechts relevanten Fragen beschränkt.

---

[6] Eingehend hierzu: *Habscheid* 1968: 216ss; ferner: *Suy* 1967: 682 (über die belgische Regelung), *Boguslavskij* 1965: 26 (sowjetische Auffassung), *Kos-Rabcewicz-Zubkowski* 1968: 246 (zur neuen kanadischen Entwicklung).

3. Grundlagen der Immunität

Historisch haben sich die völkergewohnheitsrechtlichen Immunitätsregeln aus bilateralen Abmachungen unter Fürsten entwickelt (cf. Schwarzenberger 1967: 98ss). Da sie als solche zeitbedingt und somit situationsabhängig sind, ist versucht worden, der Immunität ein theoretisches Fundament zu sichern. Denn ließe sich keine allgemeine Klammer finden, so müßte eingeräumt werden, daß jenes Staatsfreiheitsrecht vorbehaltlich gegenteiliger völkerrechtlicher Regelungen letztlich zur Disposition jedes anderen Staates stände.

4. Souveränität

Sowohl von den Anhängern einer absoluten wie von den Anhängern einer relativen Immunität wird in erster Linie aus dem Souveränitätsprinzip (cf. supra: 80ss) argumentiert.

a) Standpunkt der Absolutisten

Boguslavskij, der die sowjetische Auffassung von absoluter Immunität verficht, führt aus, der staatlichen Immunität liege der Grundsatz von der souveränen Gleichheit der Staaten zugrunde. Aus der Rechtsgleichheit der Staaten und ihrer Unabhängigkeit von einander folge, daß kein Staat über einen anderen Staat, über dessen Organe und dessen Eigentum Macht ausüben könne (1965: 19). Die sowjetische Lehre wie die Rechtswissenschaft in den anderen volksdemokratischen Ländern hätten erkannt, daß Anzilottis Rückführung der Immunität auf ständige Übung falsch sei. Richtig hingegen sei, sie als Ausfluß staatlicher Souveränität zu sehen. Als Begründung hierfür wird festgestellt, daß eine völkerrechtliche Norm unter ganz bestimmten Bedingungen entstanden sein und sich fortentwickeln müsse. Beginne etwa ein Staat, Handel zu treiben, so sei danach fraglich, ob die Norm ihre Geltung behalte. Nehme man demgegenüber an, daß Immunität auf Souveränität beruhe, so müsse jeder Staat sie genießen, solange er unabhängig und souverän sei. Veränderungen in den internationalen Beziehungen könnten daher den Grundsatz der Immunität als solchen nicht berühren (ib.: 21).

Als Plädoyer für eine absolute Immunität sozialistischer Staaten sind diese Ausführungen verständlich, wenn sie auch wegen des wachsenden zeitlichen Abstands zu den sozialistischen Nationalisierungen und wegen der Sonderstellung der Außenhandelsvereinigungen[7] heute ihre

---

[7] In der Sowjetunion sind es vom Staat getrennte juristische Personen, die der Rechtsprechungsgewalt ihres jeweiligen Gastgebers unterworfen sind und in den Grenzen ihres Vermögens für ihre Verbindlichkeiten einzustehen haben. Ähnliches gilt für die Außenhandelsorganisationen anderer Ostblock-

praktische Bedeutung immer mehr verlieren (cf. auch Schmitthoff 1968: 220). Die Ablehnung der Ansicht Anzilottis geht hingegen fehl, weil Inkommensurables einander gegenübergestellt ist.

Indem Boguslavskij die Deskription historischer Entwicklung mit der von ihm axiomatisch begriffenen staatlichen Souveränität konfrontiert, versucht er, zwei Phänomene auf eine Ebene zu bringen, die unterschiedlichen Sphären angehören, der des realen und der des idealen Seins. Während der erste Bereich empirisch-induktiv erschlossen werden kann, ist der zweite dem kategorialen und deduktiven Verständnis zugänglich. Die jeweils gewonnenen Aussagen sind verschiedenartig und deshalb zwar auf einander beziehbar (wie etwa ein Gesetz auf den Einzelfall), nicht aber vergleichbar.

Eben wegen jener Sphärendifferenz wäre die Polemik gegen Anzilotti auch nicht nötig gewesen. Von seinem Standpunkt aus hätte es genügt, wenn Boguslavskij darauf hingewiesen hätte, daß die Rechtspraxis dort gegen das Souveränitätsprinzip verstoße, wo sie keine Immunität gewähre.

b) Standpunkt der Relativisten

Eine ausführliche Grundlagenbetrachtung findet sich bei Schaumann (1968: 8ss). Er gelangt zu zwei rechtlich möglichen Thesen. Nach der einen geht der Souveränitätsanspruch des ausländischen Staates bis zu einem Punkt, in dem die Souveränität des Gerichtsstaates eine Grenze für den Immunitätsanspruch zieht. Nach der zweiten wird dem Souveränitätsanspruch des ausländischen Staates durch Einräumung der Immunität bereits in einem Punkt Rechnung getragen, in dem die von der Souveränität des Gerichtsstaates aus zu ziehende Grenze noch nicht erreicht ist (ib.: 17): ‚Als Ergebnis bleibt eine von der Souveränität des ausländischen Staates her gewonnene völkerrechtliche Grenze für die Jurisdiktion des inländischen Staates, an die sich ein mehr oder weniger breiter Raum anschließt, in dem der Gerichtsstaat dem ausländischen Staat Immunitätsschutz gewähren oder umgekehrt diesem im Hinblick auf das Rechtsschutzbedürfnis des klagenden Individuums eine Privilegierung als Beklagtem verweigern kann.‘ (ib.: 19).

c) Kritik der theoretischen Grundlagen

Die Differenz, die sich zwischen Absolutisten und Relativisten trotz des gleichen an Souveränität orientierten Ausgangspunkts zeigt, ist

länder; detailliert dazu: *Kalensky* 1968: 169ss; zur Problematik des sowjetischen Außenhandelsmonopols in der Bundesrepublik Deutschland cf. *Brenscheidt* 1974: 322ss.

mit einer Inkonsequenz ersterer zu erklären. Obwohl die Absolutisten davon ausgehen, daß alle Staaten zu jeder Zeit souverän seien (Boguslavskij 1965: 18), erkennen sie im Ergebnis zwar die Souveränität des ausländischen Staates, nicht aber die des Gerichtsstaates an, indem sie ihm absprechen, innerhalb seines Rechtsetzungsbereichs alle Rechtsstreitigkeiten, für die er einen Gerichtsweg schafft, entscheiden zu dürfen.

In der Argumentation der Relativisten ist zwar dieser Fehler vermieden, indessen ist sie, wie Schaumann einräumt (1968: 20), von geringer Aussagekraft.

Jene Mängel liegen darin begründet, daß der Souveränitätsgedanke für eine Inhaltsbestimmung von Immunitätsregeln ungeeignet ist, weil ihm zufolge zwei Subjekten gleiche Rechte eingeräumt werden, ohne daß darüber befunden würde, wie sich diese Rechte im Konfliktsfall zu einander verhalten. Dazu ist zumindest ein weiteres Prinzip erforderlich.

Die in Verbindung mit der Souveränität genannten Prinzipien der Gleichheit und Unabhängigkeit sind nicht geeignet, weiterzuhelfen[8]. Denn wie bei der Souveränität kommen die aus ihnen abgeleiteten Eigenschaften dem ausländischen Staat und dem Gerichtsstaat prinzipiell in identischer Weise zu; die Grundsätze enthalten nicht schon selber ein Abwägungsprinzip.

d) Zum Gleichheitsargument

Gewisse Ungereimtheiten sind in diesem Zusammenhang hinsichtlich des Gleichheitssatzes aufgetaucht. Gemeinhin wird von der Formulierung ‚par in parem non habet imperium (jurisdictionem)‘ ausgegangen. Im Anschluß an Sir Hersh Lauterpacht (1951: 229) führt nun Schaumann aus, das Gleichheitsargument entfalle, wo sich der Gerichtsstaat selber der eigenen Gerichtsbarkeit stelle (1968: 15). Demgegenüber stellt Schwarzenberger fest, jener Gedanke sei weniger eindrucksvoll, als Schaumann anzunehmen scheine. Eine solche Selbstunterwerfung beruhe nur auf Landesrecht und sei jederzeit widerruflich (1969 a: 276).

In der Überlegung Lauterpachts und Schaumanns ist übersehen, daß das völkerrechtliche Gleichheitsgebot nur innerhalb der Völkerrechtsordnung gilt[9]. Es besagt nicht, daß in der innerstaatlichen Rechtssphäre

---

[8] In der Kommission der Deutschen Gesellschaft für Völkerrecht scheinen sich *Habscheid* und *Seidl-Hohenveldern* dieses Mangels bewußt gewesen zu sein (cf. *Schaumann* 1968: 11).

[9] Weiter oben finden sich in anderem Zusammenhang einige grundsätzliche Bemerkungen zur Gleichheitsproblematik (cf. supra: 43ss).

alle Staaten gleichzubehandeln seien. Das wird am sinnfälligsten vielleicht im internationalen Wirtschaftsrecht illustriert, wo man sich seit dem Handels- und Schiffahrtsvertrag von Nymwegen zwischen Schweden und den Niederlanden (1679) in nahezu unveränderter Form bis hin zum General Agreement on Tariffs and Trade (GATT, 1947) bemüht, an sich zulässige innerstaatliche Ungleichbehandlung mit Hilfe der Meistbegünstigungsklausel zu verhindern (cf. Erler 1956: 58s). Mit dem völkerrechtlichen Gleichheitsprinzip ist dort nichts getan; und in diesem Sinn ist der Hinweis Schwarzenbergers auf das Landesrecht verständlich, ohne daß es allerdings auf die Widerruflichkeit ankäme.

Die Erwägung Lauterpachts und Schaumanns scheint ferner fehlgeleitet, weil sie den Grundsatz der Gleichheit lediglich mit ‚par in parem non habet jurisdictionem' interpretiert. Wie aber Suy im Anschluß an Dahm I (1958: 225 n. 1) zutreffend darlegt, ist Gleichheit auch gewahrt, wenn jeder Staat über jeden anderen Staat richten darf (1967: 663): par in parem habet jurisdictionem. Das Gleichheitsargument entfällt mithin zwar nicht, es ist jedoch allein genommen ungeeignet, etwas über den Inhalt prozessualer Immunitäten auszusagen.

e) Immunität ist nicht theoretisch notwendig

Mit dem Ergebnis, daß die diskutierten Prinzipien für eine Inhaltsbestimmung der hier in Rede stehenden Staatenimmunität ungeeignet erscheinen, ist nahegelegt zu fragen, ob aus ihnen wenigstens die notwendige Existenz eines solchen negativen Freiheitsrechts ableitbar ist.

Die Frage ist in wohlzuverstehendem Sinn zu verneinen. Unsere Überlegung geht aus von der Funktion des Völkerrechts als friedenerhaltende Ordnung. Damit ist die Befriedetheit der jeweiligen Realsituation gemeint. Über ihre Bedingungen kann keine grundsätzliche Aussage getroffen werden: je nach den Gegebenheiten der Zeit kann es sinnvoll und möglich sein, den ausländischen Staat völlig, teilweise oder gar nicht von der inländischen Gerichtsbarkeit auszunehmen.

Die Untersuchung ist deshalb weiter darauf zu richten, ob etwa infolge übereinstimmender Ausdeutung der gegenwärtigen Realsituation eine von opinio iuris getragene allgemeine Übung bezüglich der innerstaatlichen Behandlung ausländischer Staaten besteht[10]. Nachdem gezeigt ist, daß die Staatenimmunität im Idealen bislang keine Basis gefunden hat, wenden wir uns der Frage zu, ob und gegebenenfalls mit welchem Inhalt sie völkergewohnheitsrechtlich verankert ist.

---

[10] Im völkerverfahrensrechtlichen Raum selber allerdings ist die Lage eindeutig; da dort die gerichtliche Auseinandersetzung als letztlich einziges Instrument einer friedlichen Konfliktlösung angesehen wird, gibt es keine völkergerichtliche Immunität.

5. Völkergewohnheitsrechtliche Staatenimmunität

Für Absolutisten wie Boguslavskij stellt sich diese Frage, wie wir gesehen haben (cf. supra: 95s), nicht. Andere, Verfechter der völligen wie der beschränkten Immunität, räumen ganz überwiegend ein, daß gegenwärtig keine allgemeine, einheitliche Praxis bestehe (Schwarzenberger 1967: 103; Suy 1967: 673ss; Schaumann 1968: 17) und daher eine Kodifikation dringend notwendig sei (Schwarzenberger 1969 a: 277). Die Vielzahl der Diskrepanzen hat Sir Hersh Lauterpacht zu der Behauptung veranlaßt, es existierten heute überhaupt keine gewohnheitsrechtlichen Regeln (1951: 228). Demgegenüber wird in einer neuen Untersuchung die These vertreten (Jenö Staehelin 1969: 18), die Gerichtspraxis sowohl der westlichen kontinental-europäischen Staaten wie die des angloamerikanischen Raums pflege die Frage nach der Staatenimmunität übereinstimmend aus einem einzigen Prinzip zu beantworten (cf. infra: 100).

Im Ergebnis zeigen die Studien zur Immunität[11], daß kein Staat völkergewohnheitsrechtlich verpflichtet ist, einem anderen Staat absolute prozessuale Immunität zu gewähren. Die heutigen Tendenzen in der Rechtsprechung gehen danach vielmehr in Richtung einer begrenzten Freistellung[12], wobei allerdings erhebliche Unsicherheit hinsichtlich des Umfangs und der Abgrenzungskriterien besteht. Immerhin scheint man sich darin einig, daß ausländischen Staaten in einigen Fällen Immunität einzuräumen ist, so daß wohl zutreffend angenommen wird, es bestehe eine entsprechende gewohnheitsrechtliche Pflicht (cf. Schaumann 1968: 8ss); bei der Bestimmung ihres Inhalts beginnen die Schwierigkeiten und Kontroversen.

a) Grenzen der Gerichtsfreiheit

Primäres Kriterium soll die Qualität des staatlichen Handelns (acta imperii vel gestionis) sein: bei hoheitlicher Tätigkeit wird auf staatliche Immunität geschlossen. Der Nexus von Immunitätslehre und Act of State Doktrin ist hier sichtbar, und Maiers These von einer (vertikalen) Korrelation erweist sich insofern als korrekt (cf. supra: 92). Problematisch bleibt, wie man die Akte iure imperii von denen iure gestionis scheidet. Zunächst ist streitig, ob die Beurteilung nach der lex fori, nach dem Recht des Auslands oder nach einem übernationalen Maßstab erfolgen soll, der näher zu kennzeichnen wäre. Wir können uns hier mit

---

[11] Außer den genannten: *Belman* 1969: 182ss; *Leigh* 1969: 187; *Sucharitkul* 1959: 182ss, 326, 356.

[12] Für sie werden vereinzelt comitas und Gegenseitigkeit verantwortlich gemacht, ohne daß man sich der Mühe unterzieht, diese These zu erläutern und zu begründen (*Suy* 1967: 664; *Cardozo* 1969: 193).

Hinweisen begnügen. Die 2. Studienkommission der Deutschen Gesellschaft für Völkerrecht hat sich für die letzte Variante entschieden und dazu eine ganze Reihe sogenannter sekundärer Merkmale herausgearbeitet (cf. Kommission 1968: 288ss). Interessant ist ferner die mit kanadischer Rechtsprechung[13] untermauerte Ansicht Kos-Rabcewicz-Zubkowskis, daß man im rechtsgeschäftlichen Bereich davon ausgehen sollte, der ausländische Staat verzichte mit Vertragsschluß auf Geltendmachung seiner Immunität, falls er nicht ausdrücklich anderes äußert (1968: 250)[14]. Das Bundesverfassungsgericht und der U.S. Court of Appeals for the Second Circuit haben versucht, mit Positivlisten die Bereiche hoheitlichen Handelns abzustecken (cf. 24 ZaöRV 1964, 292 bis 316; 59 AJIL 1965: 389). Staehelin schließlich gibt eindrucksvolle Belege dafür, daß nach der Praxis westlicher Gerichte ausländischen Staaten gegenüber jeweils in gleicher Weise verfahren wird wie gegenüber dem Gerichtsstaat (1969: 28ss). Danach käme es auf die lex fori an.

Im Rahmen des Europarats hat ein Sachverständigenausschuß einen Vorentwurf eines Übereinkommens über die Staatenimmunität vorgelegt, das als Kompromiß zwischen absolutistischen und relativistischen Auffassungen bezeichnet wird. Wie Hans Arnold darlegt (1969: 357ss), beruht der Entwurf auf vier Grundsätzen: (1) Die Fälle, in denen ein Vertragsstaat sich vor den Gerichten eines anderen Vertragsstaates nicht auf seine Immunität berufen kann, sind in einer Negativliste aufgeführt; sie sollen im wesentlichen die acta iure gestionis umfassen[15].

---

[13] Als Nachlese zur Expo 1967 in Montreal hatten sich kanadische Gerichte mit Klagen anscheinend nicht entlohnter Konstruktionsfirmen gegen die Aussteller Kongo-Brazzaville und Venezuela zu befassen.

[14] In der genannten deutschen Studienkommission lehnen *Habscheid*, *Meyer-Lindenberg* und *Schnorr v. Carolsfeld* die Annahme eines solchen Verzichts grundsätzlich ab, während *Seidl-Hohenveldern, Lewald, Scheuner* und *Ophüls* ihn unter gewissen Voraussetzungen annehmen möchten (cf. *Schaumann* 1968: 127).

[15] Die Liste ist zitiert nach *Arnold* (1969: 357): (a) wenn ein Staat die Klage oder Widerklage erhoben hat; (b) wenn der Staat die Zuständigkeit des ausländischen Gerichts vereinbart oder sich durch eine einseitige Erklärung dessen Zuständigkeit unterworfen hat; (c) wenn das Verfahren sich auf eine von dem Staat vertraglich übernommene Verpflichtung bezieht und diese Verpflichtung im Gerichtsstaat zu erfüllen ist; (d) wenn der Staat an einer Gesellschaft, Vereinigung oder einer anderen juristischen Person des Privatrechts, die ihren tatsächlichen oder satzungsmäßigen Sitz oder ihre Hauptniederlassung im Gerichtsstaat hat, beteiligt ist und das Verfahren die Beziehungen betrifft, die sich aus dieser Beteiligung zwischen dem ausländischen Staat einerseits und der juristischen Person oder einem Mitglied andererseits ergeben; (e) wenn der Staat im Gerichtsstaat ein Büro, eine Agentur oder eine andere Niederlassung hat, wo er auf die gleiche Weise wie eine Privatperson eine gewerbliche, kaufmännische oder finanzielle Tätigkeit ausübt und wenn das Verfahren sich auf diese Tätigkeit bezieht; (f) wenn das Verfahren sich auf die Eigenschaft des Staates als Anmelder oder Inhaber eines Patents, Warenzeichens, Musters, Modells oder eines anderen

(2) In allen nicht enumerativ genannten Fällen genießt der ausländische Staat Immunität; soweit acta iure gestionis in Rede stehen, jedenfalls Vollstreckungsimmunität. (3) Die Staaten sind verpflichtet, gegen sie ergangene Entscheidungen zu erfüllen. Diese Pflicht ist durch gerichtliche Kontrolle und äußerstenfalls durch die Möglichkeit der Staatenklage beim Internationalen Gerichtshof in Den Haag gesichert. (4) Eine Zwangsvollstreckung in ausländisches Vermögen im Inland, sei es für hoheitliche oder für privatwirtschaftliche Zwecke eingesetzt, ist ausgeschlossen.

b) Grenzen der Vollstreckungsimmunität

An zahlreichen Beispielen hat Schaumann dargetan, daß angesichts der modernen internationalen Gerichtspraxis nur vom Grundsatz restriktiver Vollstreckungsimmunität ausgegangen werden kann (1968: 131ss). Dabei scheint man sich darüber einig, daß die Frage der Freistellung trotz der engen Verzahnung beider Verfahrensabschnitte nicht stets übereinstimmend beantwortet sein muß (cf. Suy 1967: 668). Indessen geht Schaumann m. E. zu weit, wenn er meint, ein sinnvoller Rechtsschutz erfordere überhaupt keine Vollstreckungsmöglichkeit; ein moralischer Sieg reiche aus (1968: 135). Denn zur Rechtsordnung gehört, anders als etwa zu Moralordnungen, ihre prinzipielle (zwangsweise) Durchsetzbarkeit. Ist sie in Teilbereichen wie bei Klagen gegen ausländische Staaten ausgeschlossen, so kann man insoweit nicht gut von einem ‚sinnvollen Rechtsschutz für den Gläubiger' sprechen (cf. auch Habscheid 1968: 252ss)[16].

---

gleichartigen Schutzrechts bezieht, das im Gerichtsstaat angemeldet, eingetragen, hinterlegt oder in anderer Weise geschützt ist oder wenn das Verfahren die Verletzung eines solchen einem Dritten zustehenden Rechts betrifft; (g) wenn dingliche Rechte an einem Grundstück, Ansprüche aus dem Eigentum oder wegen des Besitzes eines Grundstücks den Gegenstand des Verfahrens bilden und das Grundstück im Gerichtsstaat belegen ist; (h) wenn das Verfahren eine Erbschaft, eine Schenkung oder den Erwerb herrenloser Güter zum Gegenstand hat; (i) wenn es sich um ein Verfahren wegen Ersatz eines Personen- oder Sachschadens handelt, der im Gerichtsstaat durch ein Kraftfahrzeug verursacht wurde, das dem Staat gehört oder für ihn betrieben wird; (k) wenn der Staat eine privatrechtliche Schiedsvereinbarung getroffen hat und es sich um ein Verfahren vor einem staatlichen Gericht handelt, welches der Durchsetzung der Schiedsvereinbarung, der Bestellung von Ersatzrichtern, der ordnungsgemäßen Durchführung des schiedsrichterlichen Verfahrens oder der Kontrolle des Schiedsspruchs dient; (l) wenn der Staat sich auf ein Verfahren, für das an sich seine Immunität nicht ausgeschlossen ist, eingelassen hat, ohne vorher sich auf seine Immunität zu berufen.

[16] Die im Vorentwurf zu einem europäischen Übereinkommen über die Staatenimmunität vorgesehene, eine Zwangsvollstreckung ausschließende Mechanik (cf. supra: 100s) zielt unter der Annahme auf eine Befriedigung des Gläubigers, daß das Gewicht gerichtlicher Entscheidungen das Ausland zur Leistung veranlassen werde.

Zur weiteren Frage, in welches Vermögen vollstreckt werden darf, sei auf die Ausführungen von Schaumann (1968: 140ss) und Habscheid (1968: 264ss) verwiesen. An dieser Stelle genügt die allgemeine Feststellung, daß nach internationaler Übung in Ländern mit herrschendem relativistischen Standpunkt jedenfalls Vollstreckungsmaßnahmen an inländischen Objekten eines ausländischen Staates, die nicht hoheitlicher Aufgabenerfüllung gewidmet sind, als zulässig angesehen werden (cf. Ernst J. Cohn 1960: 664s).

Im Rückblick auf das Verhältnis von Act of State Doktrin und Immunitätslehre bleibt abschließend zusammenzufassen, daß es sich nicht um identische Prinzipien handelt, daß die Regeln nicht demselben Rechtsbereich angehören, daß sie unterschiedliche Tatbestände normieren und nur in einigen Fällen zu gleichen Ergebnissen führen.

VI. Völkerrechtliche Anerkennung

Mit der völkerrechtlichen Anerkennung[1] verknüpfte Fragen gehören zu den meistdiskutierten Themen der Völkerrechtsliteratur. Im Osten wie im Westen zeigt sich im Bereich des Streites um die deklaratorische oder konstitutive Wirkung der Anerkennung und die daraus zu ziehenden Konsequenzen eine Fülle unterschiedlicher Auffassungen (cf. Dietrich Frenzke 1972: 60ss). Jener Vielfalt gegenüber können die mit der Enteignungsproblematik verbundenen Gesichtspunkte nur andeutungsweise skizziert werden: ob nichtanerkannte Staaten und Regime völkerrechtlich zur Verantwortung gezogen werden können, ob ihr Recht anwendbar ist, ob sie im Gerichtsstaat parteifähig sind und ob sie den gleichen Immunitätsregeln unterstehen wie anerkannte Staaten.

Die moderne Anerkennungslehre ist, wie Zivier festgestellt hat (1969: 209), uneinheitlich und verunsichert. Darin spiegelt sich vor allem wider, daß Anerkennung und Nichtanerkennung nach der Russischen Revolution und wieder nach dem zweiten Weltkrieg zu vielbenutzten politischen Druckmitteln wurden, die man oft mit situations- und standortgebundener juristischer Argumentation zu verstärken getrachtet hat. Die Weigerung, die Volksrepublik China in die UNO aufzunehmen und der Alleinvertretungsanspruch der Bundesrepublik Deutschland in Verbindung mit der Hallstein-Doktrin sind augenfällige neuere Beispiele. Solcher Nichtanerkennungspolitik stehen zahlreiche Fälle eiligster Anerkennung frisch proklamierter Staaten gegenüber. Innerhalb des Rechtskomplexes Auslandsenteignung überwiegt die Tendenz, auch nichtanerkannte Staaten und Regime wie anerkannte Staaten zu behandeln, um sie völkerrechtlich zur Verantwortung ziehen zu können.

1. Nichtanerkannte Staaten und Regime

Zur Terminologie sei festgelegt, daß unter nichtanerkannten Regimen Gebilde verstanden werden, die mit dem Anspruch auftreten, Staaten zu sein, deren Staatsqualität aber von der Regierung des Forumsstaates bestritten wird[2]. Nichtanerkannte Staaten sind Gebilde, denen zwar die

---

[1] Zur sogenannten Anerkennung von Enteignungsakten, dem Problem der Anwendung ausländischen öffentlichen Rechts cf. supra: 75ss.

[2] Mit dieser Definition wird versucht, sowohl der kontinentalen Übung gerecht zu werden, die die Bestimmung der Staatsqualität den Gerichten

Staatsqualität nicht abgesprochen wird, denen aber andererseits die Anerkennung nicht ausgesprochen ist. Ob zu jenen Entitäten amtliche (diplomatische) Beziehungen bestehen, ist unerheblich, sofern nicht die Aufnahme diplomatischer Beziehungen als Anerkennung gewertet wird. Diese Bestimmungen genügen zwar angesichts der vielfältigen tatsächlichen Stufungen und Modalitäten im internationalen Verkehr nicht allen Anforderungen, reichen aber für unser Vorhaben aus[3].

2. Rechts- und Deliktsfähigkeit

Bei der Überprüfung der völkerrechtlichen Verantwortlichkeit liegt es nahe, zunächst die Rechts- und Deliktsfähigkeit nichtanerkannter Staaten und Regime zu behandeln; sie sind der Verantwortlichkeit vorausgesetzt. Das führt an jenen schon erwähnten Grundsatzstreit innerhalb der Anerkennungsproblematik, zu der Frage, ob Staaten erst mit der Anerkennung rechtfähig werden, ob die Anerkennung konstitutiv oder bloß deklaratorisch wirkt, ob sie ein notwendiges Merkmal der Rechts- und Deliktsfähigkeit ist oder nicht.

Zum Teil wird die Auffassung vertreten, das Pferd lasse sich andersherum aufzäumen: es sei nicht von der Rechtsfähigkeit auszugehen, sondern zu fragen, welche Entitäten in der internationalen Staatenpraxis verantwortlich gemacht würden (cf. Jochen Frowein 1968: 82). Darin dokumentiert sich zwar die richtige und allgemeine Ansicht, daß (grob gesprochen) das Völkerrecht eine von Staaten geschaffene Ordnung sei (cf. Art. 38 IGH-Statut); die Auffassung vermag aber darüber hinaus nicht zu befriedigen. Denn Rechtswissenschaft kann ebenso wenig wie andere Sparten bloß induktionistisch vorgehen; sie bedarf vielmehr eines theoretischen Instrumentariums zur Bestimmung des Rechts, das durch Versuche, — hier durch die Empirie staatlicher Übung —, verifiziert oder falsifiziert werden kann und muß.

Zu den Hilfsmitteln rechnet das Konzept von der Rechts- und Deliktsfähigkeit, das freilich dann (aber erst dann) aufgegeben werden

---

überläßt, wie der anglo-amerikanischen Orientierung an Regierungsauskünften.

[3] Nach einer Gegenüberstellung der Anerkennungslehren in der BRD, der DDR und der UdSSR weist *Frenzke* darauf hin, daß man jedenfalls von der Basis der deklaratorischen Theorie (cf. infra: 105) sich mit einer Form der Anerkennung, der Erklärung über die Staatsqualität des Anerkennungsadressaten, begnügen könne. Wem das nicht genüge, der sei nicht auf die vieldiskutierten Stufungen von De jure-, De facto- und faktischer Anerkennung angewiesen, sondern könne weitere, an den tatsächlichen zwischenstaatlichen Verhältnissen orientierte Abschichtungen vornehmen (1970: 189s). *Cochran* etwa unterscheidet außer De facto- und De jure-Anerkennung eine ‚Anerkennung per se', ‚Anerkennung als De facto-Regierung' und ‚etwas weniger als De jure-Anerkennung' (cf. 1968: 457ss).

müßte, wenn es zu unserem rechtlichen Verständnis der Realität nicht mehr beiträgt.

Die Vorstellung der Rechtsfähigkeit von Staaten kann nicht aus dem Völkerrecht abgeleitet werden; sie ist apriorisch. Hingegen kann das Völkerrecht darüber befinden, was als völkerrechtsfähiger Staat anzusehen ist (cf. Verdross 1964: 242)[4]; es steht jeder Rechtsordnung offen, über die allgemeine und besondere Rechtsfähigkeit ihrer Subjekte zu dekretieren.

Nach ganz überwiegender Meinung (cf. ib.: 246s; Boguslavskij 1965: 67; O'Conell 1965: 179) können als Staaten jene vollständigen und dauerhaften menschlichen Gemeinschaften angesehen werden, die eine volle und wirksame Selbstregierung besitzen und ausschließlich dem Völkerrecht unterworfen sind (Verdross 1964: 243). Auf eine Anerkennung kommt es, wie Bindschedler überzeugend dargelegt hat (1961: 11s), nicht an; sie hat (in diesem Zusammenhang) bloß deklarative Bedeutung. Das ist die Anwendung der von der Staatslehre entwickelten Drei-Elemente-Theorie[5].

Diesem Verständnis von der Bedeutung der Anerkennung für die Rechtsfähigkeit von Staaten entspricht die Erscheinung, daß nichtanerkannte Staaten nicht nur in der Theorie, sondern ebenso in der Praxis als rechts- und deliktsfähig angesehen werden und für ihre Handlungen zu haften haben[6].

Die Praxis, auch nichtanerkannte Regime für ihre Handlungen verantwortlich zu machen, wenn sie ausländischen Staatsangehörigen Schaden zufügen (cf. Frowein 1968: 71ss), ist zulässig, da kein Hindernis besteht, im internationalen Raum agierenden nichtstaatlichen Entitäten eine Rechts- und Deliktsfähigkeit zuzusprechen. Frowein, der als Basis rechtlicher Bindung anders als hier nicht die Rechtsfähigkeit ansieht, erklärt jenes Phänomen aus der Interessenlage des verletzten Staates (ib.: 84), dem Umstand, daß nichtanerkannte kriegsführende Parteien deliktsfähig sind (ib.: 85) und mit der Staatshaftung bei erfolgreicher Rebellion (ib.: 86).

---

[4] Anderer Ansicht ist *Frowein* (1968: 10), der auf *Mosler* (1962: 22 - 25 und 1962 a: 671s) zurückgreift. Das Argument *Moslers*, Staaten müßten notwendigerweise Mitglieder der Völkerrechtsordnung sein, ist zutreffend, spricht jedoch nicht gegen die hier vertretene Ansicht, sofern nicht die Staatsqualität anhand einer anderen als der Völkerrechtsordnung bestimmt wird.

[5] Deutlich sichtbar in den Formulierungen *Schwarzenbergers* (1967: 55).

[6] Cf. *Dahm* I 1958: 86ss; *Frowein* (1968: 71ss), der anmerkt, daß die Durchsetzung der Haftung gegenüber nichtanerkannten Staaten oft Schwierigkeiten bereite.

3. Anwendbarkeit des Rechts

Die internationale Übung hinsichtlich der Anwendbarkeit des Rechts nichanerkannter Staaten und Regime ist derart uneinheitlich, daß eine völkerrechtliche Regel, derzufolge das Recht nichtanerkannter Gebilde in gleicher Weise anwendbar ist wie das anerkannter Staaten (cf. supra: 75ss), nicht angenommen werden kann. Während etwa englische, französische und — neuerdings weniger rigoros — amerikanische Gerichte die Anwendbarkeit von der Anerkennung abhängig machen, geht man in der Schweiz, der Bundesrepublik Deutschland und Japan davon aus, daß das effektiv geltende Recht anwendbar sei[7]. Im Ergebnis ist festzustellen, daß beide Wege völkerrechtlich zulässig sind; die zweitgenannte Praxis scheint den Vorzug zu haben, unabhängig von den Windungen der Tagespolitik eher materielle Gerechtigkeit verwirklichen zu können[8].

4. Parteifähigkeit

Die Parteifähigkeit nichtanerkannter Staaten wird von den nationalen Verfahrensordnungen geregelt. Nach den Feststellungen Froweins (1968: 194s) existieren diesbezüglich keine völkerrechtlichen Pflichten; es kann auch keine einheitliche Staatenpraxis entdeckt werden. Hierzu gibt er zu bedenken, daß mit der Negierung der Parteifähigkeit im Effekt ein rechtsfreier Raum geschaffen werde.

Angesichts dieser Mahnung ist nachdrücklich darauf hinzuweisen, daß nichtanerkannte Staaten und eventuell auch Regime nach manchen Verfahrensrechten, wie dem der Bundesrepublik Deutschland (cf. § 50 Absatz 1 ZPO), als juristische Personen als rechts- und parteifähig angesehen werden müssen (cf. Habscheid 1968: 191). Hinsichtlich der nichtanerkannten Regime, denen keine Staatsqualität zugesprochen werden kann, ist ferner zu überlegen, ob sie nicht im Interesse materieller Gerechtigkeit als körperschaftliche Vorform eines Staates entsprechend behandelt werden sollten.

5. Immunität

Über die Frage, ob nichtanerkannten Entitäten Immunität zu gewähren sei, besteht weder in der Theorie (cf. Schaumann 1968: 47s) noch in der Praxis (cf. Frowein 1968: 197s) Einigkeit. Hinzu kommt, daß die anglo-amerikanische Rechtsprechung oft nicht genügend zwischen Freistellung nach der Act of State Doktrin und Freistellung nach der Immunitätslehre unterscheidet (cf. supra: 92ss).

[7] Ausführlich dazu *Frowein* 1968: 188ss.

[8] Eine Wendung *Virets* zugunsten dieser Praxis, wonach sich internationale Legitimität in der Effektivität konkretisiere (1951: 89), scheint demgegenüber etwas zu weit zu gehen.

An anderer Stelle wurde gefunden, daß gegenüber anerkannten Staaten eine Pflicht zu (begrenzter) Immunitätsgewährung besteht (cf. supra: 99ss). Angesichts der bloß deklarativen Bedeutung der Anerkennung von Staaten liegt es sohin nahe zu vermuten, diese Pflicht bestehe auch gegenüber nichtanerkannten Gebilden. Dieser Schluß ist vor dem Hintergrund des vorgetragenen Immunitätsverständnisses jedoch nicht haltbar, denn es wurde festgestellt, daß jene Pflicht nicht axiomatisch begriffen und aus einer vermeintlichen Struktur des Völkerrechts abgeleitet werden kann, sondern lediglich auf einer verbreiteten, von opinio iuris getragenen Übung unter einander anerkennenden Staaten beruht. Es kann danach gesagt werden, daß die Anerkennung ein konstituierendes Merkmal der völkerrechtlichen Pflicht zur Immunitätsgewährung bildet.

Die Frage, ob die Verneinung der Immunität für nichtanerkannte Gebilde vernünftig sei, ist von Frowein dahin beantwortet worden, daß fallgruppenweise zu differenzieren sei (1968: 198s). Anzufügen ist, daß der Umstand, daß keine völkerrechtliche Pflicht zur Immunitätsgewährung besteht, keine nationale Prozeßordnung hindert, nichtanerkannte parteifähige Entitäten unter Umständen aus der Gerichtsbarkeit auszunehmen. Nach dem hier dargelegten Verständnis von Anerkennung scheint jener Komplex allerdings sinnvoll nur innerhalb einer Revision der teilweise fragwürdigen Immunitätslehre (cf. supra: 95ss) lösbar, die der von Schwarzenberger geforderten Kodifikation der Materie vorausgehen müßte.

6. Ergebnisse

Der Exkurs über die im Rahmen der Enteignungsproblematik relevanten Aspekte der Anerkennung hat gezeigt, daß nichtanerkannte Staaten und auch nichtanerkannte Regime völkerrechtlich verantwortlich sind. Das hat seinen Grund letztlich darin, daß um der Aufrechterhaltung einer internationalen Ordnung willen auch nichtanerkannte und nichtstaatliche Entitäten mit Pflichten und Rechten belegt werden müssen. Die nationalen Rechtsetzungs- und Rechtsprechungsorgane behandeln die ihrer Sphäre zufallenden Dinge ganz uneinheitlich. Im aktuellen Fall muß deshalb für jedes Land gesondert festgestellt werden, ob das Recht nichtanerkannter Gebilde anwendbar ist, ob sie parteifähig sind und ob ihnen Immunität zukommt. Gegenüber der sich heute bietenden Vielheit von Antworten erscheint es wünschenswert, im Interesse zumindest formaler Rechtlichkeit die Zulassungsvoraussetzungen für eine gerichtliche Auseinandersetzung großzügig zu handhaben.

VII. Diplomatischer Schutz: Allgemeines

Diplomatischer Schutz ist ein Mittel, um völkerrechtliche Ersatzansprüche geltend zu machen, wenn ein Staat den Angehörigen eines anderen Staates oder dessen Eigentum in völkerrechtswidriger Weise verletzt hat. Die Formen, in denen diplomatischer Schutz gewährt werden kann, sind alle nichtmilitärischen rechtlich zulässigen Formen internationaler Einflußnahme. Das Recht zur Gewaltanwendung bei unmittelbar bevorstehenden oder gegenwärtigen Angriffen auf Leben und Freiheit fremder Staatsangehöriger wird dem Bereich der völkerrechtlichen Selbstverteidigung zugerechnet (cf. Hans-Georg Franzke 1965: 100) und hier nicht behandelt. Die praktische Bedeutung des Interventionsrechts ist für den betroffenen Privaten von Fall zu Fall verschieden; ceteris paribus ist das Verhältnis der eigenen Möglichkeiten zu denen des Heimatstaates ausschlaggebend. Vor allem große, einflußreiche internationale Unternehmen können in der Lage sein, ein für sie vorteilhaftes Arrangement durchzusetzen; die Mehrzahl der Auslandsinvestoren hingegen bedarf des diplomatischen Schutzes, wenn ihr im Ausland Unrecht widerfährt.

Die Interventionsberechtigung setzt neben der Beeinträchtigung völkerrechtlich geschützter Interessen des ausländischen Staatsangehörigen voraus, daß die Rechtsschutzmöglichkeiten im Ausland erschöpft worden sind (exhaustion of local remedies, épuisement des recours internes). Aus dem mit dem Institut des diplomatischen Schutzes verbundenen Fragenkreis wird das praktisch bedeutsame Problem der Staatszugehörigkeit von Gesellschaften unter Berücksichtigung der Barcelona Traction Entscheidung des Internationalen Gerichtshofs erörtert (cf. infra: 109ss, 118ss)[1]. Im Anschluß werden die Local Remedies Rule, die Regel von der Erschöpfung der internen Gerichtswege, und die sie tendenziell verabsolutierende Calvo-Klausel behandelt (cf. infra: 126ss, 132ss). Zum Schluß sind Fragen der Interventionspflicht und des völkerrechtlichen Verzichts auf vermögenswerte Ansprüche von Staatsangehörigen skizziert (cf. infra: 136s, 138s).

---

[1] Die Frage, ob es ein Interventionsrecht zugunsten von Gesellschaftsgläubigern gibt, bleibt ausgeklammert; cf. dazu *Lucius Conrad Caflisch* 1969: 252ss.

VIII. Diplomatischer Schutz: Nationalität

Seit Bestehen des Staates gibt es eine Staatsangehörigkeit; das Staatsvolk ist das notwendige persönliche Substrat jedweden Staates. Aber erst am Ende des achtzehnten Jahrhunderts, als sich im europäischen Raum die traditionalen Schichtungen in Stände und Zünfte aufzulösen begannen und die Nation als gemeinsamer Nenner ins Bewußtsein gerückt wurde, wurde die Staatsangehörigkeit zum Gegenstand gesetzlicher Regelung (cf. Alexander Makarov 1947: 17). Staatsangehörigkeit in diesem Sinn ist die Mitgliedschaft in einer einen Staat bildenden Gebietskörperschaft; der im anglo-amerikanischen Raum dominierende Begriff ‚Nationalität' wird synonym gebraucht.

1. Nationalität des (vermeintlich) Geschädigten

Dem Grundsatz nach überläßt es das Völkerrecht jedem Staat selber, wem er seine Staatsangehörigkeit verleihen will; dementsprechend bestimmt sich die Nationalität des Geschädigten nach dem Recht des Staates, zu dem die Zugehörigkeit in Frage steht[1]. Staatsangehörigkeitsgesetze und Kollisionsnormen geben normalerweise eindeutige Auskunft über die Zugehörigkeit natürlicher Personen; Staatenlose und Mehrstaater werden nicht anders als sonst auch behandelt: überwiegend wird abgelehnt, daß der Aufenthaltsstaat den Staatenlosen schützen dürfe, während die Nationalität von Mehrstaatern nach der ‚faktischen' oder ‚effektiven' Nationalität (Verdross 1964: 311) beurteilt wird (cf. Bindschedler 1956: 229ss).

Für Wirtschaftsunternehmen existieren Staatsangehörigkeitsregelungen, von Sonderfällen wie Besteuerungsabkommen und den Bestimmungen über Feindvermögen abgesehen, nicht. Gleichwohl ist unstreitig, daß Staaten, zu denen eine Anknüpfung besteht, zu ihren Gunsten intervenieren dürfen (cf. Verdross 1964: 314).

2. Die Nationalität wirtschaftender Gesellschaften

In Anbetracht einer fehlenden allgemeinen internationalen Wirtschaftsrechtsordnung muß die Vorfrage, ob es sich bei der in Rede

[1] Zum Teil wird vertreten, die aufgrund der völkerrechtlichen ‚Ermächtigung' erlassenen nationalen Staatsangehörigkeitsgesetze seien, soweit sie völkerrechtlich relevant würden, inhaltlich Völkerrecht. Dieser Ansicht hält *Makarov* entgegen, sedes materiae sei das innerstaatliche Recht, an das das Völkerrecht gewisse Rechtsfolgen anknüpfe (cf. 1962: 324).

stehenden wirtschaftenden Entität um eine Gesellschaft handelt, nach dem jeweils in Anspruch genommenen nationalen Recht beurteilt werden (cf. Caflisch 1969: 4).

Rechtlich internationale Gesellschaften wie die Saar-Lothringische Kohleunion AG (SAARLOR) sind rare Ausnahmen; derartige Gesellschaften sind durch Vertrag zwischen zwei oder mehr Staaten aus der Bindung an ein nationales Recht gelöst und einer eigens geschaffenen internationalen Ordnung unterworfen (cf. Marcus Lutter 1970: 62)[2]. Sie bleiben hier außer Betracht.

Systematisch kann zwischen Personal- und Kapitalgesellschaften unterschieden werden; im Hinblick auf die Nationalität stellen sich für beide Formen die gleichen Probleme: (1) ob es sich bei dem wirtschaftlichen Gebilde um eine selbständige, rechtstechnisch von den Gesellschaftern abgelöste Person handelt, ein Problem, das vor allem bei Personalgesellschaften in den Vordergrund rückt, und (2) nach welchen Kriterien die Staatsangehörigkeit einer solchen in weiterem Sinn juristischen Person zu bestimmen ist.

Keine besonderen Schwierigkeiten bieten die in der Enteignungspraxis gegenwärtig unbedeutenden juristischen Personen des öffentlichen Rechts, weil sie einhellig dem Staat zugerechnet werden, für den sie als Träger öffentlicher Verwaltung tätig sind. Er ist berufen, für sie zu intervenieren, wenn den Anforderungen der Local Remedies Rule genügt ist (cf. infra: 126ss), ohne daß eine Befriedigung erzielt wurde. Entsprechendes gilt für die sozialistischen Kollektivpersonen; bei beiden Gruppen wird auf den die Institution kontrollierenden Staat, auf das abstrakte Herrschaftsverhältnis abgestellt; der Ort der Inkorporation, der Verwaltung, der wirtschaftlichen Tätigkeit oder die Nationalität(en) des Personals bleiben ohne Belang.

3. Die Gesellschaften des Privatrechts

Da für die privatrechtlichen Gesellschaften eine generelle völkergewohnheitsrechtliche Fiktion nicht existiert[3], hat man sich bislang damit beholfen, diejenige Theorie anzuwenden, die in den jeweils betroffenen Staaten vorherrschend schien[4]. Das mag vertretbar sein, wenn man darin eine Analogie zu jenem Grundsatz sieht, wonach der

---

[2] Für die SAARLOR sind außer ihrem Statut die gemeinsamen Grundsätze des französischen und deutschen Rechts, subsidiär der Geist der deutsch-französischen Zusammenarbeit maßgeblich.

[3] Die vorhandenen Fälle und Vereinbarungen sind zahlenmäßig zu gering und überdies zu speziell gelagert, um eine allgemeine Lösung bieten zu können (cf. *Bindschedler* 1956: 231ss, *Focsaneanu* 1960: 252, *Paul de Visscher* 1961: 469ss).

[4] Zu dieser Praxis: *David Harris* 1969: 296ss.

Staat, um dessen Angehörigkeit es geht, festlegt, wer ihm zugehört. Jenes Vorgehen ist aber nur dort zufriedenstellend, wo die Nationalität, oder doch die Theorie, nach der sie zu bestimmen ist, unstreitig ist. Es versagt, wo die Angehörigkeit einer Gesellschaft von beiden Parteien aus unterschiedlichen Erwägungen in Anspruch genommen oder aber verschieden festgelegt wird. Deshalb ist nach einer Anknüpfungsmodalität zu fragen, die sich in allen Fällen als annehmbar erweist: es ist darzulegen, unter welchen Voraussetzungen privatrechtliche Gesellschaften völkerrechtlich als einem Staat in der Weise zugehörig angesehen werden können, daß dieser für sie interventionsberechtigt sein soll[5]. Üblicherweise wird dabei dergestalt vorgegangen, daß man versucht, aus den Regeln über den Schutz des Eigentums Privater unter Berücksichtigung allgemeiner innerstaatlicher gesellschaftsrechtlicher Vorschriften Regeln über den Schutz des Eigentums von Gesellschaften herzuleiten. Das Anknüpfungsmoment wird in Analogie als Nationalität, Staatsangehörigkeit oder Staatszugehörigkeit bezeichnet.

a) Das Konzept der gesellschaftlichen Nationalität

In diesem Zusammenhang sei kurz auf den, wie es scheint, unfruchtbaren Streit darüber eingegangen, ob das Konzept der Nationalität überhaupt auf ökonomische Entitäten übertragbar sei (ausführlich dazu: Loussouarn und Bredin 1969: 253ss). Denn es soll nicht übertragen werden: in einem gewissen rechtlichen Rahmen wird lediglich so getan, als gehöre eine Gesellschaft, die bestimmte Merkmale aufweist, einem Staat an. Und wenn in diesen Fällen von der ‚Nationalität‘ einer Gesellschaft gesprochen wird, so ist doch entscheidend allein, daß keineswegs eine neue (etwa analoge) Art von Staatsbürgern geschaffen wird, sondern daß Gesellschaften ähnlich wie Schiffe der internationalen Ordnung halber einem Staat zugerechnet werden[6].

---

[5] Demgegenüber scheint *Caflisch* in einer neuen Arbeit über das Problem anzunehmen, dem Völkerrecht genüge ein Rückgriff auf Vorstellungen in dem Staat, dessen Nationalität in Frage stehe. Die dort gefundene Theorie sei maßgeblich, eine Art lex causae (cf. 1969: 140ss). Der Wandel von einer Rechtstheorie zu einer Rechtsvorschrift bleibt unkommentiert, da *Caflisch* aber an anderer Stelle vom Rückgriff auf die staatliche Gesetzgebung spricht (ib.: 145), ist nicht auszuschließen, daß er die Theorien nur beachtet wissen will, wenn sie Eingang in Staatsangehörigkeitsregelungen für wirtschaftende Gesellschaften gefunden haben. Offen bliebe, wie zu verfahren sei, wenn solche Regelungen fehlen. Nicht ersichtlich ist ferner, wie denkbare Konfliktsfälle gelöst werden sollen: wie etwa in einem Fall zu verfahren ist, in dem die Staaten A (Inkorporationstheorie), B (Kontrolltheorie) und C (Verwaltungssitzprinzip) bei dem Staat D (Tätigkeitsbereichsprinzip) intervenieren und alle Beteiligten nach ihren Theorien (Gesetzgebungen) die Gesellschaft X als eigene Staatsangehörige betrachten. Die verschiedentlich wiederholte Feststellung, das Inkorporationsmoment trete hinter das Kontrollmoment zurück (ib.: 146), scheint nicht auszureichen.

4. Die Theorien zur Bestimmung der Nationalität

Die Zurechnung wird, bei einigen Variationen, unter Anknüpfung an drei grundsätzlich verschiedene Kriterien vorgenommen:

1. die Rechtsordnung, unter der die Gesellschaft entstanden ist (Inkorporationstheorie);
2. das Recht des Sitzes der Hauptverwaltung (Sitzprinzip);
3. die Nationalität derjenigen, die die Gesellschaft wirtschaftlich kontrollieren (Kontrolltheorie).

Während die erste Theorie die Mehrzahl ihrer Anhänger im angloamerikanischen Rechtsraum findet, ist die zweite vor allem auf dem europäischen Kontinent heimisch. Die dritte, die nach einer Feststellung Wolfgang Birkes (1960: 17ss) überall vordringt, wird namentlich in Kriegs- und Krisensituationen herangezogen (cf. Loussouarn und Bredin 1969: 269ss), vermutlich weil sie sich am leichtesten in das Schema eines Freund-Feind-Denkens fügt.

Vereinzelt wird angenommen, seit der Nottebohm-Entscheidung des Internationalen Gerichtshofs (ICJ Reports 1955: 4ss) bestehe eine vierte Theorie zur Bestimmung von Nationalitäten, das Effektivitätskonzept. In der Tat hat das Gericht seiner Entscheidung die ‚effektive' Nationalität Nottebohms zugrundegelegt. Dieses Vorgehen ist ganz überwiegend mit der zutreffenden Begründung abgelehnt worden, daß es bei Einstaatern wie Nottebohm, der die liechtensteinische Staatsangehörigkeit erworben hatte, verwehrt ist, eine eigene, quasi völkerrechtliche Nationalität zu fingieren, weil eine eindeutige und gewohnheitsrechtlich ausreichende Anknüpfung besteht (cf. Jacques-Michel Grossen 1959: 496ss).

Gegen die Verwendung des Effektivitätskonzepts zur Bestimmung der Staatsangehörigkeit von Gesellschaften ist zu sagen, daß der Begriff der ‚effektiven Nationalität' selber kein Bestimmungskriterium enthält, sondern ausfüllungsbedürftig ist; es muß auf die oben genannten Kriterien zurückgegriffen werden, wenn festgestellt werden soll, welche Nationalität ‚effektiv' vorliegt. Die sogenannte Nottebohm-Doktrin erweist sich deshalb als überflüssig[7], ein Ergebnis, das der Internationale Gerichtshof in der unten diskutierten Barcelona Traction-Entscheidung (118ss) implizit bestätigt.

---

[6] *Makarov,* der die Staatszugehörigkeit einen der Staatsangehörigkeit analogen Status nennt (1962: 323), bezieht sich auf die interne Rechtsordnung.

[7] Ein Teil der französischen Völkerrechtslehre, der die Nottebohm-Entscheidung für seine Ansicht in Anspruch nimmt, knüpft an die Konzeption *Niboyets* von der juristischen und der politischen Unterworfenheit (allé-

5. Die Inkorporationstheorie

Für die Inkorporationstheorie ist geltend gemacht worden, nur nach ihr könne die Staatsangehörigkeit entschieden werden, denn allein der Gesetzgeber des Landes, in dem die Gesellschaft sich konstituiere, könne ihr Rechtspersönlichkeit verleihen, und es sei nicht vorstellbar, daß Staatsangehörigkeit und Rechtspersönlichkeit verschiedenen Rechtsordnungen entnommen würden. Dazu wird die Regel ‚locus regit actum' bemüht, derzufolge es für die Form des Rechtsgeschäfts ausreicht, wenn die am Abschlußort geltende Form beachtet ist (cf. Kegel 1971: 45). Außerdem wird darauf hingewiesen, daß der großzügige Formalismus der Inkorporationstheorie die internationale Handelsfreiheit fördere. Die Theorie genüge auch den Anforderungen der Rechtssicherheit; da der Inkorporationsort leicht feststellbar und unveränderlich sei, könne die Nationalität jederzeit von jedermann bestimmt werden.

In ihrer Kritik führen Loussouarn und Bredin (1969: 263s) zu Recht aus, daß Staatsangehörigkeit und Rechtspersönlichkeit nicht zusammengedacht werden müssen. Die Zugehörigkeit kann auch an das gesellschaftliche Substrat geknüpft werden (cf. Beitzke 1938: 224s). Deshalb ist unzutreffend, daß nur die Inkorporationstheorie Geltung beanspruchen könne; sie hat keinen logischen Primat.

Zwar wird ein Staat eine Gesellschaft, die sich nach seinem Recht konstituiert, häufig als ihm zugehörig betrachten; indessen besteht keine theoretische Notwendigkeit, völkerrechtlich die am Gründungsort beobachtete Form mit der Staatsangehörigkeit zu koppeln.

Das Argument der Handelsfreiheit überzeugt — jedenfalls in jener Form — nicht. Innerhalb der internationalen Wirtschaftsbeziehungen gilt das Prinzip der Ambivalenz, wonach die Vorteile der einen Seite die Nachteile der anderen Seite sind[8]; nicht näher qualifizierte Handelsfreiheit ist deshalb nur die Freiheit des Stärkeren.

---

geance) wirtschaftlicher Unternehmen an. Danach ist die Nationalität von Gesellschaften nach der politischen Zugehörigkeit zu bestimmen; letztere entspreche der Staatsangehörigkeit der Gesellschafter. Der oder die Heimatstaaten der Gesellschafter seien unabhängig von der Größe der einzelnen Anteile berufen, diplomatischen Schutz zu gewähren (cf. *Jean-Pierre de Hochepied* 1965: 141). Ohne daß auf den theoretischen Ansatz eingegangen zu werden braucht, kann gesagt werden, daß jene Auffassung den Effektivitätsgedanken verfehlt, wenn sie angesichts der Gesellschafter die rechtlichen, wirtschaftlichen und politischen Aspekte der Gesellschaft gänzlich ignoriert.

[8] Dem ist mit der *Ricardoschen* Spezialisation nicht ohne weiteres zu entkommen. In dem berühmten Beispiel erstellt Portugal vor der Spezialisation eine Einheit Wein in 80 Stunden und eine Einheit Tuch in 90 Stunden, während England erstere in 120 Stunden und die zweite in 100 Stunden produziert. Insgesamt werden mithin 390 Arbeitsstunden benötigt. Nach der Spe-

Das gewichtige Argument der Rechtssicherheit zugunsten der Inkorporationstheorie behält uneingeschränkt seine Geltung[9].

a) Ableger der Inkorporationstheorie

Die Inkorporationstheorie hat zwei Ableger, für die in abgeändertem verbalem Gewand dieselben Gesichtspunkte gelten. Der einen Richtung zufolge ist Nationalität aus dem Recht, das am Gründungsort gilt, zu bestimmen; die andere will das Recht am statutarischen Gesellschaftssitz entscheiden lassen. Da Registerort, Gründungsort und statutarischer Gesellschaftssitz in der Rechtspraxis zusammenfallen oder doch innerhalb desselben Hoheitsgebiets liegen, gelangt man zu identischen Ergebnissen (cf. Loussouarn und Bredin 1969: 264s).

6. Das Sitzprinzip

Das Sitzprinzip, das die territoriale Bindung in den Vordergrund rückt, deckt sich im Ergebnis in einem Extrem, wenn auf den statutarischen Gesellschaftssitz abgestellt wird, mit der Inkorporationstheorie. Im anderen Extrem wird ein ökonomischer Aspekt verabsolutiert, indem der jeweilige, vom Richter festzustellende tatsächliche Hauptniederlassungsort (principal établissement) zum einzigen Ansatzpunkt erhoben wird (cf. ib.: 280). Dieser zweite Weg führt bei der heutigen hohen Beweglichkeit von Kapital, Material und in gewissem Umfang auch von Arbeitskraft zu einer schwer abschätzbaren Rechtsunsicherheit. Außerdem hat bisher niemand erklären können, warum von allen wirtschaftlichen Gesichtspunkten allein der Hauptniederlassungsort (ein ungenügend bestimmter Begriff) entscheidend sein sollte.

a) Der siège social réel

Mit der Anknüpfung an den Hauptverwaltungssitz (siège social réel) versucht man, einen Mittelweg zu gehen. Der Sitz sei das Zentrum, von dem die Tätigkeit juristischer Personen ausgehe; daran anzuknüpfen

---

zialisation stellt Portugal beide Einheiten Wein her und benötigt dafür 160 Stunden, England produziert zwei Einheiten Tuch in 200 Stunden. Nach der internationalen Spezialisierung wird also die gleiche Gütermenge in insgesamt 360 Arbeitsstunden erstellt, so daß 30 Arbeitsstunden eingespart werden. Offen bleibt, wem dieser Vorteil zugute kommt; *Aghiri Emmanuel* gibt außerdem zu bedenken, daß jene Austauschbeziehung nur ein relatives Optimum darstellt; ein absolutes Optimum wäre, wenn die Engländer ihr Kapital nach Portugal brächten, um dort Wein und Tuch zu erzeugen. Für die gesamte Gütermenge würden dann nur 340 Arbeitsstunden benötigt (cf. 1969: 30).

[9] *Caflisch* nimmt an, bei Gesellschaften mit mehrfacher Inkorporation könnten sich Schwierigkeiten ergeben (1969: 131); die Bedenken sind nicht weiter erläutert.

liege zugleich im Partei- und Verkehrsinteresse (cf. Kegel 1971: 231s). Loussouarn und Bredin (1969: 282s) weisen darauf hin, daß es einfach ist, wenn Vorstands- und Aufsichtsratssitzungen, Hauptversammlungen und Büros an einem Ort liegen, daß die Gerichte aber zu unterschiedlichen Ergebnissen gelangen, wenn die Lenkung von verschiedenen Stellen erfolgt, denn die Auffassungen darüber, welche Gewichte diesen Erscheinungen zukommen, sind geteilt. Um dem Dilemma zu entgehen, hat die französische Rechtsprechung in einer Reihe von Fällen gefordert, der vorgebliche Hauptverwaltungssitz müsse durch ernsthafte, legitime Interessen gerechtfertigt sein (cf. ib.: 284). Er soll nicht nur gewählt sein, um Gesetze eines Landes, etwa Steuervorschriften, zu umgehen; vielmehr müssen wirtschaftliche Bindungen an den Ort nachgewiesen werden können.

Die Handhabung des Kriteriums Haupverwaltungssitz wird besonders problematisch, wenn es um multinationale Unternehmen, Gesellschaften mit Zuordnung zu mehr als einer Rechtsordnung, geht. Dort können nicht nur Verwaltungseinrichtungen verschieden lokalisiert sein, es kann angesichts der rechtlichen und wirtschaftlichen Schachtelungen und Einflußbereiche schwer werden, überhaupt *ein* Lenkungszentrum auszumachen. Der Gesichtspunkt ehrenwerter Interessen hilft hier nicht weiter, denn aus völkerrechtlicher Sicht ist nicht auf die Frage einzugehen, ob die Wahl eines Sitzes mißbräuchlich sei. Ein solches Urteil läßt sich nur unter dem Blickwinkel nationaler Rechtssysteme fällen, deren territorialer Regelungsanspruch umgangen werden soll; — das allgemeine Völkerrecht kennt keine eigenen Regionen und ist zur Durchsetzung nationaler Regelungen nicht berufen.

Andererseits ist nicht von der Hand zu weisen, daß das Kriterium des ehrenhaften Interesses dort für das Völkerrecht Bedeutung erlangen könnte, wo die Nutzung von Steuerparadiesen oder billigen Arbeitsmärkten zum internationalen Ärgernis wird. So wünschenswert es scheinen mag, manchen Praktiken auf diesem Sektor einen Riegel vorzuschieben, so wenig ist heute das allgemeine Völkerrecht hierzu in der Lage. Denn es müßte die Rechtsordnung des einen Staates der Rechtsordnung des anderen Staates vorzuziehen. Für eine solche Bevorzugung jedoch, die nur materielle Gerechtigkeit zum Ziel haben kann und deshalb über einen Paragraphenvergleich hinausgehend auch die sozialen Realitäten in den betroffenen Staaten berücksichtigen müßte, fehlen gesicherte Maßstäbe, allgemein akzeptierte Wertordnungen.

7. Die Kontrolltheorie

Über die Kontrolltheorie ist gesagt, sie verdiene zumindest im internationalen Enteignungsrecht den Vorzug. Hier würden wirtschafts- und machtpolitische Konflikte entschieden; wirtschafts- und machtpolitische Gesichtspunkte würden daher der Interessenlage am ehesten gerecht. Da die Gesellschafter wirtschaftliche Eigentümer des Gesellschaftsvermögens seien und durch Mehrheitsbeschlüsse auch die Macht ausübten, sei es richtig, die Nationalität der Gesellschaft nach der Staatsangehörigkeit der Mehrheit der Gesellschafter zu bestimmen (Birke 1960: 20). Die Kontrolltheorie ermögliche es, der Gesellschaft die Maske abzureißen und zu prüfen, ob sie wirklich nationalen Interessen diene, ob sie nicht in die Hand ausländischen Kapitals geraten sei (Loussouarn und Bredin 1969: 265). Guy Leigh führt für eine ‚effektive' Nationalität an, dann werde den Gesellschaften weniger staatlicher Schutz zuteil werden; das habe die wünschenswerte Konsequenz, daß im Interesse eines umfassenden Rechtsschutzes den natürlichen Personen der Weg zu internationalen Gerichten geöffnet werden müsse (1971: 475).

Es ist einleuchtend, bei Enteignungen, die in erster Linie geldwerte Herrschaftsverhältnisse umgestalten, auf die jeweiligen Nationalitäten der Herrschenden abstellen zu wollen, um zu klären, wer wem das Eigentum entzieht. Indessen scheint es willkürlich, davon auszugehen, daß die zahlenmäßige Mehrheit der Stimmberechtigten allein maßgeblich sei. Loussouarn und Bredin (1969: 286) erinnern daran, daß man auch auf die Nationalität der Gesellschaftsleitung, des Vorstands und vielleicht des Aufsichtsrates und ferner auf die Herkunft des Kapitals abstellen könne[10]. Nach ihrer Ansicht ist bei Personalgesellschaften an die Nationalität der Gesellschafter anzuknüpfen, dagegen soll bei Kapitalgesellschaften die Staatsangehörigkeit der Gesellschaftsleitung und die Herkunft des Aktienkapitals den Ausschlag geben, sofern man sich überhaupt der Kontrolltheorie bediene.

Die Anwendung dieser Theorie erscheint ihnen, soweit die Kriterien nicht lediglich ergänzend herangezogen werden, grundsätzlich bedenklich, weil sie einerseits vielgestaltig und andererseits permanent veränderlich seien (ib.: 266). Sie möchten sie daher bloß in Konfliktsituationen zur Feindbestimmung verwenden; eine Anwendung, die sich aus nationaler Sicht wahrscheinlich empfiehlt[11]. Für das Friedensvölker-

---

[10] Je nach Art und Umfang der Mitwirkungs- und Mitbestimmungsrechte von Arbeitnehmern könnte(n) auch ihre Nationalität(en) einzubeziehen sein.

[11] In Anbetracht der herrschenden nationalen Interessengegensätze spricht sich *Beitzke* für eine weitergehende Anwendung innerhalb der nationalen Rechtsordnungen aus (1938: 226).

recht dagegen reicht eine solche Empfehlung nicht aus. Und da weder über den Inhalt der einzelnen Kriterien noch über ihr Verhältnis zueinander und ihren Anwendungsbereich genauere einheitliche Vorstellungen existieren, fehlt dem Kontrollgedanken auch die für eine (völker-)rechtliche Verwertung erforderliche Bestimmtheit. Es nimmt deshalb nicht Wunder, daß die Behauptung Birkes, die Kontrolltheorie sei allenthalben im Vordringen, von einer neuen Untersuchung nicht bestätigt wird (cf. David Harris 1969: 275 - 285)[12]. Die Ergebnisse jener Arbeit legen vielmehr den Schluß nahe, daß die Staaten den Theorien je nach Inhalt ihrer Gesetzgebungen (Steuerrecht, Wettbewerbsrecht) und Verträge zu Bestätigungen verhelfen[13]. Dabei erscheint die Inkorporationstheorie als Instrument einer liberal-internationalen, die Kontrolltheorie überwiegend als Instrument einer restriktiv-nationalen Politik.

Bevor abschließend zur Frage der völkerrechtlichen Zuordnung von Gesellschaften zu einem Staat Stellung genommen ist (cf. infra: 126), wird die Barcelona Traction-Entscheidung des Internationalen Gerichtshofs erörtert, da ihr Ausspruch zukünftig erheblichen Einfluß haben wird, und da der ihr zugrunde liegende Fall die Problematik exemplarisch veranschaulicht.

---

[12] Es ist schon in dem zwanzig Jahre älteren Artikel von *Seymour Rubin* angezeigt (1949 - 50: 267s).

[13] Ebenso: *Konrad Ginther* 1966: 27ss. Im Gesetzentwurf der Bundesregierung zum Doppelbesteuerungsabkommen mit Liberia werden in Artikel 3 f.) unter Staatsangehörigen auch alle juristischen Personen, Personengesellschaften und anderen Personenvereinigungen erfaßt, die nach dem Recht der Bundesrepublik Deutschland respektive der Republik Liberia errichtet worden sind (cf. Bundestagsdrucksache 199/73). Nach Durchsicht der staatlichen Versicherungspraxis für Auslandsinvestitionen in Australien, der Bundesrepublik Deutschland, in Dänemark, Japan, Kanada, den Niederlanden, Norwegen, Portugal, Schweden, der Schweiz und den Vereinigten Staaten von Amerika komt *Stanley Metzger* zu dem Schluß, die Voraussetzungen, unter denen Schutz gewährt werde, seien sehr vielfältig und unterschiedlich; gemeinsam sei lediglich die Gewährung, wenn mehr als 50 % der Anteile in den Händen von Inländern seien (1971: 536).

IX. Diplomatischer Schutz: Barcelona Traction

1. Zur Fallgeschichte

Die Barcelona Traction, Light and Power Company, Limited, ist eine in Kanada errichtete Holdinggesellschaft mit Töchtern, die mit der Energieerzeugung und -verteilung in Katalonien (Spanien) befaßt waren. Am 12. Februar 1948 verkündete das Gericht von Reus (Tarragona) den Konkurs der Gesellschaft und ordnete die Beschlagnahme der Vermögenswerte der Barcelona Traction und zweier Töchter, der Ebro Irrigation and Power Company und der Compania Barcelonesa de Electricidad, an. Da sich alle Anteile an der Ebro und der Barcelonesa außerhalb Spaniens befanden, wurde ihre Besitznahme als ‚mediate et civilissime' bezeichnet, um auszudrücken, daß sie nichtkörperlich sei. Aufgrund des Urteils wurden ferner sogleich die leitenden Angestellten entlassen und durch spanisches Personal ersetzt. Jene Maßnahmen wurden wenig später auf die anderen Töchter ausgedehnt.

Nach Mitteilung der spanischen Regierung wurden in Spanien in dieser Angelegenheit 2738 Gerichtsbeschlüsse erlassen, außerdem ergingen 494 Urteile erstinstanzlicher Gerichte und 37 Urteile höherer Instanzen, bevor die Sache dem Internationalen Gerichtshof unterbreitet wurde.

Vier Staaten intervenierten mehrfach in der Angelegenheit: Großbritannien, Belgien, Kanada und die Vereinigten Staaten von Amerika[1].

Nachdem Kanada seine Bemühungen um eine Entschädigung eingestellt hatte, unterbreitete Belgien dem Internationalen Gerichtshof den Streit erstmals am 23. 9. 1958 und, nachdem eine außergerichtliche Einigung mit Spanien nicht erzielt werden konnte, zum zweiten Mal am 19. 6. 1962.

Belgien hält die spanischen Maßnahmen für völkerrechtswidrig und beansprucht für seine Staatsangehörigen, die nach belgischer Darstellung 88 % der Anteile an der Barcelona Traction halten, eine diesem Verhältnis entsprechende Entschädigung, die 1964 auf insgesamt 88 000 000 US-Dollar beziffert wurde. Spanien macht demgegenüber unter anderem geltend, Belgien sei nicht zur Intervention befugt.

---

[1] Reihenfolge der jeweils ersten Noten: 23. 2. 1948, 27. 3. 1948 (Belgien und Kanada), 22. 7. 1949.

Am 4. Juli 1964 ergeht ein erstes Urteil, in dem der Internationale Gerichtshof sich für zuständig erklärt und die Entscheidung über das Interventionsrecht der zweiten Phase vorbehält. In der zweiten Phase wird der belgische Anspruch wegen Fehlens eines ius standi zugunsten der belgischen Gesellschafter zurückgewiesen; dabei klingt an, daß es sich nicht um eine Entscheidung über die Zulässigkeit, sondern über die Begründetheit der Klage handele[2].

2. Tenor der Mehrheitsentscheidung (2. Phase)

Die Entscheidung des Internationalen Gerichtshofs ist im gegebenen Zusammenhang über den konkreten Fall hinaus soweit interessant, wie sie eine allgemeine, auf künftige Fälle anwendbare Aussage enthält.

Der Versuch einer Tenorierung ist deshalb der Versuch, den tragenden Ausspruch aus den Sonderheiten des Falles herauszulösen, ohne in unvertretbarer Weise zu verallgemeinern. Unter diesen Voraussetzungen kann die Mehrheitsentscheidung vielleicht so gefaßt werden:

Bei Eingriffen in die Rechte einer Gesellschaft ist derjenige Staat zur Gewährung diplomatischen Schutzes berechtigt, nach dessen Recht die Gesellschaft gegründet ist. Das gilt auch, wenn mit jenen Eingriffen die Menschenrechte verletzt werden; die Heimatstaaten der Gesellschafter können nur ausnahmsweise zum Zuge kommen; namentlich, wenn die Gesellschaft rechtlich untergegangen ist, oder wenn der Heimatstaat der Gesellschaft aus rechtlichen oder tatsächlichen Gründen an der Ausübung des diplomatischen Schutzes gehindert ist.

3. Gründe der Mehrheitsentscheidung

Es scheint, daß sich die in der Mehrheitsentscheidung vorgetragenen Gründe, für die die Vorrede zum Tenor entsprechend gilt, in die nachstehenden drei Komplexe aufteilen lassen:

1. Die gesellschaftsrechtlichen Regelungen der einzelnen Staaten scheiden übereinstimmend streng zwischen den Rechten der Gesellschaft und denen der Aktionäre. Diese Scheidung vollzieht das Völkerrecht nach. Für die Frage der Staatszugehörigkeit, die bejaht werden muß, um eine Intervention zuzulassen, ist deshalb nicht die Nationalität der Gesellschafter, sondern allein die der Gesellschaft beachtlich. Sie wird nach der Inkorporationstheorie unter Berücksichtigung des Sitzprinzips und der Nottebohm-Doktrin bestimmt.

---

[2] Zu den Hintergründen cf. Barcelona Traction, Light and Power Company, Limited, Preliminary Objections, Judgement (1. Phase) ICJ Reports 1964: 6ss; Judgement (2. Phase) ICJ Reports 1970: 3ss; eine Fallgeschichte in deutscher Sprache bietet *Seidl-Hohenveldern* 1970: 221s.

2. In Anbetracht des Grundsatzes, daß immer nur *ein* Staat berufen ist, bei *einer* Völkerrechsverletzung diplomatischen Schutz auszuüben, ist der Heimatstaat der Gesellschafter auch nicht neben oder nach dem Heimatstaat der Gesellschaft interventionsberechtigt.

Die Ansicht, daß mehr als ein Staat interventionsberechtigt sei, führt außerdem zu praktisch unhaltbaren Ergebnissen. Das wird deutlich, wenn man sich vorstellt, daß in einer Gesellschaft Aktionäre vieler Nationalitäten sein können.

3. Durch den Eingriff in die Rechte einer Gesellschaft können auch die Heimatstaaten ihrer Aktionäre selber geschädigt, nämlich in ihrer volkswirtschaftlichen Position beeinträchtigt sein. Aus dem geltenden allgemeinen Völkerrecht kann der geschädigte Staat deswegen aber keinen Ersatzanspruch und kein Interventionsrecht herleiten, sondern allenfalls aus speziellem Völkerrecht.

Das Gericht ist mit seiner Interpretation des Rechts zu diplomatischem Schutz einer verbreiteten Auffassung gefolgt, wie sie etwa von Mervyn Jones vertreten wird (cf. 1949: 232, 235ss)[3]. Zu dieser Auffassung ist lange vor Erlaß der Entscheidung ausgeführt worden, eine solche Deutung des Völkerrechts führe zu einem unzulänglichen Rechtsschutz (Rudolf Bindschedler 1956: 228 - 244); sie lasse die Gesellschafter unter gewissen Umständen effektiv rechtsschutzlos (Lazar Focsaneanu 1960: 252)[4]. Es ist deshalb zu untersuchen, ob die Gründe, mit denen die Mehrheitsentscheidung jenen im Barcelona Traction Fall besonders evidenten Mangel aufrecht erhält, als rechtsnotwendig angesehen werden können.

Der Urteilstext der Entscheidung (2. Phase) einschließlich der dissenting opinion Riphagens geht über insgesamt 351 Seiten. Nicht allen der dort getroffenen, teilweise weitschweifigen Erörterungen kann nachgegangen werden; die Diskussion beschränkt sich auf die eigentliche Mehrheitsentscheidung (ICJ Reports 1970: 32 - 51), auf die Sondervoten der Richter Kotaro Tanaka (ib.: 115 - 160), Philip C. Jessup (ib.: 162 - 221) und André Gros (ib.: 268 - 285) und auf die dissenting opinion von Richter ad hoc[5] W. Riphagen (ib.: 335 - 358).

---

[3] Ähnlich *Paul de Visscher* 1961: 463 - 479, *Ginther* 1966: 80, 82. *De Visscher* hätte im vorliegenden Fall allerdings vermutlich die belgische Intervention für zulässig gehalten, weil er die Nationalität der Gesellschaft wahrscheinlich anhand der Nottebohm-Doktrin als belgisch bestimmt hätte (cf. 1961: 417, 475s). Der Entscheidung selber stimmt *Herbert Briggs*, der die spanische Regierung in jenem Verfahren beraten hat, mit ausführlicher Argumentation zu (1971: 327ss).

[4] Anläßlich einer Besprechung des Falls hat wiederum *Wilhelm Wengler* diesen Mißstand hervorgehoben (1970: 1476).

[5] Von Belgien benannt.

4. Die Sondervoten Tanaka, Jessup und Gros

Von den acht abgegebenen Sondervoten distanzieren sich eindeutig zumindest die genannten drei von einem Teil der Gründe. Tanaka vertritt die Auffassung, das Völkerrecht gebe dem Heimatstaat der Aktionäre ein Interventionsrecht (ib.: 122ss, 135). Er stellt zudem fest, daß mehrere Interventionsrechte gleichzeitig bestehen können (ib.: 131). Diese Ansicht wird von Jessup geteilt (ib.: 200ss), der überdies abweichend von der Mehrheitsmeinung annimmt, die Frage, wer diplomatischen Schutz gewähren dürfe, sei anhand der Nottebohm-Doktrin zu bestimmen (von Jessup als ‚link-concept' apostrophiert). Gros faßt die Punkte, in denen er die Mehrheitsentscheidung ablehnt, zusammen (ib.: 272): nach seiner Auffassung stimmt es nicht, daß der internationale Richter auf die Regelungen nationalen Rechts zurückgreifen muß, um das für das Völkerrecht relevante Verhältnis von Gesellschaft und Aktionär zu bestimmen. Es treffe ferner nicht zu, daß das nationale Recht den Aktionären jegliche Geltendmachung eines Anspruchs zugunsten der Gesellschaft verwehre. Folglich sei es verfehlt, zu behaupten, daß ein Aktionär nur ein finanzielles Interesse, aber kein Recht habe, und daraus abzuleiten, daß der Heimatstaat des Aktionärs nicht intervenieren dürfe.

Aus der Sicht dieser drei Sondervoten ist der Tenor nicht vertretbar; — Tanaka und Gros haben die belgische Klage zurückgewiesen, weil sie die lokalen Rechtsschutzmöglichkeiten für nicht erschöpft halten (ib.: 142ss; 285s), während Jessup meint, es sei Belgien nicht gelungen, die belgische Nationalität derjenigen natürlichen und juristischen Person zu beweisen, für die es intervenieren wollte (ib.: 170)[6].

5. Die dissenting opinion Riphagens

Das ablehnende Votum faßt die Hauptbedenken der Sondervoten zusammen. Riphagen geht davon aus, daß das Völkerrecht anderen Zwecken und Zielen diene als eine nationale Rechtsordnung (ib.: 336). Während es dem Völkerrecht in erster Linie aufgegeben sei, einen friedlichen Ausgleich zwischen Staaten zu schaffen, ziele die staatliche Rechtsordnung auf interne Ordnung. Es sei deshalb systemwidrig, die Frage nach dem Umfang internationaler Verantwortlichkeit, die hinter dem Interventionsrecht stehe, durch Heranziehen nationaler Rechtsfiguren zu beantworten (ib.: 335). Insbesondere fehle es im Völkergewohnheitsrecht an einer für ein solches Vorgehen notwendigen Verweisung (ib.: 338). Welcher Staat einer Gesellschaft diplomatischen

[6] Es gehört zu den Kuriosa dieser sogenannten cause célèbre (*Seidl-Hohenveldern* 1970: 225), daß *Tanaka* mit Akribie darlegt, daß es sich bei jenen Personen um Belgier handelt (ICJ Reports 1970: 137ss).

Schutz gewähren dürfe, könne deshalb nicht aus innerstaatlichen gesellschaftsrechtlichen Vorschriften deduziert werden.

Die Frage der internationalen Verantwortlichkeit lasse sich nicht von vornherein dadurch begrenzen, daß man Staaten, deren ‚Rechte' verletzt sein könnten, ein ius standi einräume, während man es Staaten, deren ‚Interesse' verletzt sein könnte, verweigere. Denn es sei unwahrscheinlich, daß nach Völkergewohnheitsrecht sogleich bestimmt werden könne, in welche der beiden Kategorien die Verletzung falle. Das sei allenfalls bei durchgebildeten und unstreitigen Rechtsregeln möglich (ib.: 340).

Das Völkerrecht müsse bei der Bestimmung der Nationalität von Gesellschaften zur Kenntnis nehmen, daß gleiche gesellschaftsrechtliche Konstruktionen ganz unterschiedliche wirtschaftliche Unternehmungen bemänteln könnten (ib.: 342). Diesen Unterschieden sei sachgerechterweise Rechnung zu tragen, indem die maßgeblichen Kriterien in differenzierter Weise gehandhabt würden (ib.: 347s)[7].

6. Zu den Entscheidungsgründen

Ergänzt man den Barcelona Traction-Tenor um die allgemein anerkannte Regel, daß die Heimatstaaten der Gesellschafter diplomatischen Schutz gewähren dürfen, wenn die betroffene Gesellschaft die Nationalität des enteignenden Staates hat (cf. Hochepied 1965: 184), so bleibt bei Zugrundelegung der herrschenden Meinung der Fall ungelöst, in dem Staat A das innerhalb seines Machtbereichs liegende Vermögen einer Gesellschaft mit der Nationalität B entzieht und der Staat B nicht zugunsten der Gesellschaft interveniert, deren Anteile in gewissem Umfang in Händen von Staatsangehörigen des Staates C sind. Zu den Gründen, mit denen der Internationale Gerichtshof eine Interventionsberechtigung des Staates C ablehnt, ist zusammenfassend zu sagen:

1. Es ist a priori nicht nötig, an innerstaatliche gesellschaftsrechtliche Regelungen anzuknüpfen. Auch fehlt dazu eine völkergewohnheitsrechtlich begründete Pflicht.

2. Der hypothetische Fall nur eines Verletzten[8] sagt nichts über die möglichen Interventionsberechtigungen bei mehreren Verletzten aus.

---

[7] In Anwendung seiner Kriterien gelangt *Riphagen* zu dem Ergebnis, daß das Band zwischen der Barcelona Traction und Belgien ein Interventionsrecht Belgiens begründe (ICJ Reports 1970: 352ss). Deshalb habe der Internationale Gerichtshof, der die Frage der Erschöpfung des lokalen Rechtswegs zur Begründetheit geschlagen habe, den belgischen Anspruch prüfen müssen (ib.: 356).

[8] Der Begriff ‚Verletzung' ist unpräzise, weil darunter sowohl der Verletzungseffekt wie die Verletzungshandlung verstanden werden können; diese Ungenauigkeit hat in einigen Sondervoten Verwirrung gestiftet.

3. Die Praktikabilität mehrfacher Interventionsberechtigungen erscheint als lösbares rechtstechnisches und organisatorisches Problem.

4. Die Frage der Interventionsberechtigung hängt nicht davon ab, ob der intervenierende Staat zugleich in seiner volkswirtschaftlichen Position getroffen ist[9].

Zu den praktischen Konsequenzen der Entscheidung führt Wilhelm Wengler aus, entweder würde nur mehr in risikoarmen Ländern investiert, oder es würden Investitionsschutzverträge abgeschlossen, in denen die Aktivlegitimation zu diplomatischem Schutz geklärt wird. Nach seiner Ansicht dürfte die erste Möglichkeit die Kluft zwischen arm und reich nur noch schneller vertiefen, während die zweite die Gefahr berge, in Neo-Kolonialismus auszuarten und andererseits mit Investitionsgarantien des Heimatstaates das Risiko einiger weniger aus der Tasche der Steuerzahler zu finanzieren (cf. 1970: 1476 - 1478).

7. Lösungsmöglichkeiten

Da die Verweigerung einer weitergreifenden Interventionsberechtigung nicht rechtsnotwendig ist und da die Schaffung eines rechtsfreien Bereichs innerhalb der internationalen Wirtschaftsbeziehungen nicht sinnvoll erscheint, ist zu überlegen, was für eine Lösung an die Stelle der restriktiven Interpretation des Gerichts zu setzen ist. Von den denkbaren Möglichkeiten erscheinen vor allem zwei Regelungen interessant:

1. Zugunsten einer Gesellschaft darf nur ihr Heimatstaat intervenieren. Andere Staaten dürfen subsidiär zugunsten derjenigen Gesellschafter intervenieren, die ihre Nationalität haben.

2. Zugunsten einer Gesellschaft darf nicht interveniert werden. Eine Interventionsberechtigung besteht nur zugunsten der Gesellschafter. Jeder Staat darf zugunsten der ihm angehörigen Gesellschafter einschreiten, unabhängig von der Größe ihres Gesellschaftsanteils.

Beide Regelungen gehen davon aus, daß das Völkerrecht es zuläßt, daß der Heimatstaat eines unmittelbar oder mittelbar geschädigten Ausländers, — darunter werden natürliche und juristische Personen verstanden —, den entsprechenden Anspruch geltend machen darf (cf. Wengler 1970: 1475), daß der Staat berechtigt ist, dem betroffenen Anteilseigner diplomatischen Schutz zu gewähren (cf. Alexandre-

---

[9] Die interessante Frage, ob Kanada nicht stillschweigend Belgien sein Interventionsrecht zur Ausübung übertragen hatte, und ob eine solche Übertragung zulässig ist, ist anscheinend von keiner Seite aufgeworfen worden, vielleicht, weil Belgien sein anfängliches Eintreten auch für die Gesellschaft später aufgegeben hat.

Charles Kiss 1960: 179ss, 206)[10]. Während die erste Regelung an der Rechtsfigur der betroffenen Gesellschaft festhält, wird jene innerstaatliche rechtliche Fiktion in der zweiten Regelung insoweit aufgegeben.

Die mit der Zulassung einer Mehrheit von Interventionsberechtigten unstreitig auftretenden Schwierigkeiten scheinen lösbar. Soweit die Prozeßökonomie in Rede steht, könnte die Geltendmachung von Ansprüchen unter Ausschlußfristen gesetzt werden, so daß der gesamte Sachverhalt in einer Entscheidung beurteilt werden kann. Einer konzentrierten Erörterung des Stoffs kann dadurch gedient werden, daß die Prozeßführungsbefugnis auf der Geschädigten-Seite auf einen oder auf wenige Staaten delegiert wird; im übrigen besteht kein Zwang, Partei-Äußerungen unbegrenzt entgegenzunehmen.

Die Gefahr doppelter oder mehrfacher Ersatzleistung auf ein- und denselben Anspruch ist teilweise dadurch gebannt, daß die Intervenienten jeweils nur den quotenmäßigen Anteil ihrer Angehörigen beanspruchen können. Das Verhältnis von Ansprüchen der Gesellschaft zu Ansprüchen der Gesellschafter kann dem Subsidiaritätsprinzip dergestalt unterstellt werden, daß Rechte der Gesellschaft zugunsten der Gesellschafter nur geltend gemacht werden können, soweit sie nicht zugunsten der Gesellschaft geltend gemacht sind[11].

Als Ergebnis dieses Abschnitts kann hervorgehoben werden, daß es zulässig und den praktischen Bedürfnissen angemessen erscheint, die Regeln über das Interventionsrecht extensiver zu interpretieren, als dies in der Barcelona Traction-Entscheidung geschehen ist. Das dem Prinzip der internationalen Verantwortlichkeit korrespondierende Recht, diplomatischen Schutz zu gewähren, bietet die Möglichkeit, lückenlos gegen alle Eingriffe in ausländisches Vermögen vorzugehen. Ob und in welcher Weise von dieser Möglichkeit Gebrauch gemacht wird, wird die zukünftige Praxis erweisen. Von den beiden hier vorgestellten Möglichkeiten scheint die erste den Vorzug zu verdienen, weil sie der rechtlichen und sozialen Eigenständigkeit der Gesellschaft und ihrer Beziehung zu ihrem Heimatstaat Rechnung trägt[12]. Folgt man

---

[10] Cf.: *Tanaka*, ICJ Reports 1970: 122ss, 135. *Richard Lillich* schreibt in seiner Besprechung des Urteils, man wisse kaum, wo man mit der Kritik ansetzen solle, da internationale Übung, die die Ansprüche von Gesellschaftern sanktioniere, im Überfluß existiere (1971: 524).

[11] Rechte, auf die die Gesellschaft oder ihr Heimatstaat wirksam verzichtet haben, können von den Gesellschaftern nicht beansprucht werden, wohl aber solche Rechte, auf deren *Geltendmachung* seitens des Heimatstaates der Gesellschaft verzichtet ist (cf. infra: 138s).

[12] Die zweite Lösung, der *Hochepied* zuzuneigen scheint (cf. 1965: 141), zeigt außerdem die Inkonsequenz, daß die gesellschaftsrechtliche Figur zwar bei der betroffenen Gesellschaft ignoriert wird, die Fiktion aber bei den An-

dieser oder einer ähnlichen Regelung, muß die Frage nach der Nationalität von Gesellschaften beantwortet werden. Wenn zugunsten der Kontrolltheorie und des Sitzprinzips oftmals angeführt wird, sie seien wirklichkeitsnäher als die Inkorporationstheorie, so läßt sich dazu in Abwandlung einer englischen Wendung sagen, die Wirklichkeitsnähe liege im Auge des Beschauers. Die Rechtsordnung, unter der sich eine Gesellschaft konstituiert, ist nicht weniger wirklich als ein Hauptverwaltungssitz oder die Staatsangehörigkeit von Gesellschaftern. In Übereinstimmung mit der Barcelona Traction-Entscheidung wird der Inkorporationstheorie in Abwägung der erörterten Vor- und Nachteile vor allem deshalb der Vorzug gegeben, weil sie einfach zu handhaben ist und zu unzweifelhaften Ergebnissen führt[13].

Das Material, aus dem sich feststellen läßt, wie die internationale Staaten- und Gerichtspraxis die Nationalität von Personalgesellschaften bestimmt, ist äußerst gering und im Ergebnis uneinheitlich (cf. Caflisch 1969: 144). Je nach dem Grad, bis zu dem die innerstaatliche Rechtsordnung der Rechtsfigur der Gesellschaft eine Eigenständigkeit verliehen hat, könnte die erste oder die zweite Regelung (cf. supra: 123) angewendet werden.

---

teilseignern, zu denen juristische Personen rechnen können, der Praktikabilität wegen beibehalten bleibt.

[13] Wenn auch die Formulierungen nicht völlig eindeutig sind (cf. supra: 119s), scheint die Annahme zutreffend, daß das Gericht die Nationalität einer Gesellschaft nach der Inkorporationstheorie bestimmen will. Ebenso: *Herbert Briggs* 1971: 340; *Stanley Metzger* 1971: 540; anderer Ansicht *Caflisch* 1971: 195, der in dem Urteil seine These vom renvoi auf die lex causae bestätigt findet (cf. supra: 111 n. 5).

X. Diplomatischer Schutz: Local Remedies Rule

Die Local Remedies Rule besagt, daß die innerstaatlichen Rechtsschutzmöglichkeiten zu erschöpfen sind, bevor internationaler Schutz, sei es durch diplomatische Intervention, sei es mit Gerichtshilfe, gewährt werden darf. Diese Regel gehört, hierüber herrscht in Rechtsprechung und Lehre Einigkeit, dem Völkergewohnheitsrecht an[1]. Wir beschäftigen uns mit ihr, weil sie ein häufiger Einwand gegen die internationale außergerichtliche und gerichtliche Geltendmachung von Ansprüchen ist[2].

1. Der heutige Hintergrund der Local Remedies Rule

Um die Bedeutung der Regel etwas anschaulicher zu machen, sei versucht, ihren realen Hintergrund mit wenigen Strichen zu skizzieren. Die zehn Jahre von 1960 bis 1970 waren von der Generalversammlung der Vereinten Nationen zum Jahrzehnt der Entwicklung erklärt worden; nicht beschreibend, sondern als Aufforderung. — In den zehn Jahren hat, so wird oft etwas zu pauschal, aber wohl doch in der Tendenz zutreffend gesagt, die Kluft zwischen entwickelten Ländern und Entwicklungsländern sich weiter vertieft. — Als ein wesentlicher Grund hierfür wird in unterentwickelten und entwickelten Ländern vielfach der geringe Umfang privater Investitionen angesehen. Diese Anlagen, die allgemein für effektiver gehalten werden als staatliche, sind unter anderem niedrig geblieben, weil Unternehmer das Risiko gescheut haben, in fremdem Land praktisch rechtsschutzlos den Maßnahmen der Exekutive ausgesetzt zu sein[3]. Die Pearson-Kommission empfiehlt in diesem Zusammenhang an zweiter Stelle, die rechtlichen Regelungen über Auslandsinvestitionen stabil zu halten (1969: 123).

---

[1] Cf. Interhandel-Fall (Schweiz v. USA), ICJ Reports 1959: 6, 27; *Head* 1967: 151; *Thomas Haesler* 1968: 76.

[2] *Lillich* macht darauf aufmerksam, daß ihre Bedeutung zeitweilig zurückgegangen ist, weil Ansprüche aus Enteignungen, die etwa 95 % der internationalen Ansprüche nach dem Krieg ausgemacht haben, fast ausschließlich mit Pauschalabkommen erledigt wurden (1964: 102). Ein neueres Beispiel für die Einwendung der Local Remedies Rule, die allerdings keinen Entscheidungsgrund bildet (cf. supra: 119s), enthält der Barcelona Traction-Fall, cf. ICJ Reports 1964: 12ss (erste Phase).

[3] *Head* weist darauf hin, daß eine Reihe armer Länder vom Tourismus abhängig ist (1967: 143); auch für den Fremdenfluß ist der Grad der Rechtlichkeit im Gastland ein nicht unwichtiger Faktor.

Mummery fordert die kapitalimportierenden Länder auf, sich eine starke Judikative zu leisten (1964: 113ss); Head fragt danach, ob Ausländern ein rechtsstaatliches Verfahren sicher sei (1967: 145).

2. Funktion der Regel

Die Local Remedies Rule soll dazu dienen, Streitigkeiten zwischen Staaten und ihren ausländischen Gästen möglichst in lokalen Grenzen zu halten und nicht zu internationalen Auseinandersetzungen werden zu lassen (Lillich 1964: 101). Man will dem Gastgeber die Möglichkeit einräumen, selber Recht walten zu lassen, bevor er sich international verantworten muß. Für die Parteien ist der innerstaatliche Rechtsweg normalerweise der schnellere und billigere (Head 1967: 151). Da die Local Remedies Rule zur Ausgestaltung der Judikative veranlassen kann, nennt Head sie den völkerrechtlichen Beitrag zur Entwicklung nationaler Rechtsstaatlichkeit (ib.: 155). Amerasinghe, der sie als ein von der Völkergemeinschaft gewährtes Privileg ansieht, stellt fest, sie funktioniere im Interesse des Gastlands, des Ausländers und der internationalen Gemeinschaft (1968: 261ss)[4].

Um jene Beurteilungen richtig einschätzen zu können, müssen Grundform und Ausnahmen etwas bestimmt und der Standort der Regel im internationalen Rechtsschutzsystem fixiert werden.

3. Beschränkung auf Private

Man ist sich darüber einig, daß die Local Remedies Rule nicht zwischen Staaten gilt (cf. Head 1967: 153) und trägt damit dem überkommenen Respekt vor der majestas des Staates Rechnung. Theodor Meron führt den Satz ‚par in parem non habet imperium, non habet jurisdictionem‘ ins Feld (1959: 85). Die von Mummery (1964: 108ss) vor der American Society of International Law aufgeworfene Frage, ob es nicht sinnvoll sei, die Regel auch anzuwenden, wenn nicht ein Ausländer, sondern ein ausländischer Staat betroffen sei, hat kaum Resonanz gefunden. Das ist erstaunlich, weil sich Staaten in manchen Bereichen wie Private gerieren und aus der gegenwärtig bestehenden Privilegierung m. E. keinen Gewinn ziehen können. Die Entwicklung auf diesem Sektor wird vielleicht teilweise von der letzten Überlegung und von der Ausbreitung rechtsstaatlicher Prinzipien beeinflußt werden, andererseits aber auch weitgehend vom Selbstverständnis der Staaten, das großenteils die psychologische Situation unter ihren jeweiligen Macht-

---

[4] Im gegebenen Kontext braucht nicht erörtert zu werden, ob die Regel wirklich, was immerhin zweifelhaft erscheint, im rechtstechnischen Sinn ein Privileg darstellt.

habern widerspiegelt[5]. Entscheidend dürfte sein, ob und in welcher Weise sich das Verhältnis Bürger—Staat in den kommenden Jahren und Jahrzehnten auf Weltebene wandelt.

4. Erschöpfung des innerstaatlichen Rechtsschutzes

Mit Erschöpfung aller vorhandenen Instanzen ist gemeint, daß der Private sämtliche rechtlich vorgesehenen Wege[6] und Hilfsmittel zu nutzen hat, bevor ihm internationaler Schutz zukommen kann. Das sollte streng interpretiert werden, um zu vermeiden, daß nachlässige Prozeßführung internationale Auseinandersetzungen verursacht; andererseits muß das Erschöpfungsprinzip eingegrenzt werden, um zu verhindern, daß der gastgebende Staat die Mühen des Ausländers in einem kafkaschen Schloß leerlaufen läßt. Man kann nur einen solchen Rechtsweg zumuten, dessen Ende absehbar ist und der die Möglichkeit eines Erfolges enthält[7]. Man kann sagen, daß die Local Remedies Rule überall dort nicht zum Zuge kommt, wo fundamentale Grundsätze der Rechtsstaatlichkeit ignoriert werden. Einen Schlüssel zu diesem Bereich bietet der dreisprachige (deutsch, englisch, französisch) Systematische Fragebogen von Hannfried Walter (1969: 1ss, 11ss, 19ss), dessen Hauptgliederung mit Ausnahme des ersten Punktes die Problematik etwas illustriert:

,II. Gegenstand des gerichtlichen Rechtsschutzes

III. Die Organe des gerichtlichen Rechtsschutzes

IV. Fundamentale Garantien des gerichtlichen Verfahrens

V. Verfahren gegen Einzelakte der vollziehenden Gewalt

VI. Verfahren gegen Rechtsetzungsakte der vollziehenden Gewalt (Normenkontrolle)

VII. Die Gewährleistung des gerichtlichen Rechtsschutzes

VIII. Der gerichtliche Rechtsschutz des einzelnen gegen die vollziehende Gewalt in der Gesamtheit des Rechtsschutzsystems‘ (ib.: 1).

---

[5] Cf. *Brecher, Steinberg, Stein* (1969: 80), die in einer interessanten Studie ein Gerüst aufzustellen versuchen, mit dessen Hilfe außenpolitisches Verhalten beobachtet und letztlich voraussagbar gemacht werden soll.

[6] Nicht nur Gerichtswege, sondern auch innerhalb der Exekutive gebotene Verfahren und sonstige Rechtsschutzmöglichkeiten (cf. *Head* 1967: 152).

[7] *Head* (ib.: 154s) gibt die Rechtsprechung des Haager Gerichtshofs wieder, die, von einem Vorschlag *Sir Hersh Lauterpachts* über die Beweislastverteilung abgesehen, wenig greifbares bietet.

5. Vertragliche Ausnahme und Menschenrechtsverletzung

Außer jener allgemeinen Exzeption wegen mangelnder Rechtsstaatlichkeit soll es andere Ausnahmen geben. Schwebel und Wetter (1966: 499ss) vertreten die Ansicht, der gastgebende Staat und der Ausländer könnten die Local Remedies Rule zugunsten einer vereinbarten Schiedsgerichtsbarkeit vertraglich ausschließen[8]. Amerasinghe tritt dafür ein, daß die Regel nicht gelten soll, wenn Menschenrechte verletzt sein könnten (1968: 266ss). Head (1967: 153) scheint zu meinen, die Local Remedies Rule gelte nicht für Ausländer, die sich zur Zeit des Zwischenfalls nicht im gastgebenden Staat befunden hätten. Letzteres ist in dieser Form unzutreffend. Richtig ist, daß die Regel keine Jurisdiktion begründet, sondern voraussetzt, daß die Gerichte des Gastlands örtlich und sachlich zuständig sind. Bei der Enteignung eines Grundstücks etwa wird diese Zuständigkeit stets gegeben sein, gleichgültig, wo sich der Eigentümer gerade aufhält.

6. Materiell-rechtliche oder prozessuale Regel

Seit langem ist die Frage, ob die Local Remedies Rule eine materiellrechtliche oder eine prozessuale Vorschrift sei, unter Völkerrechtlern ein beliebtes Diskussionsobjekt[9]. Man hat daran festgehalten, obwohl vereinzelt bemerkt wurde, der Streit sei bloß akademisch; tatsächlich führen die gegensätzlichen Standpunkte, wie wir sehen werden, nur in Ausnahmefällen zu unterschiedlichen Ergebnissen.

a) Die konkurrierenden Positionen

In jener klassischen Kontroverse geht es darum, ob die Erschöpfung der innerstaatlichen Rechtsschutzmöglichkeiten eine Bedingung für das Entstehen internationaler Verantwortlichkeit ist (so die materiellrechtliche Theorie), oder ob sie lediglich eine Voraussetzung für die Geltendmachung eines internationalen Anspruchs ist, wie die Prozessualisten meinen (cf. Briggs 1956: 921s).

Beide Theorien werden von Fawcett als unzulänglich abgetan (1954: 453s). Die offensichtliche Schwäche der ersten Theorie sei, daß sie nicht den Fall erfasse, in dem innerstaatliches Recht nicht verletzt und daher kein innerstaatlicher Rechtsschutz gegeben sei. Die offensichtliche Schwäche der zweiten Theorie sei, daß sie annehme, es läge ein Völker-

---

[8] Der interessante Aufsatz nimmt Artikel 26 der Convention on the Settlement of Investment Disputes between States and Nationals of Other States zum Ausgangspunkt und diskutiert seine Übereinstimmung mit der bisherigen Praxis (cf. infra: 147).

[9] In neuen Stellungnahmen haben sich *Head* (1967: 150) und *Haesler* (1968: 119) für die erste und *Amerasinghe* (1968: 276) für die zweite Version ausgesprochen.

rechtsbruch vor und der beklagte Staat gebe dies zu. Denn in Fällen, in denen er die Verletzung bestreite, bestehe erkennbar keine Möglichkeit, ihn international zur Verantwortung zu ziehen.

Die Kritik Fawcetts scheint fehlzugehen. Nach der ersten Theorie entsteht internationale Verantwortlichkeit für einen Völkerrechtsbruch bei innerstaatlicher Rechtsschutzlosigkeit, gleichgültig, woraus diese resultiert. Es kommt nicht darauf an, ob überhaupt kein oder nur ein mangelhafter lokaler Rechtsschutz vorgesehen ist.

Nach der zweiten Theorie entsteht internationale Verantwortlichkeit mit dem Völkerrechtsbruch, doch kann der daraus resultierende Anspruch nur bei innerstaatlicher Rechtsschutzlosigkeit im Wege der Intervention oder gerichtlich geltend gemacht werden. Freilich ist nicht gemeint, daß der Völkerrechtsbruch dann schon unstreitig oder gerichtlich festgestellt sein muß, wie Fawcett annimmt; vielmehr genügt, daß er schlüssig dargetan wird. Ebenso wenig wie nach nationalen Prozeßordnungen brauchen nach internationalem Verfahrensrecht die Anspruchsvoraussetzungen tatsächlich gegeben zu sein, bevor die Intervention zulässig ist, der Gerichtsweg eröffnet wird. Beide Theorien sind hiernach auch fürderhin vertretbar.

7. Die Anwendungsfälle

Fawcett hat erstmalig darauf aufmerksam gemacht, daß die Anwendung der Local Remedies Rule in drei rechtlich möglichen Situationen erörtert werden muß (ib.: 454), die sich auf unsere Thematik bezogen folgendermaßen darstellen:

1. Die Enteignung verletzt Völkerrecht, nicht aber innerstaatliches Recht.

2. Die Enteignung verletzt innerstaatliches Recht, nicht jedoch Völkerrecht.

3. Die Enteignung verletzt innerstaatliches Recht und Völkerrecht.

Nach beiden Theorien kann im ersten Fall sofort internationaler Rechtsschutz gesucht werden. Auch Fawcett gelangt zu diesem Ergebnis, denn hier komme die Local Remedies Rule schon hypothetisch nicht ins Spiel (ib.: 455); das ist, richtig verstanden, unbestritten.

Im zweiten Fall ist man sich einig, daß internationaler Rechtsschutz ausgeschlossen ist, weil keine internationale Verantwortlichkeit entstanden ist.

Der dritte Fall bereitet Schwierigkeiten. Verzijl geht mit der prozessualen Theorie davon aus, daß internationale Verantwortlichkeit entstanden sei und zieht daraus die Konsequenz, daß sofort zugunsten des betroffenen Ausländers eingeschritten werden könne (1954: 106). Nach Briggs (1956: 922) würde damit die Local Remedies Rule aufgehoben; Fawcett (1954: 457) hält Verzijls Überlegung zwar für folgerichtig, in der Praxis sei es aber nicht recht wünschenswert, wenn der internationale Rechtsweg beschritten würde, obschon nationale Gerichte die Angelegenheit möglicherweise befriedigend behandeln könnten. Er möchte die Regel deshalb dort als prozessuale Schranke verstehen, es sei denn, es handele sich um eine internationale Feststellungsklage.

Verzijls Ansicht ist abzulehnen. Sie beruht auf der These, daß mit dem Entstehen der internationalen Verantwortlichkeit auch das Interventionsrecht gegeben beziehungsweise gerichtliche Schritte zulässig seien. Der entsprechende völkerverfahrensrechtliche Grundsatz, das ignoriert jene Ansicht, wird aber hier gerade, anders als im ersten Fall, durch die Local Remedies Rule eingeschränkt. Die Sonderregelung verweist auf den lokalen Rechtsweg (sofern innerstaatlicher Rechtsschutz zu erlangen ist, muß er erschöpft werden); rechtstechnisch macht sie die innerstaatliche Rechtsschutzlosigkeit zur internationalen Verfahrensvoraussetzung. Auf den dritten Fall angewandt bedeutet das, daß zunächst die lokalen Möglichkeiten auszuschöpfen sind.

Fawcett ist der Hinweis auf die Sonderstellung der Feststellungsklage zu danken; sie kann sogleich erhoben werden. Vom Boden der Local Remedies Rule ist das konstruktiv damit erklärlich, daß der beklagte Staat nicht zur Verantwortung gezogen wird; seine Verantwortlichkeit oder ihr Fehlen werden lediglich festgestellt. Ihm wird weder etwas aufgegeben, noch wird seine rechtliche Position sonst verändert; das Urteil ist deklaratorisch.

a) Die prozessuale Theorie ist vorzuziehen

Während das Ergebnis zum dritten Fall noch aus der Sicht beider Theorien vertretbar ist, scheint sich die zur Feststellungsklage vorgeschlagene Konstruktion nur in die prozessuale Theorie einzufügen. Ausschlaggebend für die Bevorzugung ist indessen die Erwägung, daß sie dem Grundsatz Rechnung trägt, wonach internationale Verantwortlichkeit mit jedem Völkerrechtsbruch für eben diese Verletzung entsteht. Es ist methodisch unglücklich, hiervon mit der materiellrechtlichen Theorie in manchen Fällen eine Ausnahme machen zu wollen; überdies ist es unnötig, da die prozessuale Theorie in aller Regel zu den gleichen Ergebnissen führt und Sonderfällen besser gerecht zu werden scheint.

XI. Diplomatischer Schutz: Calvo- Klausel

Nach der Beschäftigung mit der Local Remedies Rule muß auf einen immer wieder unternommenen Versuch, jene Regel zu verabsolutieren, eingegangen werden. Er wurde geboren aus der Angst lateinamerikanischer Staaten, diplomatische Protektion könne wirtschaftlichem Imperialismus als Werkzeug dienen[1]. Diese Gefahr glaubten und glauben mittel- und südamerikanische Republiken am besten dadurch zu bannen, daß sie in ihre Verträge mit ausländischen Investoren die nach dem Argentinier Carlos Calvo genannte Klausel einfügen, wonach der Ausländer auf das Recht, durch seinen Heimatstaat geschützt zu werden, verzichtet und sich bereit erklärt, Hilfe nur auf lokalem Rechtsweg zu suchen.

Zu dem rechtlichen Für und Wider der Klausel ist gesagt worden, für beide Seiten ließen sich folgerichtige Überlegungen anführen, die alle eindrucksvoll mit Rechtsprechung abgedeckt werden könnten[2]. Diese Feststellung trifft für manche dogmatische Kontroverse zu, m. E. nicht aber für diese. Die nachfolgende Erörterung zeigt, daß das Recht, diplomatischen Schutz zu gewähren, mit der Calvo-Klausel gegenwärtig nicht ausschließbar ist, daß der Intervention aber dadurch, daß Ausländern ein effektiver lokaler Rechtsschutz gewährt wird, die Aussicht auf Erfolg genommen werden kann.

1. Grundlagen der Calvo-Klausel

Die Anhänger der Calvo-Klausel stützen ihr theoretisches Gebäude auf zwei Säulen. Einmal sagt man, ein Ausländer könne dem Völkerrecht zufolge nicht mehr verlangen, als einem Inländer gewährt werde. Das folge aus dem Gleichheitsprinzip, demgemäß Ausländern nicht

---

[1] Im neunzehnten Jahrhundert, als die innenpolitische Situation jener Länder durch zahlreiche Unruhen und Bürgerkriege gekennzeichnet war, bei denen auch Ausländer in Mitleidenschaft gezogen wurden, entwickelte sich eine Praxis, in deren Verlauf die europäischen Heimatstaaten die von ihren Bürgern erhobenen Ansprüche nicht selten mit Waffengewalt erzwangen (cf. *Hans-Joachim Hallier* 1960: 398). Heute wird überwiegend angenommen (cf. *Franzke* 1965: 156), daß es dem Heimatstaat verboten sei, zum Schutz nur des Eigentums seiner Bürger militärisch zu intervenieren (cf. supra: 108).

[2] Cf. *Donald Shea* 1955: 106s, der meint, die Calvo-Klausel sei auf rein rechtlicher Ebene möglicherweise das einzige Mittel, mit dem sich unterentwickelte Regionen vor fremder Ausbeutung schützen könnten.

mehr Rechte einzuräumen seien als Inländern. Mit der Klausel werde es vertraglich bestätigt.

Die zweite Erwägung geht dahin, daß es keinen Grund gebe, einen Ausländer von seiner freiwillig eingegangenen Verpflichtung zu entbinden. Volenti non fit iniuria. Für den ausländischen Staat entfalle damit die Berechtigung, für seinen Angehörigen zu intervenieren.

2. Die erste Säule der Calvo-Klausel

Gegen die erste Argumentation führen die Gegner der Klausel die Minimum Standards für Ausländer an. Dabei handelt es sich um elastische Mindestanforderungen, die über Jahrhunderte in zahllosen Verträgen vereinbart wurden und heute generell mit den Minima westeuropäischer Rechtsstaatlichkeit übereinstimmen (cf. Schwarzenberger 1967: 105). Der Einwand läßt die erste Säule stürzen. Denn es ist zwar grundsätzlich richtig, daß Ausländer nicht mehr als eine rechtliche Gleichstellung mit Inländern beanspruchen können. Fallen jedoch ausnahmsweise rechtliche Positionen unter die Markierungen der Minimum Standards, so verletzt das Inland seine nach Völkergewohnheitsrecht hinsichtlich der Ausländerbehandlung bestehenden Verpflichtungen[3] und wird international verantwortich für das zugefügte Unrecht.

Wenn teilweise angenommen wird, die erste Säule lasse sich dadurch kitten, daß man diplomatischen Schutz in Fällen einer internen Rechtsverweigerung zulasse, so wird damit zwar in gewissem Sinn die Local Remedies Rule bestätigt, nicht aber die Calvo-Klausel gestützt.

Gewichtiger mag auf den ersten Blick der Hinweis erscheinen, die lateinamerikanischen Staaten hätten heute eine Justiz, die in allen Fällen wenigstens den Mindestanforderungen entspräche, zumal sich das vielleicht mit Fakten belegen ließe. Die Probe aufs Exempel braucht jedoch nicht gemacht zu werden, denn die nationalen Gerichte kommen nach der Local Remedies Rule ohnehin zum Zug und lassen, sofern ihre Entscheidungen mit dem Völkerrecht in Einklang stehen, etwaige Interventionen leerlaufen.

3. Die zweite Säule der Calvo-Klausel

Der Angriff auf die zweite Säule (volenti non fit iniuria) geht unter Berufung auf Vattel davon aus, daß eine Rechtsverletzung gegenüber

[3] Das wird an einem Beispiel deutlich: Eine Frau mit der Staatsangehörigkeit A wird von ihrem Mann in Land B verkauft. Nach den Vorschriften des Landes B sind Frauen rechtlich beweglichen Sachen gleichgestellt. Land A kann gleichwohl zugunsten seiner Bürgerin intervenieren, weil die internationalen Minima von Menschenwürde und Gleichheit unterschritten sind.

einem Ausländer zugleich auch eine Rechtsverletzung gegenüber dem ausländischen Staat sei. Dieser habe deshalb unabhängig von einem möglichen Rechtsverzicht des einzelnen einen eigenen Anspruch (cf. Shea 1955: 112).

Demgegenüber wenden die Verteidiger der Klausel ein, es sei heutigentags eine unberechtigte Fiktion, die Verletzung der Vermögensrechte eines Ausländers mit der Verletzung des Auslands gleichzusetzen[4]. Folgt man dieser These, so ist einem Interventionsrecht, das auf jener Gleichsetzung fußt, in der Tat der Boden entzogen. Nach dem hier vertretenen Verständnis des Interventionsrechts kann die Kontroverse indessen offengelassen werden, denn danach kann dem Völkerrecht zufolge Land A unter bestimmten Voraussetzungen gegen Land B einschreiten, um auf diesem Weg entweder eigene Rechte oder gewisse Rechte seiner Bürger zu schützen, in die Land B eingegriffen hat. Rechtstechnisch wird dabei im zweiten Fall eine der Prozeßstandschaft ähnliche Rechtsstellung gesehen, die dem Staat erlaubt, die Rechte seiner Angehörigen in eigenem Namen geltend zu machen.

Während manche Wendungen nahelegen, daß ein Interventionsrecht immer schon gegeben sei, wenn in irgendeine Rechtsposition eines Ausländers eingegriffen sei, genießen nach zutreffender herrschender Ansicht nur die in ihrem materiellen Bestand völkerrechtlich gesicherten Positionen des einzelnen diesen Schutz; also vor allem die durch den Grundsatz der Inländergleichbehandlung (national treatment) und die Minimum Standards erfaßten Rechte. Mit anderen Worten genügt keine beliebige Rechtsverletzung, um einem Staat unter Berufung auf die Nationalität des Betroffenen zu gestatten, sich in die internen Angelegenheiten eines anderen Staates einzumischen. Der interventionsfreie Raum kann andererseits nicht durch Vereinbarung mit dem Ausländer erweitert werden, denn weder steht die völkerrechtliche Regelung der Ausländerbehandlung zu seiner Disposition, noch ist er in der Lage, über das gewohnheitsrechtlich gesicherte Interventionsrecht seines Heimatstaates zu verfügen (cf. Hallier 1960: 399). Gegenteilige Abmachungen zwischen ihm und dem ausländischen Staat bleiben deshalb rechtlich wirkungslose untaugliche Versuche.

Für die Zukunft führt Shea (1955: 111, 119) folgende Überlegung zugunsten der Klausel ins Feld: Gegenwärtig bestehe der Trend, dem einzelnen Völkerrechtssubjektivität zu verleihen. Sei das Individuum aber erst einmal eine Person des Völkerrechts, so könne es wirksam auf das Interventionsrecht seines Heimatstaates verzichten.

---

[4] Eine breitere Darstellung dieses Arguments findet sich bei *Shea* 1955: 110s.

Der Gedankengang ist nicht näher begründet. Sofern mit einem Vertrag zu Lasten Dritter operiert wird, den das Völkerrecht bislang nicht kennt, setzt die rechtliche Konstruktion weiter voraus, daß von einer Relation zwischen Individuum und Heimatstaat auszugehen ist, die grundsätzlich anders gestaltet sein müßte als das heutige Verhältnis von Bürger und Staat. Sofern angenommen wird, das Individuum könne durch Verzicht auf die völkerrechtlich geschützte Stellung von Ausländern den diplomatischen Schutz gegenstandslos werden lassen, wäre darzulegen, daß und wie weit jene Vorschriften dispositiv sind.

Es bleibt anzumerken, daß die Verwendung der Klausel vor dem Hintergrund der obigen Überlegungen nicht bloß sinnlos ist, sondern politisch fragwürdig erscheint. Denn das Ziel Carlos Calvos, einen Mißbrauch des Interventionsrechts zu verhindern, ist angesichts der Local Remedies Rule theoretisch erreicht, wenn die Rechtsschutzmöglichkeiten den Minima westeuropäischer Rechtsstaatlichkeit genügen[5]. Damit sind freilich rechtswidrige Interventionen in der Praxis nicht ausgeschlossen, ein Mangel, der aber in dem allgemeinen Befund begründet liegt, daß Rechtsnormen allein deliktisches Verhalten nicht ausschließen können.

---

[5] Die großangelegte Veröffentlichung des Max Planck-Instituts für ausländisches öffentliches Recht und Völkerrecht zu dem Thema ‚Gerichtsschutz gegen die Exekutive' bietet in den beiden ersten Bänden Länderberichte aus den Staaten: Australien, Bundesrepublik Deutschland, Belgien, Dänemark, Finnland, Frankreich, Griechenland, Großbritannien, Indien, Irland, Israel, Italien, Japan, Jugoslawien, Kanada, Kenia, Kolumbien, Luxemburg, Mexiko, Neuseeland, Niederlande, Norwegen, Österreich, Portugal, Rumänien, Schweden, Schweiz, Spanien, Tschechoslowakei, Türkei, Ungarn und aus den Vereinigten Staaten von Amerika. Der in unserem Kontext besonders interessierende lateinamerikanische Raum ist mithin bloß durch Mexiko und Kolumbien vertreten; für den ganzen afrikanischen Kontinent steht nur Kenia. Vielleicht wird die ähnlich gerichtete, von der Ford Foundation finanzierte vierjährige Untersuchung von *Frank G. Dawson, Ivan L. Head* und *Peter E. Herzog* diese Teile der Welt eingehender berücksichtigen können.

XII. Diplomatischer Schutz: Interventionspflicht

Die zu beobachtende Tendenz, den Staaten völkerrechtliche Pflichten gegenüber ihren eigenen Staatsangehörigen aufzuerlegen, wie etwa in der europäischen Menschenrechtskonvention sichtbar, veranlaßt zu der Frage, ob die Staaten nicht nur berechtigt, sondern auch völkerrechtlich verpflichtet sind, bei fremden Eingriffen in das Vermögen ihrer Staatsangehörigen diplomatischen Schutz zu gewähren. Heute wird übereinstimmend verneint, daß eine entsprechende allgemeine Regel bestehe (cf. Karl Doehring 1959: 14)[1]; zugleich wird betont, daß damit nicht ausgeschlossen sei, daß es eine innerstaatliche Schutzpflicht gebe.

In einer vergleichenden Untersuchung der Regelungen in den Vereinigten Staaten von Amerika, in Großbritannien, der Schweiz und in Frankreich gelangt Doehring zu dem Ergebnis, es werde allgemein eine Rechtspflicht des Staates zum Schutz seiner Bürger anerkannt; dabei werde das Ob und Wie der Ausübung überwiegend als Ermessenssache der Regierungen angesehen. Dem liege die Erwägung zugrunde, daß andernfalls die Belange der Allgemeinheit wegen unbedachter Schutzausübung zugunsten einer Einzelperson leiden könnten. Unter dem Aspekt des Mißbrauchs sei eine Überprüfung der Ermessensausübung in weitem Umfang möglich[2]. Eine Klage eines Bürgers wegen Außerachtlassung der Interventionspflicht oder wegen Ermessensmißbrauchs sei gleichwohl kaum erfolgversprechend, weil die Klage wegen des fehlenden Gerichtswegs oder wegen fehlender Judikabilität der diplomatischen Schritte unmöglich oder unzulässig sei. Das gleiche gelte für einen auf Außerachtlassung der Pflicht oder auf Ermessensmißbrauch gestützten Schadensersatzanspruch (ib.: 88s).

Zum Recht der Bundesrepublik Deutschland wird hervorgehoben, daß die aufgrund pflichtwidriger Ermessensausübung unterlassene

[1] Früher wurde eine solche Pflicht teilweise aus der Erwägung angenommen, ein Staat mache sich durch Unterlassung diplomatischen Schutzes am Unrecht des anderen Staates mitschuldig (cf. *Doehring* 1959: 10). Es handelt sich dabei um einen Zirkelschluß, denn Mitschuld setzt eine Interventionspflicht voraus.

[2] Zur Rechtslage in Großbritannien wird andererseits ausgeführt, nach britischer Rechtsinterpretation rücke ein britischer Anspruchsteller das Bestehen seines Anspruchs dem Grund und der Höhe nach dadurch völlig ins Belieben der Regierung, daß er ihren Beistand sucht (cf. *Lillich* 1967: 130). Denn die britische Regierung verfolge nur Ansprüche, wenn der Anspruchsteller bereit ist, jede von ihr erreichte Regelung zu akzeptieren (cf. *Wortley* 1959: 145).

Schutzgewährung Staats- und Amtshaftungsansprüche auslösen könne. Werde der Schutz aufgrund pflichtgemäßer Ermessensausübung unterlassen, so könne dem Bürger ein Ersatzanspruch zustehen (ib.: 127s)[3]. Der Eigentumsgarantie des Artikels 14 Grundgesetz zufolge muß bei rechtmäßigen staatlichen Eingriffen in vermögenswerte Rechtspositionen Ersatz geleistet werden, wenn die Beeinträchtigung außerhalb der Sozialbindung des Eigentums liegt; zu dem dort geschützten Vermögen sind m. E. auch völkerrechtlich gewährte Ersatzansprüche zu rechnen. Zum Teil wird angenommen, die Verfolgung der innerstaatlichen Ersatzansprüche sei jedoch äußerst problematisch, weil die fehlende oder unzulängliche Intervention nur selten als unmittelbarer Eingriff qualifiziert werden könne (cf. Ress 1972: 469). Die Verfolgung dürfte immerhin dort prinzipiell nicht problematisch sein, wo ein völkerrechtlicher Ersatzanspruch vorliegt und eine allgemeine Interventionspflicht besteht, unabhängig davon, ob der Heimatstaat im konkreten Fall interventionspflichtig ist oder nicht.

---

[3] Wie *Geck* in einer Untersuchung über denkbare Klagebegehren zusammenfassend feststellt, entsprechen und genügen die für den Anspruch auf diplomatischen Schutz bestehenden Klagemöglichkeiten in der Bundesrepublik Deutschland den rechtsstaatlichen Anforderungen (1956/57: 513ss).

XIII. Diplomatischer Schutz: Völkerrechtlicher Verzicht auf vermögenswerte Ansprüche von Staatsangehörigen

Das Recht, diplomatischen Schutz ausüben zu dürfen, ist eine der Prozeßstandschaft ähnliche, völkerrechtlich gewährte Position, in der ein fremdes Recht in eigenem Namen geltend gemacht werden darf[1]. Als Partei stehen dem Prozeßstandschafter alle Befugnisse zu, die mit der Parteistellung verbunden sind. Da das ausschließlich Befugnisse prozessualer Natur sind, kann er materiell-rechtlich wirksame Verfügungen nur vornehmen, wenn ihm neben der Prozeßstandschaft gleichzeitig eine entsprechende Verfügungsbefugnis eingeräumt ist; sie ist nach herrschender Auffassung mit dem Interventionsrecht gegeben.

Der hiernach wirksame völlige oder teilweise Verzicht eines Staates auf Ansprüche seiner Bürger, der bei internationalen Enteignungen immer wieder zu beobachten ist, wird allgemein für völkerrechtlich zulässig erachtet, weil der Staat Personalhoheit über seine Bürger habe (cf. Eike Burchard 1970: 67ss). Zum Teil wird auch angenommen, das ausländische Privatvermögen eines Volkes sei ‚Nationalvermögen' und als solches der staatlichen Verfügungsbefugnis unterstellt. Demgegenüber entnimmt Burchard die völkerrechtliche Befugnis den Grundsätzen der Staatslehre. Da es a priori keine Grenze dafür gebe, bis zu welchem Grad die Rechtsordnung menschliches Verhalten erfassen könne, habe der Staat die Möglichkeit, seine Angehörigen in jeder Weise zu binden, mithin auch über sein Vermögen zu verfügen (ib.: 70s). Einzige Schranke des staatlichen Beliebens sei der Respekt vor der Souveränität anderer Staaten; sofern ein Verzicht erklärt werde, sei er wirksam, wenn der andere Staat die Erklärung annehme (ib.: 76). Ohne auf die theoretischen Ansätze einzugehen, kann festgestellt werden, daß die internationale Praxis im Ergebnis den völkerrechtlichen Verzicht auf vermögenswerte Ansprüche von Staatsangehörigen für uneingeschränkt zulässig zu halten scheint. Für die betroffenen Bürger

---

[1] Überwiegend wird, wie es scheint etwas unscharf, angenommen, der Staat mache ein eigenes Recht geltend; nach hier vertretener Ansicht gewährt das Völkerrecht dem Staat das Recht, einen Anspruch seines Bürgers in eigenem Namen geltend zu machen (cf. supra: 134). Nach anderen Ansichten tritt der Staat als Vertreter, Beauftragter oder Treuhänder für seinen Bürger auf, ferner wird vorgetragen, der völkerrechtliche Individualanspruch gehe im staatlichen Anspruch auf (cf. *Geck* 1960 c: 383).

ist damit noch nicht gesagt, daß sie sich mit dem Verzicht abfinden müssen; aus innerstaatlichem Recht kann sich ergeben, daß der Verzicht eine entschädigungspflichtige Enteignung der Ersatzansprüche darstellt[2].

---

[2] Die Frage ist für die Bundesrepublik Deutschland in einem Fall einer möglicherweise anfänglich wirkungslosen Enteignung (cf. supra: 62ss) mit einer Verfassungsbeschwerde der ehemaligen deutschen Aktionäre der Algemene Kunstzijde Unie N.V. (AKU), einer Aktiengesellschaft niederländischen Rechts, gestellt worden. Die Aktien der AKU, die deutschen Aktionären gehörten, wurden durch die niederländische Verordnung über Feindvermögen vom 20. Oktober 1944 zugunsten des niederländischen Staates enteignet. Ein Teil der Aktionäre hat sich in mehreren Verfahren vor deutschen Gerichten gegen die Wirksamkeit jener Entziehung hinsichtlich des in Deutschland belegenen Vermögens gewandt (die AKU war und ist Hauptaktionärin der Vereinigten Glanzstoff-Fabriken AG in Wuppertal).

Um die in der Kriegs- und Nachkriegszeit zwischen den Niederlanden und der Bundesrepublik Deutschland entstandenen Schwierigkeiten zu beseitigen, haben beide Staaten am 8. April 1960 einen Ausgleichsvertrag geschlossen, der einschließlich eines Zusatzabkommens am 25. Juni 1963 im Bundesgesetzblatt verkündet (BGBl. II: 663) und einen Tag später in Kraft getreten ist.

Die beiden ersten Absätze des ersten Artikels im Zusatzabkommen lauten:

‚1. In den durch Art. 10 Abs. 1 und 3 des Finanzvertrags nicht geregelten Fällen sind Ansprüche, Einwendungen, Klagen, Widerklagen und sonstige Verfahren vor deutschen Gerichten nicht zugelassen, sofern sie darauf gestützt werden, daß der auf Grund der niederländischen Maßnahmen für Zwecke der Reparation oder Restitution erfolgte Eigentumsübergang von Aktionärsrechten an niederländischen Aktiengesellschaften im Gebiet der Bundesrepublik Deutschland einschließlich des Landes Berlin, einbegriffen die Beteiligungen dieser Aktiengesellschaften an deutschen Gesellschaften mit oder ohne Rechtspersönlichkeit, keine oder nur eine beschränkte Wirkung gehabt habe.

2. In bezug auf das in Abs. 1 bezeichnete Vermögen bestehen keine unmittelbaren oder mittelbaren Rechte oder Interessen, die daraus hergeleitet werden könnten, daß der in Abs. 1 erwähnte Eigentumsübergang keine oder nur eine beschränkte Wirkung auf dieses Vermögen gehabt habe.‘

Gegen diese Regelung, die die niederländische Entziehung im Inland wirksam und unangreifbar machen will, haben die deutschen Aktionäre unter anderem eingewandt, sie verletze die Eigentumsgarantie des Artikels 14 Grundgesetz. Das Bundesverfassungsgericht hat demgegenüber in einer wenig überzeugenden Entscheidung ausgeführt, die Beschwerde sei aufgrund des Artikels 1 Absatz 1 des Zusatzabkommens unzulässig (BVerfGE 24; 33ss). *Henke* schreibt dazu, das internationale Arrangement sei sachlich geboten gewesen, und die Verfassung lasse es zu, politischen Notwendigkeiten im Einzelfall den Vorrang vor Rechten der Bürger zu geben. Der Weg dahin führe aber nicht über einen Ausschluß der Gerichtsbarkeit, sondern allein über die entschädigungspflichtige Enteignung (1969: 148). Zur Situation in Großbritannien cf. supra: 136 n. 2.

XIV. Internationale gerichtliche Streiterledigung

Die friedliche Beilegung eines internationalen Streites wegen einer Auslandsenteignung kann außer auf außergerichtlichem Weg durch die Entscheidung internationaler Spruchorgane erfolgen. Dabei wird unterschieden zwischen internationaler Gerichtsbarkeit und internationaler Schiedsgerichtsbarkeit. Zur Grenzziehung wird ausgeführt, die Wesensmerkmale der internationalen Gerichtsbarkeit lägen 1. in der justizförmigen Struktur eines aufgrund eines Statuts errichteten Gerichtshofs, dessen Mitglieder grundsätzlich ohne Rücksicht auf ihre Staatsangehörigkeit für eine bestimmte Amtszeit bestellt seien und richterliche Unabhängigkeit genössen; 2. in der Befugnis des Gerichts, über seine Zuständigkeit in Streitigkeiten zwischen Staaten zu entscheiden; 3. in der Unterworfenheit unter das Völkerrecht oder festgelegte subsidiäre Rechtsquellen und 4. in der Befugnis, einen Streit abschließend (rechtskräftig) zu entscheiden (cf. Hans-Jürgen Schlochauer 1961: 56). Rechtsprechung in diesem Sinn gewähren außer dem Internationalen Gerichtshof und dem Europäischen Gerichtshof für Menschenrechte der Gerichtshof der Europäischen Gemeinschaften, das Gericht nach der Sicherheitskontrollkonvention für Kernenergie, das Verwaltungsgericht der Vereinten Nationen und das Verwaltungsgericht der Internationalen Arbeits-Organisation (Schlochauer 1962 a: 177).

Als den zahlreichen internationalen Schiedsgerichten gemeinsam und eigentümlich werden folgende Merkmale angesehen: 1. der auch bei Institutionalisierung jeweils nur für den Einzelfall erfolgende Zusammentritt der Richter und ihre vom Parteiwillen beeinflußte Zusammensetzung; 2. die grundsätzlich einer eigenen Beurteilungsbefugnis entzogene Zuständigkeit des Schiedsgerichts bei fakultativer oder obligatorischer Unterwerfung; 3. Rechtsfindung nach von den Parteien oder dem Schiedsgericht bestimmten Normen, primär nach Völkerrecht; 4. die in der Hand der Parteien oder des Gerichts liegende Verfahrensordnung mit einer grundsätzlich endgültigen Entscheidung (ib.: 177).

Das Statut des Internationalen Gerichtshofs versucht, die fakultative Gerichtsbarkeit im Effekt zu einer obligatorischen werden zu lassen (cf. Artikel 36 IGH-Statut). Gleichwohl ist man heute von einer allgemeinen obligatorischen internationalen Gerichtsbarkeit und von einer allgemeinen obligatorischen internationalen Schiedsgerichtsbarkeit noch weit entfernt.

Während zwischen 1924 und 1939 eine Vielzahl von Verträgen geschlossen worden ist, die ausschließlich dazu dienen sollten, internationale Streitigkeiten friedlich beizulegen, sind nach den Feststellungen der Vereinten Nationen zwischen 1949 und 1962 nur noch acht Abmachungen dieser Art getroffen worden (UN-Survey 1949 - 1962: 2). Das Feld, auf dem sich heute die Entwicklung internationaler gerichtlicher Streitbeilegung vollzieht, sind Verträge über beliebige Gegenstände, in denen eine Verpflichtung zur gerichtlichen Klärung der im Zusammenhang mit dem Gegenstand erwachsenden Differenzen normiert ist[1].

In der Übersicht der Vereinten Nationen sind 66 Abmachungen aufgeführt, die sich mit der Stellung von Staatsangehörigen im Ausland befassen; die teilweise relevanten Investitionsförderungs-, Handels- und Schiffahrtsverträge sind nicht einbezogen (cf. ib.: 644, 647ss). Von den 66 Verträgen betreffen 30 die Verfolgung geldwerter Ansprüche von Staatsangehörigen, die mit Ausnahme eines Vertrages zwischen Pakistan und der Bundesrepublik Deutschland die Vereinigten Staaten auf der einen Seite zeigen (cf. ib.: 712ss). Ein internationales Spruchorgan, das generell für Streitigkeiten aus Auslandsenteignungen zuständig ist, gibt es bisher nicht. Das bedeutet, daß der Heimatstaat des betroffenen Ausländers dessen Ansprüche nur in den wenigen Fällen geltend machen kann, in denen sich auch das Ausland der in Aussicht genommenen Gerichtsbarkeit unterworfen hat. Aber selbst wenn für die Streitigkeit eine Entscheidungsinstanz berufen ist, ist nicht gewährleistet, daß der Heimatstaat den Gerichtsweg beschreitet oder auch nur beschreiten muß (cf. supra: 136s). Für den Geschädigten ist deshalb wesentlich, welche Wege ihm selber auf internationaler Ebene offen stehen, eine Frage, die entscheidend vom Verständnis der Stellung des einzelnen im Völkerrecht abhängt.

1. Die Stellung des Individuums im Völkerrecht

Der Mensch beginne, schreibt Georg Dahm, unter der Decke der schwächer werdenden Staatlichkeit sichtbar zu werden; das Völkerrecht habe in Richtung auf die menschliche Gemeinschaft und die einzelnen offenen Grenzen; der einzelne trete als der schutzbedürftige Mensch in das Blickfeld des Völkerrechts ein (1961: 6, 11s).

---

[1] Löst man die Frage der internationalen Streitbeilegung aus den sie in der Praxis häufig einschließenden politischen Euphemismen, Hinterhältigkeiten und der Ignoranz, so erscheint es heute als juristischer Kunstfehler, internationale Verträge abzuschließen, ohne sicherzustellen, daß eventuell erwachsende Meinungsverschiedenheiten nicht nur nicht gewaltsam ausgetragen werden dürfen, sondern von einer gerichtlichen Instanz entschieden werden können.

Das klassische Dogma, wonach das Völkerrecht als ein ausschließlich zwischenstaatliches Recht dem einzelnen nur Objektsqualität zumißt, ist im Begriff, sich aufzulösen (cf. Carl Aage Nørgaard 1962: 304).

Vielleicht trifft es zu, daß Überspannung und Mißbrauch der Staatsgewalt und die Erniedrigung des Menschen in und nach den Kriegen zu einer Entzauberung des Staates und zu einer Besinnung auf Wert und Würde des Menschen geführt haben. Andererseits ist im Auge zu behalten, daß die Staaten auf Weltebene sich bislang nicht bereit gefunden haben, die der gefeierten Menschenrechtserklärung des Jahres 1948 gefolgte UN-Konvention zum Schutz der Menschenrechte von 1966 in Kraft zu setzen[2]; das ist lediglich in gewissem Umfang und regional beschränkt in der europäischen Menschenrechtskonvention geschehen[3] und unterstreicht die Bedeutung, die internationale Parteifähigkeit für den einzelnen haben kann.

a) Internationale Parteifähigkeit

Internationale Parteifähigkeit soll das Recht bezeichnen, vor einem internationalen Gericht als Partei auftreten zu können. Das war für Individuen undenkbar, so lange sie bloß Objekte der Völkerrechtsordnung waren. Mit Ausnahme der im Vertrag von Berlin von 1878 mit Gerichtsgewalt ausgestatteten Europäischen Donaukommission, die die Einhaltung der Verkehrsregeln auf dem Fluß zu überwachen hatte, war der von 1907 bis 1918 dauernde Zentralamerikanische Gerichtshof das erste internationale Gericht, bei dem für Individuen eine Klagemöglichkeit gegen Staaten vorgesehen war (cf. ib.: 228, 259)[4].

Nach dem ersten Weltkrieg wurden im Rahmen der Friedensregelung Schiedsinstanzen eingerichtet, vor denen einzelne erfolgreich Ansprüche geltend machen konnten. Zur gleichen Zeit (1920) wurde in

---

[2] Diese Konvention regelt überdies im Gegensatz zu Art. 17 der Deklaration von 1948 keine Eigentumsgarantie und kein Enteignungsverbot. Die Bereitschaft der Staaten, ihre internen Angelegenheiten an einem internationalen Maßstab messen zu lassen, wird am Abkommen zur Verhütung und Bestrafung des Völkermordes sichtbar. *Dahm* führt dazu aus, eine wirksame Bekämpfung des Genocids, des typischen Regierungs- und Führungsverbrechens, sei allenfalls dann zu erhoffen gewesen, wenn der Vertrag eine internationale Strafgerichtsbarkeit und ein wirksames Verfahren eingeführt hätte. Es sei jedoch nur die territoriale Zuständigkeit des Staates vorgesehen, auf dessen Gebiet das Verbrechen begangen sei, also in der Regel des Staates, dessen Führung das Verbrechen begangen habe; wie zum Hohn sei hinzugefügt, eine Bestrafung durch internationale Gerichte könne erfolgen, wenn die Parteien sich ihrer Zuständigkeit unterwürfen (1961: 18).

[3] Zu ihrer Bedeutung für eigentumsrechtliche Fragen cf. supra: 33.

[4] Das Gericht wurde in fünf Fällen mit Individualklagen befaßt; eine wurde als unbegründet, die anderen als unzulässig abgewiesen (cf. *Nørgaard* 1962: 229).

Paris die mit einem Schiedsgericht ausgestattete Internationale Handelskammer gegründet. Jene Schiedsinstanz wird in allen ihr unterbreiteten internationalen Wirtschaftsstreitigkeiten tätig, wobei heute zu beobachten ist, daß die Zahl der Staaten, die sich der Jurisdiktion des Gerichts unterwerfen, beträchtlich steigt[5]. Dazu ist bemerkenswert, daß bei Streitigkeiten zwischen Staaten und Privaten die Staaten in etwa drei Vierteln der Fälle die Beklagten sind (cf. Karl-Heinz Böckstiegel 1965: 582s)[6].

Mit dieser Entwicklung war eine Richtung eingeschlagen, die nach 1945 vor allem mit der Bildung regionaler und funktionaler Organisationen samt eigenen Gerichtsorganen fortgesetzt und etabliert wordn ist; Paradebeispiel: der Gerichtshof der Europäischen Gemeinschaften; dort wird natürlichen und juristischen Personen ein weitgehender Rechtsschutz gegen Akte von Gemeinschaftsorganen gewährt[7]. Auf internationaler Ebene stellt die 1966 in Kraft getretene Convention on the Settlement of Investment Disputes between States and Nationals of Other States, die im einzelnen nachfolgend dargestellt und analysiert wird, einen Höhepunkt dar; angesichts der die gesamte Konvention tragenden Prinzipien von Gleichordnung und Freiwilligkeit darf erwartet werden, daß die mit ihr geschaffenen Möglichkeiten zukünftig in wachsendem Umfag zur Grundlegung eines sinnvollen, allgemeinen Investitionsschutzes und weiter eines generellen Vermögensschutzes für Ausländer beitragen werden.

2. Die IBRD-Konvention

Die International Bank for Reconstruction and Development (IBRD, Internationale Bank für Wiederaufbau und Entwicklung, Weltbank) wurde 1962 mit der Frage befaßt, ob es wünschenswert und praktikabel sei, eine Einrichtung zur Schlichtung und Entscheidung von Investitionsstreitigkeiten zwischen Staaten und ausländischen Investoren zu schaffen. Nachdem ihr Stab ein Arbeitspapier entworfen hatte, wurden

---

[5] Cf. *Frédéric Eisemann* 1966: 729. Nach *Eisemann*, dem langjährigen Generalsekretär des Gerichts, werden wenigstens neun Zehntel der Entscheidungen freiwillig befolgt; und lediglich einmal, 1937 in Berlin, sei eine Entscheidung des Gerichts nicht durch nationale Gerichte anerkannt worden (ib.: 734s).

[6] Die Tätigkeit jener Schiedsinstanz hat, vermutlich infolge der Vertraulichkeit von Verfahren und Urteil, bislang in der Literatur keine adäquate monografische Darstellung gefunden. Einen hilfreichen, praxisbezogenen Überblick über die Verfahrensregeln bietet *Ernst Cohn* (1965: 132ss).

[7] Es scheint bezeichnend, daß dieser Erfolg in einer regionalen Wirtschaftsgemeinschaft und nicht auf der tönenderen Ebene der Vereinten Nationen erzielt wurde; mit dem Klischee ‚the stomach drives the feet' (*Paul Gormley* 1966: 184) werden die Erfolgsbedingungen freilich übermäßig simplifiziert.

in Addis Abeba, Santiago de Chile, Genf und Bangkok auf regionaler Basis Rechtsexperten aus 86 Ländern konsultiert. Im September 1964 beschloß der Gouverneursrat, eine Konvention entwerfen zu lassen, deren Text für eine größtmögliche Zahl von Regierungen akzeptabel sein würde. Die Konvention, deren englischer, französischer und spanischer Text in gleicher Weise authentisch ist, wurde am 18. März 1965 vorgelegt und ist am 14. Oktober 1966 in Kraft getreten.

In der Präambel wird die Notwendigkeit internationaler Zusammenarbeit bei der wirtschaftlichen Entwicklung und die Bedeutung privater Auslandsinvestitionen hierfür zum Ausgangspunkt genommen. Der Erkenntnis, daß derartige Anlagetätigkeit nicht immer reibungslos zu verlaufen braucht, schließt sich die Feststellung an, daß in manchen Fällen eine internationale Beilegung angemessen sei, wenn auch üblicherweise solche Streitigkeiten dem nationalen Recht des Anlagestaates unterworfen seien.

Die Quadratur des Zirkels, zu bewerkstelligen, daß Staat und Investor nicht nur an den Spielregeln nationalen und internationalen Rechts festhalten, solange es ihnen dienlich scheint, und sie übertreten, wenn sie wähnen, es ungestraft tun zu können, versucht die Konvention auf dem schon in der Präambel umschriebenen Autonomieprinzip zu erreichen; der Schlichtungs- und Entscheidungsmechanismus des International Centre for Settlement of Investment Disputes (Centre) wird durch ein Zustimmungssystem ausgelöst und gesteuert, das den Parteien gestattet, von vornherein weitestgehend auf Streitgegenstand, Verfahren, personelle Besetzung der Gremien und das anzuwendende Recht Einfluß zu nehmen.

a) Unterzeichner

Gemäß Artikel 67 der Konvention können alle Staaten an ihr teilnehmen, die Mitglieder der Weltbank sind. Nach dem Stand vom 30. 6. 1971 haben 66 Staaten die Konvention unterzeichnet, 62 haben sie ratifiziert[8]. Weiterhin kann jeder andere Staat beitreten, der am Statut

[8] Sie ist ratifiziert von Afghanistan, Belgien, Botswana, Bundesrepublik Deutschland, Burundi, Ceylon, China (Taiwan), Dänemark, Dahomey, Elfenbeinküste, Finnland, Frankreich, Gabon, Ghana, Griechenland, Guinea, Guayana, Indonesien, Island, Italien, Jamaika, Japan, Jugoslawien, Kamerun, Kenia, Kongo (Brazzaville), Kongo (Kinshasa), Korea (Süd), Lesotho, Liberia, Luxemburg, Madagaskar, Malawi, Malaysia, Marokko, Mauretanien, Mauritius, Nepal, Niederlande, Niger, Nigeria, Norwegen, Obervolta, Österreich, Pakistan, Schweden, Schweiz, Senegal, Sierra Leone, Singapur, Somalia, Swasiland, Togo, Trinidad und Tobago, Tschad, Tunesien, Uganda, Vereinigtes Königreich von Großbritannien und Nordirland, Vereinigte Staaten von Amerika, Zambia, Zentralafrikanische Republik, Zypern. Nicht ratifiziert haben Äthiopien, Irland, Neuseeland, Sudan.

des Internationalen Gerichtshofs beteiligt ist und den der Verwaltungsrat (Administrative Council) mit Zweidrittelmehrheit eingeladen hat, die Konvention zu unterzeichnen.

Der Vertragsstaat ist verpflichtet, die Konvention ratifizieren oder in sonstiger verfassungsgemäßer Weise völkerrechtlich verbindlich werden zu lassen (cf. Artikel 68 Absatz 1). Er hat alle erforderlichen Maßnahmen zu treffen, damit die Vorschriften der Konvention in seinem Staatsgebiet wirksam werden können (cf. Artikel 69). Hingegen ist er nicht schon verpflichtet, Streitigkeiten mit ausländischen Anlegern dem Centre zu unterbreiten (cf. Artikel 25 Absatz 1).

Die Teilnahme endet sechs Monate nachdem die schriftliche Aufkündigung am Hinterlegungsort eingegangen ist (cf. Artikel 71). Verpflichtungen, die einem Staat nach der Konvention obliegen, können nicht rückwirkend beseitigt werden (cf. Artikel 72).

Jeder Mitglieds-(Unterzeichner-)Staat kann Abänderungen (amendments) der Konvention vorschlagen. Der Antrag hat Erfolg, wenn sich der Verwaltungsrat mit Zweidrittelmehrheit und die Mitgliedsstaaten sich ausnahmslos für die Abänderung entscheiden. Vor Abänderung begründete Rechte und Pflichten werden von ihr nicht berührt (cf. Artikel 65, 66).

Streitigkeiten zwischen Mitgliedstaaten, die Auslegung oder Anwendung der Konvention betreffen und nicht im Verhandlungsweg beigelegt werden können, werden dem Internationalen Gerichtshof durch Antrag einer Streitpartei unterbreitet. Die betroffenen Staaten können hiervon abweichend eine andere Art der Beilegung wählen (cf. Artikel 64).

b) Organisation

Die Organe des Centre sind der Verwaltungsrat (Administrative Council) und das Sekretariat (Artikel 3). Im Verwaltungsrat sind die Mitglieder mit je einem Vertreter repräsentiert. Die Repräsentation wird von den Gouverneuren der Weltbank ex officio wahrgenommen, wenn nicht ein anderer Vertreter ernannt ist (cf. Artikel 4). Vorsitzender des Verwaltungsrats ist der Bankpräsident. Er hat kein Stimmrecht (cf. Artikel 5)[9].

Nach Artikel 6 leitet der Verwaltungsrat das Centre. Die Leitung betrifft nicht nur die finanzielle und administrative Seite der Einrichtung; der Rat hat auch die Regeln für das Schlichtungs- und Entscheidungsverfahren aufzustellen.

---

[9] Die Tätigkeit im Verwaltungsrat wird nicht vergütet (cf. Artikel 8).

Der Verwaltungsrat trifft seine Entscheidungen grundsätzlich mit einfacher Mehrheit; jedes Mitglied hat eine Stimme. Die Mehrheit der Anwesenden bildet ein Quorum. Die Mitglieder können mit Zweidrittelmehrheit festlegen, daß im Einzelfall ohne Zusammenkunft Beschluß gefaßt werden kann (cf. Artikel 7).

Das Sekretariat untersteht einem Generalsekretär, der für die gesamte Verwaltungstätigkeit des Centre verantwortlich ist. Er wird mit Zweidrittelmehrheit von den Ratsmitgliedern auf Vorschlag des Vorsitzenden gewählt. Sein Amt verbietet die Ausübung jeglicher politischen Funktion (cf. Artikel 9)[10].

Die Finanzierung des Centre, das eine juristische Person des Völkerrechts ist und Immunitäten und eine Reihe von Privilegien beansprucht, erfolgt durch die Gebühren bei Inanspruchnahme und andere Einkünfte; Mehrbelastungen sind von den Mitgliedstaaten, die Bankmitglieder sind, im Verhältnis des von ihnen gezeichneten Kapitals zu tragen; von den übrigen Mitgliedern nach Maßgabe des Verwaltungsrats (cf. Artikel 17).

Das Centre unterhält ein Schlichtungs- und ein Schiedsgremium (Panel of Conciliators, Panel of Arbitrators). Jeder Mitgliedsstaat darf bis zu vier Personen für jedes Gremium benennen; die Benannten brauchen nicht die Nationalität des Mitgliedsstaates zu besitzen. Dem Vorsitzenden des Verwaltungsrats steht offen, weiter bis zu zehn Personen in jedes Gremium einzusetzen; sie sollen jeweils verschiedenen Staaten angehören. Er hat außerdem darauf zu achten, daß die führenden Rechts- und Wirtschaftssysteme der Welt repräsentiert sind (cf. Artikel 3, 13, 14).

Die Angehörigen der Gremien sollen moralisch hochstehend und in anerkannter Weise auf den Gebieten des Rechts, des Handels, der Industrie oder des Finanzwesens qualifiziert sein und ein unabhängiges Urteil erwarten lassen. Für die Mitglieder des Schiedsgremiums ist eine juristische Qualifikation von besonderer Bedeutung. Die Ernennung erfolgt für sechs Jahre; diese Periode kann beliebig erneuert werden (Artikel 14, 15).

c) Zuständigkeit des Centre

Die Zuständigkeit des Centre erstreckt sich auf alle Rechtsstreitigkeiten zwischen einem Mitgliedsstaat (oder einem von diesem benannten verfassungsmäßigen Organ) und Staatsangehörigen eines anderen Mitgliedsstaates, die direkt aus einer Investition erwachsen und die die

[10] Der Sitz des Centre soll beim Hauptbüro der Weltbank, also in Washington, sein; mit Zweidrittelmehrheit können ihn die Mitglieder woandershin verlegen (cf. Artikel 2).

streitenden Parteien dem Centre übereinstimmend schriftlich unterbreiten.

Die einverständlich prorogierte Zuständigkeit des Centre kann nicht einseitig aufgehoben werden (cf. Artikel 25 Absatz 1).

Als Staatsangehörige gelten natürliche und juristische Personen, die die Nationalität des anderen Mitgliedsstaates haben.

Die Parteien können vereinbaren, daß juristische Personen, die die Nationalität des streitbeteiligten Staates haben, als Angehörige eines anderen Mitgliedsstaates behandelt werden, wenn und weil sie unter ausländischer Kontrolle stehen (Artikel 25 Absatz 2).

Mit der Vereinbarung der Schiedsgerichtsbarkeit des Centre wird grundsätzlich jedes andere Rechtsmittel ausgeschlossen; hiervon können die Parteien abweichen, insbesondere kann die Erschöpfung des nationalen Rechtswegs (cf. supra: 126ss) zur Voraussetzung eines Schiedsverfahrens gemacht werden (Artikel 26)[11].

Im Fall eines der Gerichtsbarkeit des Centre unterworfenen Streites soll kein Mitgliedsstaat in derselben Sache diplomatischen Schutz gewähren oder völkergerichtlich vorgehen, es sei denn, der streitbeteiligte Staat leiste der den Streit beendenden Entscheidung nicht Folge. Diplomatischer Schutz im Sinne dieser Regelung sind nicht solche informellen Bemühungen, die einzig die Beilegung des Streits erleichtern sollen (cf. Artikel 27).

d) Verfahren

Schlichtungs- wie Schiedsverfahren werden durch einen entsprechenden Antrag beim Generalsekretär eingeleitet, der die Zustellung des Antrags an den Gegner übernimmt. Der Generalsekretär registriert den Antrag, falls sich nicht aus dem Antrag selbst offenkundig zeigt, daß der Streit nicht in die Zuständigkeit des Centre fällt. Die Parteien sind von der Registration oder ihrer Ablehnung in Kenntnis zu setzen (cf. Artikel 28, 36).

Alsbald nach der Registration sind die Schlichtungskommission (Conciliation Commission) beziehungsweise das Schiedsgericht (Arbitral Tribunal) zu konstituieren. Kommission und Gericht sind mit einer Person oder einer beliebigen ungeraden Anzahl von Personen zu besetzen, auf die sich die Parteien einigen.

---

[11] Den Parteien eines Schlichtungsverfahrens ist es untersagt, irgendein anderes Verfahren in der Sache anzustrengen, Äußerungen der Gegenpartei außerhalb des Verfahrens zu verwenden und über Vorschläge der Schlichtungskommission zu berichten; von diesen Maßregeln können die Parteien einverständlich abweichen (cf. Artikel 35).

Wenn sich die Parteien nicht über die Anzahl und die Ernennungsweise einigen können, sollen Kommission und Gericht aus drei Personen zusammensetzen, von denen eine von jeder Partei und die dritte einverständlich ernannt wird (cf. Artikel 29, 37).

Damit das Verfahren nicht in Personalquerelen steckenbleibt, ist vorgesehen, daß der Vorsitzende des Verwaltungsrats auf Antrag einer Partei und nach Rücksprache mit beiden Parteien denjenigen oder diejenigen Schlichter und Richter ernennt, die noch nicht eingesetzt sind. Dieser Eingriff findet statt, wenn die Kommission oder das Gericht sich nicht innerhalb von neunzig Tagen nach Absendung der Registrationsnotiz durch den Generalsekretär konstituiert hat. Die Parteien können diese Frist einverständlich verlängern oder verkürzen. Die vom Vorsitzenden ernannten Schiedsrichter dürfen weder dem streitbeteiligten Staat, noch dem Heimatstaat des Investors angehören; außerdem dürfen sie in ihrer Mehrheit nicht die eine oder andere Nationalität haben, es sei denn, der Einzelrichter oder das Gericht seien ausschließlich durch Parteivereinbarung bestimmt (cf. Artikel 29, 38, 39).

Anders als der Vorsitzende können die Parteien die Kommission und das Gericht mit Personen besetzen, die nicht den entsprechenden Gremien angehören, sofern diese Personen die oben erwähnten (cf. supra: 146) Qualifikationen aufweisen (cf. Artikel 31, 40).

Kommission und Gericht entscheiden selber über ihre Zuständigkeit (Artikel 32, 41). Das Verfahren richtet sich nach den Vorschriften der Konvention und denjenigen Schlichtungs- und Schiedsregeln (Conciliation Rules, Arbitration Rules), die zum Zeitpunkt der Einwilligung der Parteien in die Gerichtsbarkeit des Centres galten; die Parteien können einverständlich andere Verfahrensregeln gelten lassen. Bleiben Verfahrensregeln offen, so hat die Kommission/das Gericht darüber zu entscheiden (cf. Artikel 33, 34).

e) Aufgaben der Schlichtungskommission

Der Schlichtungskommission obliegt es, die Streitpunkte zu klären und eine Übereinkunft herbeizuführen, die für beide Seiten akzeptabel ist. Kommen die Parteien überein, hat die Kommission einen Bericht anzufertigen, in dem sie die Streitpunkte aufführt und feststellt, daß die Parteien sich geeinigt haben. Gewinnt die Kommission während des Verfahrens den Eindruck, daß eine Einigung zwischen den Parteien nicht wahrscheinlich ist, hat sie das Verfahren einzustellen und einen Bericht anzufertigen, in dem sie die Unterbreitung des Streits und das Scheitern einer Übereinkunft feststellt. Entsprechend ist das Verfahren einzustellen, wenn eine Partei nicht erscheint oder an der Verhandlung nicht teilnimmt (cf. Artikel 34).

f) Aufgaben des Schiedsgerichts

Dem Schiedsgericht obliegt es, den Streit nach denjenigen Rechtsregeln zu entscheiden, auf die sich die Parteien geeinigt haben. Fehlt es an einer Einigung, ist das Recht des streitbeteiligten Staates einschließlich seines Kollisionsrechts anzuwenden, ferner das Völkerrecht, soweit es zum Zuge kommt.

Das Gericht darf nicht wegen Schweigens oder Unklarheit des Rechts zu einem non liquet kommen; bei Einverständnis der Parteien darf das Gericht den Streit auch ex aequo et bono entscheiden (cf. Artikel 42).

Das Versäumnis einer Partei, zu erscheinen oder zu plädieren, gilt nicht als Anerkenntnis des gegnerischen Vorbringens. Ein solches Versäumnis berechtigt indessen den Gegner zu dem Antrag, den Streit zu entscheiden. Vor der Entscheidung hat das Gericht die säumige Partei von dem Antrag in Kenntnis zu setzen und ihr Aufschub zu gewähren, falls es nicht davon überzeugt ist, daß die säumige Partei nicht erscheinen oder plädieren will (cf. Artikel 45).

Auf Antrag einer Partei hat das Gericht über inzidente und zusätzliche Ansprüche und Gegenansprüche zu entscheiden, die sich direkt aus dem Streitgegenstand ergeben, wenn sie innerhalb der Zuständigkeit des Centre liegen und von den Parteien mitunterbreitet sind. Diese Kompetenz des Gerichts kann von den Parteien einverständlich eingeschränkt werden (cf. Artikel 46).

Das Gericht ist berechtigt, für erforderlich gehaltene vorläufige Maßnahmen zum Schutz der Rechte einer Partei zu empfehlen. Dieses Vorschlagsrecht können die Parteien einverständlich aufheben oder einschränken (cf. Artikel 47).

g) Das Urteil

Das Gericht entscheidet mit der einfachen Mehrheit seiner Mitglieder. Das Urteil hat sich mit jeder unterbreiteten Frage auseinanderzusetzen und die Gründe für die jeweilige Entscheidung anzugeben; auf Antrag sind unbeantwortete Fragen nachträglich zu entscheiden. Jeder Richter kann der Entscheidung sein Einzelvotum beifügen, gleichgültig, ob er der Mehrheit zustimmt oder von ihr abweicht; er kann sich auch damit begnügen festzustellen, daß er abweichender Meinung sei (cf. Artikel 48, 49).

Bei Streitigkeiten über Gegenstand und Bedeutung des Urteils kann jede Partei beantragen, daß das Gericht seine Entscheidung auslegt. In einem solchen Fall darf das Gericht die Vollstreckung des Urteils aussetzen (cf. Artikel 50).

Ein nach den Regeln der Konvention gefälltes Urteil ist nur nach den Vorschriften der Konvention angreifbar und bindet die Parteien, soweit nicht die Vollstreckung ausgesetzt ist (cf. Artikel 53 Absatz 1).

Jede Partei kann innerhalb eines bestimmten Zeitraums die Überprüfung (Revision) des Urteils verlangen, wenn eine Tatsache entdeckt wird, die die Entscheidung maßgeblich betrifft, vorausgesetzt, daß die Tatsache dem Schiedsgericht und dem Antragsteller bei Erlaß des Urteils unbekannt war und die Unkenntnis des Antragstellers nicht auf Nachlässigkeit beruhte. Für die Dauer der Überprüfung kann die Vollstreckung ausgesetzt werden (cf. Artikel 51).

Jede Partei kann innerhalb einer Frist Aufhebung des Urteils aus folgenden Gründen verlangen: weil das Gericht nicht ordnungsgemäß gebildet worden sei, weil es seine Kompetenzen überschritten habe, weil ein Richter bestochen worden sei, weil von einer fundamentalen Verfahrensregel in schwerwiegender Weise abgewichen sei oder weil die Entscheidung nicht begründet worden sei. Geht ein entsprechender Antrag ein, so hat der Vorsitzende des Verwaltungsrats aus dem Schiedsrichter-Gremium ein dreiköpfiges ad hoc-Komitee zu ernennen (cf. Artikel 52 Absatz 1).

Die Komiteemitglieder dürfen weder dem erkennenden Gericht angehört haben, noch auch nur mit einem Richter jener Instanz die Nationalität teilen. Sie dürfen ferner nicht die Nationalitäten der Parteien teilen, nicht von dem streitbeteiligten Staat oder dem Heimatstaat seines Gegners in das Schiedsgremium berufen sein und nicht bei dem Streitfall im Schlichtungsverfahren mitgewirkt haben (cf. Artikel 52 Absatz 3).

Für das Verfahren vor dem Komitee gelten im übrigen die Vorschriften über das Verfahren vor dem Schiedsgericht entsprechend (cf. Artikel 52 Absatz 4); diese Vorschrift erklärt auch die Regeln über die Kostentragung und Vollstreckung für analog anwendbar.

Hebt das Komitee die Entscheidung des Schiedsgerichts auf, wird der Streit auf Antrag einer Partei einem neuen Schiedsgericht unterbreitet (cf. Artikel 52 Absatz 6).

h) Kosten

Im Fall des Schlichtungsverfahrens tragen die Parteien die Honorare und Auslagen der Kommissionsmitglieder und die Gebühren für die Benutzung der Einrichtungen des Centre je zur Hälfte. Ihre sonstigen Aufwendungen hat jede Partei selber zu tragen (cf. Artikel 61 Absatz 1).

Im Schiedsverfahren veranschlagt das Gericht die Aufwendungen der Parteien und bestimmt, wie und von wem die Aufwendungen, die Honorare und Auslagen der Richter und die Gebühren für die Benutzung des Centre zu tragen sind. Diese Entscheidung ist Bestandteil des Urteils. Die Parteien können einverständlich eine hiervon abweichende Kostenregelung treffen (cf. Artikel 61 Absatz 2).

i) Vollstreckung

Um die Anerkennung und Durchsetzung der Urteile zu sichern, worunter im Rahmen der diesbezüglichen Vorschriften auch Entscheidungen zu verstehen sind, die ein Urteil auslegen, abändern oder aufheben (cf. Artikel 53 Absatz 2), schreibt Artikel 54 vor, jeder Mitgliedsstaat habe die Urteile als bindend anzuerkennen und die ausgesprochenen Zahlungspflichten innerhalb seines Gebietes zu vollstrekken, als handele es sich um rechtskräftige Urteile eines eigenen Gerichts. Die Mitgliedsstaaten sollen dem Centre die zur Vollstreckung berufenen Gerichte oder sonstigen Behörden benennen. Die Vollstrekkung hat nach den Vollstreckungsregeln des jeweiligen Mitgliedsstaates zu erfolgen.

Gemäß Artikel 55 wird das nationale Recht eines Mitgliedsstaates über die Staatenimmunität von den Vollstreckungsvorschriften der Konvention nicht berührt.

3. Model Clauses

Das Centre hat zwei Aufstellungen von Musterbestimmungen angefertigt, die ‚Model Clauses Recording Consent to the Jurisdiction of the International Centre for Settlement of Investment Disputes‘ (ICSID/5) und die ‚Model Clauses Relating to the Convention on the Settlement of Investment Disputes Designed for Bilateral Investment Treaties‘ (ICSID/6).

Mit der ersten Aufstellung wird Staaten und Investoren, die eventuelle Streitigkeiten der Jurisdiktion des Centre unterwerfen wollen, eine Reihe möglicher Formulierungen an die Hand gegeben, die die Unterwerfung und diejenigen Regelungen zum Gegenstand haben, die die Konvention den Parteien freistellt.

Die zweite Aufstellung wendet sich an Staaten, die Investitionsverträge abschließen wollen. Nach den Intentionen des Centre soll in den Vereinbarungen vorgesehen werden, daß Streitigkeiten zwischen Anleger und Anlagestaat auf der von der Konvention angestrebten Ebene der Gleichberechtigung ausgetragen werden, um zu vermeiden, daß aus dem Streit eine zwischenstaatliche Auseinandersetzung mit all ihren negativen Aspekten wird. Für bereits abgeschlossene Investitionsverträge besteht die Möglichkeit, die in den Musterbestimmungen nahegelegten Regelungen durch ein Zusatzprotokoll wirksam werden zu lassen.

4. Regulations and Rules

Am 1. Januar 1968 sind die ‚Regulations and Rules' in Kraft getreten, die in vier Teilen die Administration und Finanzierung (FR), die Einleitung des Schlichtungs- und Schiedsverfahrens (IR), das Schlichtungsverfahren (CR) und das Schiedsverfahren (AR) im einzelnen regeln[12]. Die Verfahrensregeln sind mit Anmerkungen versehen.

In einem fünften Teil sind (Vorbild für nationale Gesetzgeber) zwei Verweisungstafeln enthalten, die (1) zu jedem Paragraphen der Regulations and Rules alle relevanten Vorschriften der Konvention und alle entsprechenden (ähnlichen) oder sonst erheblichen Vorschriften der Regulations and Rules aufführen und umgekehrt (2) zu jedem Artikel der Konvention alle entsprechenden und sonst erheblichen anderen Vorschriften der Konvention nennen, ferner die relevanten Erklärungen aus dem der Konvention angehängten Bericht der Exekutiv-Direktoren der Weltbank und die Regulations and Rules, die zur Durchführung ergangen sind.

Die Regulations and Rules, die hier nicht weiter nachgezeichnet werden, sind nicht das eiserne Korsett, in das die flexible, den Parteibedürfnissen angepaßte Konvention gepreßt wird, um gegebenenfalls einer Interessenrichtung zu dienen. Über die Konvention hinausgehend eröffnen die §§ 8 IR, 43, 44, 45 AR den Parteien die Möglichkeit, den Antrag auf Einleitung des Verfahrens unter bestimmten Voraussetzungen zurückzuziehen und das eingeleitete Verfahren unter bestimmten Voraussetzungen abzubrechen.

Die Parteien sind nicht gezwungen, sich anwaltlich vertreten zu lassen (cf. §§ 18 CR, 18 AR)[13].

Den Parteien steht frei, im Einverständnis mit der Schlichtungskommission/dem Schiedsgericht eine Gerichtssprache zu wählen (cf. §§ 21 CR, 21 AR). Wird keine Einigung über eine Sprache erzielt, können die beiden anfänglichen offiziellen Sprachen des Centre, Englisch und Französisch (cf. § 34 FR)[14], einzeln oder nebeneinander benutzt werden. Eine Partei, die nicht bereit oder in der Lage ist, ihr Vor-

---

[12] Sie ersetzen die vom Verwaltungsrat am 2. Februar 1967 beschlossenen ‚Provisional Regulations and Rules'.

[13] In einer Anmerkung wird auf die Nützlichkeit eines Rechtsvertreters hingewiesen.

[14] § 34 FR bestimmt, daß Spanisch als offizielle Sprache hinzutritt, sobald ein spanisch sprechender Staat der Konvention beitritt.

bringen in eine Gerichtssprache zu fassen, hat die dadurch entstehenden Übersetzungs- und Dolmetscherkosten zu tragen (cf. §§ 21 CR, 21 AR).

5. Stellungnahme

Inwieweit eine internationale Schiedsinstanz, die einzelne Personen als Partei zuläßt, über diesen Vorteil hinaus für die Betroffenen sinnvoll und nützlich ist, hängt entscheidend von der Ausgestaltung des Verfahrens ab. Die Prinzipien der Gleichordnung und Freiwilligkeit, auf denen die gesamte Regelung der Konvention fußt, erscheinen in diesem Zusammenhang beispielhaft. Die Organisation des Centre ist, wie gezeigt wurde, durchsichtig und bietet keinen Anlaß oder Vorwand, düstere Spekulationen über die zu erwartende Rechtsprechung anzustellen. Nicht diesen Gegenständen, sondern den Bestimmungen über das anzuwendende Recht und den Problemen der Vollstreckung sei deshalb die Aufmerksamkeit zugekehrt.

6. Das anzuwendende Recht

Artikel 42 bestimmt, daß das Gericht nach den Rechtsregeln zu entscheiden hat, auf die sich die Parteien geeinigt haben. Fehlt es an einer Einigung, sind das Recht des streitbeteiligten Staates einschließlich seines Kollisionsrechts anzuwenden ‚und solche Völkerrechtsregeln, die anwendbar sein mögen‘.

a) Interpretationsgrundlage

Bei der Frage nach den Konsequenzen dieser Vorschrift kann zunächst unterschieden werden zwischen den Regeln, nach denen die Konvention und zum anderen die Erklärungen ausgelegt werden, mit denen die Parteien dem Centre den Streit unterbreitet haben, und ferner jenen, nach denen der geltend gemachte Anspruch zu beurteilen ist.

Bei der Konvention handelt es sich um einen Vertrag im Sinne der Vienna Convention on the Law of Treaties vom 23. Mai 1969, dessen Interpretation nach den im Völkerrecht herausgebildeten Maßstäben und Methoden, niedergelegt in Artikel 31ss der Wiener Konvention, zu erfolgen hat.

Artikel 42 hat die Entscheidung über den Anspruch im Auge; es ist nicht anzunehmen, daß er darüber hinaus auch die Unterwerfungserklärungen erfassen will. Unterwerfungen, die in Investitionsverträgen zwischen Staaten enthalten sind, unterliegen ebenfalls den völkerrechtlichen Interpretationsregeln. Bei allen anderen Unterwerfungen, seien sie einseitig erfolgt oder in einem Vertrag zwischen Staat und privatem Investor aufgenommen, ist die rechtliche Zuordnung zweifelhaft; die Wahl besteht zwischen dem Völkerrecht, dem Recht des streitbeteiligten Staates, dem Recht des Investor-Heimatstaates, den gemeinsamen Vorschriften beider Rechte und einem zu entwickelnden intermediären Recht. Die Konvention, die Regulations and Rules und die Model Clauses schweigen zu dieser Frage.

Hier wird vertreten, daß alle Unterwerfungen nach den Regeln des Völkerrechts auszulegen sind. Dafür sprechen Einfachheit und Einheitlichkeit. Weiter ist zu berücksichtigen, daß sich die Parteien den Regeln eines völkerrechtlichen Vertrages, der Konvention, unterwerfen, und daß ihre Erklärungen von da aus zu verstehen sind.

Im übrigen sind staatliche Erklärungen im internationalen Raum stets am Völkerrecht zu messen und, soweit ihnen überhaupt rechtliche Relevanz zukommt, danach einzuordnen.

Erklärungen Privater sind zwar gemeinhin völkerrechtlich irrelevant. Da es aber den Subjekten des Völkerrechts freisteht, ihre Zahl ausdrücklich oder stillschweigend, bedingt oder unbedingt und begrenzt oder unbegrenzt zu erweitern (cf. Schwarzenberger 1967: 68s), kann der manifeste Wille eines Staates, einen Streit mit einem Privaten der Jurisdiktion des Centre zu unterwerfen, als eine solche stillschweigende, begrenzte und unter Umständen bedingte Kooptation begriffen werden.

Schließlich spricht für die hier vertretene These, daß alle Erklärungen, von der Konvention als gleichwertig behandelt, die Organe des Centre, einer juristischen Person des Völkerrechts (cf. Artikel 18), zu bestimmten Verhaltensweisen verpflichten.

b) Die Fälle des Artikels 42 Absatz 1 Satz 1

Wenn die Parteien übereingekommen sind, den Streit dem Recht des Anlagestaates zu unterwerfen (Fälle des Artikels 42 Absatz 1 Satz 1), ist zu klären, auf welchen Zeitpunkt es für die Feststellung des Rechts ankommt. Im allgemeinen dürfte eine Auslegung der Unterwerfungserklärungen dazu führen, daß das Recht im Zeitpunkt der Willensäußerung gemeint ist; eine solche Auslegung ist indessen nicht selbstverständlich und unproblematisch, zumal die Parteien ihre Äußerungen zu verschiedenen Zeitpunkten abgeben können. Es empfiehlt sich daher, nach dem Muster von Model Clause 33 in ICSID/5 den Zeitpunkt zu fixieren. Das schützt auch den Investor davor, sich eventuell entgegenhalten lassen zu müssen, selber eine nach Unterwerfung erlassene Enteignungsregelung als verbindlich anerkannt zu haben.

Hat der Investor eine schon bestehende Enteignungsmöglichkeit übersehen oder für unwirksam gehalten, kann er nach Ansicht Elihu Lauterpachts mit der Einwendung gegen die spätere Enteignung vorgehen, sie verstoße gegen Völkerrecht. Das lasse sich aus dem Status des Gerichts und der Ausklammerung anderer völkerrechtlicher Schutzmechanismen folgern (cf. 1968: 658).

Die Überlegung berücksichtigt die tragende Rolle der Parteiautonomie nicht: das Gericht kann weder zugunsten noch zuungunsten einer Partei vom erklärten Parteiwillen abgehen. Völkerrecht kommt bei jener Fallgestaltung insoweit zum Zuge, wie es unabdingbar ist; da das Völkerrecht den Bestand vermögenswerter Rechte aber bestenfalls in dem Umfang als unverzichtbar schützt, in dem die Güter der Erhaltung eines Existenzminimums dienen, ist dieser Aspekt in der Praxis nahezu bedeutungslos.

Völkerrecht kommt darüber hinaus in dem Umfang zur Anwendung, den die nationale Rechtsordnung vorsieht; vermutlich wird in jenen Fällen aber auf diesem Weg sich kein Schutz finden lassen.

Schließlich kann der wenig wahrscheinliche Fall auftreten, daß die nationale Rechtsordnung infolge einer Lücke eine vernünftige, vertretbare Entscheidung nicht zuläßt. Artikel 42 Absatz 2 untersagt es dem Gericht, die Entscheidung wegen Schweigens oder Unklarheit des Rechts zu verweigern. — Schiedsinstanzen, die Streitigkeiten anhand lückenhafter Verträge zu beurteilen haben, greifen üblicherweise zur Ausfüllung auf das Völkergewohnheitsrecht und subsidiär auf allgemeine Rechtsgrundsätze im Sinne des Artikels 38 Absatz 1 Buchstabe c IGH-Statut zurück (cf. Hans-Joachim Hallier 1962: 85). Lauterpacht dürfte seiner obigen Ansicht zufolge dieses Vorgehen auch im Fall des Artikels 42 Absatz 1 Satz 1 der Konvention bejahen. Beachtet man hingegen, daß die Parteien ausschließlich das nationale Recht für entscheidungserheblich erklärt haben, ist vorzuziehen, dem Schiedsgericht aufzugeben, die Lücke im nationalen Recht wie ein nationaler Richter rechtsschöpferisch zu schließen.

Unterwerfen die Parteien ihren Streit einer anderen staatlichen Rechtsordnung als der des Anlagestaates, so gelten die Ausführungen zur Lückenhaftigkeit und zur Anwendbarkeit beziehungsweise Unanwendbarkeit des Völkerrechts entsprechend. Sie gelten mutatis mutandis auch für alle sonstigen Regeln, die die Parteien als entscheidungserheblich bestimmen; naturgemäß ausnahmsweise jedoch nicht, sofern und soweit die Parteien eine Entscheidung nach Völkerrecht, allgemeinen Rechtsgrundsätzen oder ex aequo et bono wünschen.

c) Die Fälle des Artikels 42 Absatz 1 Satz 2

Haben die Parteien keine Rechtsordnung gewählt (Fall des Artikels 42 Absatz 1 Satz 2), so ist einmal das nationale Recht des streitbeteiligten Staates maßgeblich. Dieses Recht kann die Anwendung von Völkerrechtssätzen und allgemeinen Rechtsgrundsätzen vorsehen.

Wichtig ist in diesem Zusammenhang, ob Völkerrecht auch unabhängig von einem solchen Renvoi zum Zug kommt. Der Wortlaut ist nicht eindeutig; es ist nicht klar, welches System Antwort auf die Frage nach anwendbaren Völkerrechtsregeln geben soll, die nationale Rechtsordnung oder das Völkerrecht selbst. Lauterpacht, der sich aus mehreren Gründen für die zweite Möglichkeit entschieden hat, führt dafür den Wortlaut mit dem Argument an, sonst hätte es statt ‚und' besser ‚einschließlich' geheißen (1968: 660). Das überzeugt nicht, wenngleich Lauterpacht im Ergebnis zuzustimmen ist.

Der zweite Satz in Artikel 42 Absatz 1 lautet: ‚In the absence of such agreement, the Tribunal shall apply the law of the Contracting State party to the dispute (including its rules of the conflict of laws) *and*[15] such rules of international law as may be applicable.' Liest man die eingeklammerten Wörter als unselbständige und daher einzubeziehende Aussage mit, so lautet der letzte Satzteil: ‚including its rules of the conflict of laws and such rules of international law as may be applicable'. Das erlaubte Spiel mit Satzzeichen zeigt sohin, daß ‚including' grammatikalisch und dem Sinn nach auf die Völkerrechtsregeln bezogen werden kann, aber nicht bezogen zu werden braucht.

Der Umstand, daß der eingeklammerte Teil nur eine Klarstellungsfunktion hat, scheint zu implizieren, daß auf das außerhalb der Klammer genannte Völkerrecht hinzuweisen war, weil nicht bloß klargestellt werden sollte, daß (selbstverständlich) die Völkerrechtsregeln anzuwenden seien, auf die die nationale Rechtsordnung verweist, sondern auch sonstige den Tatbestand erfassende Normen des Völkerrechts. Im Unterschied zu Artikel 42 Absatz 1 Satz 1 wird damit das staatliche Verhalten im internationalen Raum generell unter den Vorbehalt der Völkerrechtsmäßigkeit gestellt.

Diese Auslegung wird durch die an der Entstehungsgeschichte orientierte Interpretation bestätigt, die A. Broches, Vater der Konvention und Generalsekretär des Centre, zu dem Schluß führt, Völkerrecht dürfe angewandt werden, wo nationales Recht und darauf fußende Maßnahmen das Völkerrecht verletzen (1967: 17).

---

[15] Vom Verfasser hervorgehoben.

Mit Lauterpacht kann noch ein Schritt weitergegangen und festgestellt werden, daß das Gericht in einem solchen Fall Völkerrecht anwenden muß.

Dort, wo sich die Parteien nicht auf ein maßgebliches Recht geeinigt haben, bildet das Völkerrecht das notwendige Korrektiv gegen die völlige Unterwerfung unter das Enteignungsrechtsverständnis des streitbeteiligten Staates. Das ist um so wichtiger, als nach Artikel 27 dem Heimatstaat des Investors nur dann ein Interventionsrecht eingeräumt ist, wenn der Anlagestaat seinen Pflichten aus dem Urteil nicht nachkommt; gäbe es nicht das völkerrechtliche Korrektiv, brauchte der enteignende Staat es praktisch nie zu einem ihm unliebsamen Urteil kommen zu lassen (cf. Lauterpacht 1968: 660s). Das die Konvention tragende Prinzip der Gleichordnung, formal gewahrt, wäre in materieller Hinsicht vernichtet; für Investoren, die sich mit dem Anlagestaat nicht auf das anzuwendende Recht einigen können, böte ein Verfahren am Centre so gut wie keine Erfolgsaussicht; Sinn und Zweck der gesamten Konzeption wären in Frage gestellt.

Ein vielleicht weniger eindringliches aber nicht unwichtiges Argument dafür, daß das Gericht im Fall des Artikels 42 Absatz 1 Satz 2 völkerrechtliche Normen als dem nationalen Recht übergeordnete und notfalls korrigierende Regeln heranziehen muß, leitet sich aus dem Erfordernis einer gewissen Rechtssicherheit ab. Für Parteien, die eventuelle Streitigkeiten der Jurisdiktion des Centre unterwerfen wollen, sich aber nicht über das maßgebliche Recht einigen können, muß in groben Zügen vorhersehbar sein, mit welchem Maßstab ihr zukünftiges Verhalten gemessen wird; denn nur dann ist es ihnen möglich, sich über zufällige Rechtmäßigkeiten hinaus rechtstreu zu verhalten. Diesen Maßstab bietet, — wie wir gesehen haben in vielfach problematischer Weise (cf. supra: 27ss) —, das Völkerrecht[16].

7. Vollstreckung und Immunität

Artikel 55 bestimmt, daß nationale Regeln zur Staatenimmunität vor Vollstreckung aus der schiedsgerichtlichen Entscheidung nicht berührt werden[17]. Diese Vorschrift könnte sich in Zukunft als Pferdefuß der Konvention erweisen.

Das erste Hindernis, das sich einer obsiegenden Partei auf dem Weg zur Vollstreckung entgegenstellen könnte, kann das Fehlen eines

[16] Es scheint sinnvoll und den Interessen der Parteien nicht entgegenzulaufen, wenn der Bestand des Rechts im Zeitpunkt der Enteignung als maßgeblich angesehen wird.

[17] ‚Nothing in Article 54 shall be construed as derogating from the law in force in any Contracting State relating to immunity of that State or of any foreign Sate from execution.‘

autorisierten innerstaatlichen Vollstreckungsapparats sein. Zwar sind alle Vertragsparteien gemäß Artikel 54 gehalten, das Urteil anzuerkennen, darin statuierte Zahlungspflichten auf ihrem Staatsgebiet wie aus einem rechtskräftigen innerstaatlichen Urteil zu vollstrecken und einen Vollstreckungsapparat zu benennen, da die Konvention aber nicht sicherstellen kann, daß die letzte Verpflichtung erfüllt wird, können sich hier zumindest erhebliche Verzögerungen ergeben.

Viel schwerwiegender ist indessen die Gefahr, die einem obsiegenden Investor aus den innerstaatlichen Immunitätsregeln droht. Wir wissen aus anderem Zusammenhang, wie verbreitet und wie stark nach wie vor die Neigung ist, Staaten insoweit zu privilegieren (cf. supra: 92ss, 101ss). Es braucht nicht ausgeführt zu werden, daß es unter manchen Voraussetzungen gerechtfertigt ist, solche Sonderrechte zu gewähren. Entscheidend ist, daß die Anwendbarkeit der Immunitätsregeln den unter der Konvention gefällten Richterspruch zu einem Gutachten denaturieren könnte, dem bestenfalls politisch-moralisches Gewicht zukommt. Das tritt ein, wenn es den unterliegenden Staaten unter Berufung auf ihre Immunität weithin gelingt, daß die Vollstreckung gegen sie für unzulässig erklärt wird. Da Artikel 55 ihnen diese Hintertür ausdrücklich offenhält, wird derartigem Vorgehen nicht mit dem Einwand prozessualer Arglist zu begegnen sein.

Wenngleich manche positive Erfahrung beim Vollzug der unter den Auspizien der Internationalen Handelskammer getroffenen Entscheidungen gemacht wurde (cf. supra: 143 n. 5), scheint doch im Interesse der Vorhersehbarkeit möglicher Konsequenzen eines Verfahrens beim Centre wünschenswert, daß im Rahmen einer Änderung im Sinne des Artikels 65 jene Hintertür geschlossen wird. Allgemein annehmbar und ausreichend scheint dabei eine Modifikation des Artikels 55 dahin, daß jeder Unterzeichnerstaat sich verpflichtet, seine Immunitätsregeln (wenn erforderlich) derart umzugestalten, daß auf seinem Territorium eine Vollstreckung einer schiedsgerichtlichen Entscheidung nach Artikel 48 gegen Staaten zulässig ist. Eine entsprechende Verpflichtung kann schon jetzt als Zusatz zur Unterwerfung unter die Jurisdiktion des Centre erklärt und auch in bilaterale und multilaterale Investitionsabkommen aufgenommen werden.

8. Vollstreckung und Einwand der Nichtigkeit

Parteien internationaler Schiedsverfahren berufen sich gelegentlich auf die Nichtigkeit des Urteils, um der Vollziehung zu entgehen. Die hierbei geltend gemachten Gründe lassen sich anlehnend an Emmanuel Kwaku Nantwi (cf. 1966: 114ss) in vier Gruppen zusammenfassen: Kompetenzüberschreitung, Korruption, Rechtsbeugung, fehlende Begründung. Nach den Ergebnissen der Utrechter Dissertation sind Entscheidungen, denen ein Mangel im Sinn dieser Gruppen eignet, völkerrechtlich nichtig. Für die Parteien eines Verfahrens am Centre taucht deshalb die Frage auf, ob und mit welchen Konsequenzen sie einen solchen Mangel geltend machen können.

Für die Fälle der Kompetenzüberschreitung, Korruption und der fehlenden Begründung sieht Artikel 52 die Annullierung durch ein ad hoc-Tribunal des Centre vor. Rechtsbeugung erkennt die Vorschrift bei schwerwiegender Abweichung von einer fundamentalen Verfahrensregel als Nichtigkeitsgrund an.

Da in Artikel 53 Absatz 1 bestimmt ist, daß die Parteien gegen die Entscheidungen des Schiedsgerichts keine anderen Rechtsbehelfe haben als die in der Konvention vorgesehenen, ist festzustellen, daß die Parteien die Annullierung einer Entscheidung nur mit den in Artikel 52 genannten Gründen in dem dort vorgesehenen Verfahren erreichen können. Das bedeutet weiter, daß der nationale Richter, der mit der Vollstreckung des Schiedsspruchs befaßt wird, die Parteien nicht mit dem Einwand der Nichtigkeit hören darf, und zwar auch dann nicht, wenn der Einwand mit der Verletzung materiellen Rechts begründet wird.

Die Regelung der Konvention hindert die Parteien, sich gewissermaßen in letzter Instanz zum Richter in eigener Sache aufzuschwingen und die völkerrechtliche Nichtigkeit des Schiedsspruchs zu proklamieren bzw. die ausschließlich als Vollstreckungsorgane eingesetzten nationalen Gerichte mit einer diesbezüglichen Prüfung zu befassen; der internationale Streit wird durch das internationale Gericht abschließend beurteilt[18].

9. Störungen im Vollstreckungsverfahren

Die Rechtsbehelfe, die den Parteien in der Zwangsvollstreckung gegeben sind, sind den nationalen Rechtsordnungen zu entnehmen. Angemerkt sei, daß die Vollstreckung nicht mit der Begründung versagt werden darf, die das Urteil tragenden Gründe und/oder die im Tenor statuierten Rechte und Pflichten verstießen gegen den nationalen ordre public, denn damit würde die von der Konvention ausgeschlossene Revisibilität durch nationale Gerichte wieder eingeführt[19].

---

[18] Wie die Annullierung kann die Revision des Schiedsurteils nur in einem Verfahren am Centre verfolgt werden (cf. Artikel 53 Absatz 1 und supra: 150). In Erwägung zu ziehen bleibt, ob die Verletzung materiellen Rechts in die Nichtigkeitsgründe des Artikels 52 aufgenommen werden sollte. Hier steht der Wunsch nach Einzelfallgerechtigkeit dem auf Rechtssicherheit zielenden Interesse an baldiger endgültiger Klärung gegenüber; welcher der Gesichtspunkte zu betonen ist, wird sich an der Praxis des Centres zeigen.

Zu der oben skizzierten Gefahr, daß sich ein verurteilter Staat unter Berufung auf seine Immunität erfolgreich der Vollstreckung entzieht, ist festzustellen, daß die Konvention in einem solchen Fall nicht weiterführt; es gelten die allgemeinen Regeln. Der Investor ist auf eine Intervention seines Heimatstaates angewiesen. Im äußersten, besten Fall kann ein Urteil des Internationalen Gerichtshofs erlangt werden, das die Verpflichtung zum Vollzug der Schiedsentscheidung statuiert, und das mit Hilfe des Sicherheitsrats durchgesetzt werden kann (cf. Artikel 94 Absatz 2 UN-Charta)[20].

---

[19] Es ist interessant zu sehen, welche weitgehenden Überprüfungsbefugnisse demgegenüber Artikel 5 des UN-Übereinkommens über die Anerkennung und Vollstreckung ausländischer Schiedssprüche vom 10. 6. 1958 dem nationalen Richter einräumt.

[20] Diese letzte Instanz, als politische konzipiert, dürfte sich nach dem Rollenverständnis ihrer Mitglieder vorläufig allerdings kaum als Verteidigerin des Rechts um des Rechtes willen profilieren; — das Unerwartete würde eintreten, wenn die fünf ständigen Mitglieder, die Volksrepublik China, Frankreich, Großbritannien, die USA und die UdSSR die Durchsetzung übereinstimmend wollen; außerdem müßten sich vier der zehn nichtständigen Mitglieder dafür entscheiden (cf. Artikel 23, 27 UN-Charta).

XV. Multilaterale Versicherungsorganisation

Parallel zur Errichtung des International Centre for Settlement of Investment Disputes (cf. supra: 143ss) fanden Bemühungen um eine multilaterale Versicherungsorganisation zum Schutz von Auslandsanlagen statt, die bislang weder abgeschlossen noch aufgegeben worden sind[1]. Vereinzelt wird das Versicherungskonzept als Bankrotterklärung des Rechts und geradezu als eine Herausforderung zu rechtswidriger Enteignung empfunden; andererseits wird gehofft, daß die in der Organisation zusammengeschlossenen kapitalimportierenden Staaten sich in beispielgebender Weise rechtmäßig verhalten werden.

1. Grundriß

Ein Grundriß der von der Weltbank auf Anregung der OECD angestellten Überlegungen zeigt, daß neue Privatinvestitionen gegen nichtkommerzielle Risiken versichert werden sollen, wenn die Anlage aus einem kapitalexportierenden Land in ein Entwicklungsland plaziert wird und beide Länder Mitglieder der Organisation sind[2].

Das Programm würde von der als Völkerrechtsperson zu schaffenden Organisation, die mit der IBRD verbunden wäre, durchgeführt werden. In der Entscheidungsinstanz sollen Geber- und Nehmerstaaten repräsentiert sein, die letzteren in der Minderzahl.

Voraussetzung für die Gewährung eines Versicherungsschutzes soll sein, daß Ursprungs- und Empfängerstaat der Anlage zustimmen; der importierende Staat kann dadurch unerwünschte Anlagen blockieren, dem exportierenden Staat wird ermöglicht, Risiken und Verluste unter Kontrolle zu halten.

Die Geberstaaten hätten Verluste grundsätzlich allein zu tragen, und zwar in einem Verhältnis, das berücksichtigt, in welchem Umfang in den einzelnen Ländern überhaupt Versicherungsschutz erworben ist

---

[1] Von den zahlreichen Vorschlägen scheint der IBRD-Entwurf ‚Draft of August 19, 1968, on the Articles of Agreement on the International Investment Insurance Agency', der nach wie vor vertraulich behandelt wird, die größte Aussicht auf Verwirklichung zu haben.

[2] Cf. Report on the Status of the International Bank Studies on Multilateral Investment Guarantees 1965; — ein schmalbrüstiger Vorläufer der dickleibigen Draft Articles of Agreement on the International Investment Insurance Agency 1968.

und zum anderen, in welchem Umfang Versicherungsschutz für Investitionen in dem Staat erworben ist, in dem der Schaden eingetreten ist.

Der Organisation soll ein eigener Anspruch gegen den Schädiger in Höhe der dem Geschädigten von ihr erstatteten Leistung zustehen[3].

Den nationalen Investitionsversicherungen soll die Möglichkeit gegeben werden, sich in der multilateralen Organisation rückversichern zu können.

Der Bericht der IBRD vom März 1962 umreißt die Hauptgebiete des Versicherungsschutzes[4]; gegen das ökonomische Risiko werden drei Hauptkategorien nichtökonomischer Risiken abgesetzt: das politische Risiko, das Transfer-Risiko und das Risiko gewaltsamen Konflikts. Das politische Risiko umfaßt die Fälle direkter und indirekter staatlicher Entziehung des Eigentums oder der aus der Investition gezogenen Gewinne. Das Transfer-Risiko bezieht sich auf Verluste durch Beschränkungen der Repatriierbarkeit von Gewinnen und Anlagen. Mit dem Risiko des gewaltsamen Konflikts wird auf Verluste durch bewaffnete Auseinandersetzungen oder aufgrund von Bürgerunruhen gezielt (cf. IBRD-Insurance-Report 1962: 7).

2. Kritik

Die im IBRD-Insurance-Report betonte Schwierigkeit, die Risiken versicherungsmäßig zu bestimmen, erscheint als ein sekundäres Problem gegenüber dem Umstand, daß die Deckung von Außenhandelsgefahren gegenwärtig als nationalökonomische, den Belangen der inländischen kapitalexportierenden Wirtschaft angepaßte staatliche Maßnahme eingesetzt wird, und daß andererseits mit Hilfe einer multilateralen Deckungspolitik eine gewisse Investitionsstrategie durchgeführt werden könnte.

Ein Zusammengehen der kapitalexportierenden Staaten erscheint unter Berücksichtigung des nationalökonomischen Aspekts nur sinnvoll, sofern ihre Ökonomien weitgehend integriert sind oder einander entsprechen. Sie brauchten die Deckung wirtschaftlicher Risiken nicht auszuschließen[5]. Daß allerdings bei den kapitalexportierenden Staaten

---

[3] Nach amerikanischer Vertragspraxis soll der Staat die Rechte des Investors in eigenem Namen geltend machen können; nach bundesdeutschem Muster soll der Staat in die Rechtsstellung des Investors eintreten, andererseits aber als Schutzmacht für ihn auftreten können (cf. *Alenfeld* 1971: 165ss, der die deutsche Regelung kritisiert).

[4] Cf. Multilateral Investment Insurance. A Staff Report. International Bank for Reconstruction and Development 1962 (IBRD-Insurance-Report 1962).

[5] Damit sind nicht die im Binnenhandel üblichen Geschäftsrisiken, sondern

eine entsprechende Ausgangslage besteht, ist zweifelhaft; eine Gegenüberstellung der amerikanischen, britischen, deutschen und französischen Versicherungssysteme hat gezeigt, daß beträchtliche Unterschiede hinsichtlich des Umfangs der gedeckten Risiken, der Karenzzeiten, der Deckungshöhe und der Höhe des geforderten Entgelts bestehen (cf. Christopeit 1968: 99ss, 295). Der Versuch, durch Koordinierung und Harmonisierung den internationalen Versicherungswettbewerb zu steuern, wäre der Versuch, nationale Regelungen unabhängig von den ihnen zugrundeliegenden ökonomischen Verhältnissen zu vereinheitlichen. Weder der Abbau des Wettbewerbs, noch die Vereinheitlichung sind für sich genommen ein Gewinn. Mit dem Wettbewerb würde vermutlich eine Leistungskontrolle abgeschafft; eine Versicherungsvereinheitlichung, die einer Ausgleichung der Wirtschaftsverhältnisse vorginge, gliche einem Anzug, für den der Körper zuzuschneiden wäre. Für kapitalexportierende Staaten mit einer nationalen Investitionsversicherung erscheint hiernach eine multilaterale Versicherungsorganisation allenfalls sinnvoll, wenn sich der multilateral angebotene Schutz geografisch weiter erstreckt als der eigene (z. B. nicht auf Entwicklungsländer beschränkt ist) oder/und zu günstigeren Konditionen angeboten werden kann[6]. Kapitalexportierende Staaten ohne eigene Investitionsversicherung hätten den Vorteil einer Versicherungsmöglichkeit.

Auf den ersten Blick scheint eine von kapitalimportierenden Staaten getragene Versicherungsorganisation den doppelten Vorteil zu bieten, die Mitglieder zu völkerrechtmäßigem Verhalten zu veranlassen und ihnen die Möglichkeit zu eröffnen, durch Begünstigung und Benachteiligung von Anlagen eine gewisse Steuerung der Investitionen vornehmen zu können. Neben nichtkommerziellen könnten kommerzielle Risiken abgedeckt werden[7]. Diese Vorteile stellen sich freilich nicht zwangsläufig und von selber ein; abgesehen von der Frage der Kostentragung ist schwer wägbar, welchen Einfluß eine solche Gemeinschaft

---

für den Außenhandel typische ungleich größere Gefahren wie namentlich das Insolvenz-Risiko und Zahlungsverzögerungen gemeint (cf. *Joachim Christopeit* 1968: 37ss).

[6] Welche Aussichten, Vor- und Nachteile ein supranationales Versicherungssystem für eine eng zusammengeschlossene Gruppe von kapitalexportierenden Staaten hat, wird sich vermutlich an dem Vorschlag zeigen, den der Rat der Europäischen Gemeinschaften jetzt zur Einführung eines gemeinschaftlichen Garantiesystems für Privatinvestitionen in dritten Ländern gemacht hat (cf. Bundestagsdrucksache 7/145 vom 4. Februar 1973).

[7] Zu erwägen wäre, alle Streitigkeiten aus versicherten Investitionen der Gerichtsbarkeit des International Centre for Settlement of Investment Disputes (cf. supra: 143ss) zu unterstellen und Versicherungsschutz für Fälle des vertragswidrigen Nichterscheinens, Nichtverhandelns und der Vollstreckungsvereitelung anzubieten.

auf die Rechtstreue ihrer Mitglieder haben würde. Damit die Steuerungschance verwirklicht werden könnte, müßte ein den gemeinsamen Bedürfnissen entsprechender, spezielle Nöte berücksichtigender Prioritätenkatalog maßgeblich sein; die kapitalimportierenden Staaten müßten, erster Akt solcher Selbsthilfe, gemeinsam ein wirtschaftspolitisches Entwicklungskonzept ausarbeiten.

Das geplante Zusammengehen der kapitalexportierenden und -importierenden Staaten, das eine Konvergenz der mannigfaltig divergierenden Interessen voraussetzt, scheint nach dem bisher Gesagten das schmalste Fundament in der Sache zu haben.

XVI. Ergebnisse

Die vorangegangene Beschäftigung mit Auslandsenteignung und Investitionsschutz ist der Versuch einer konzentrierten Erörterung der hauptsächlichen, heute mit der völkerrechtlichen Enteignungsproblematik verbundenen Fragen. Sie ist in dieser Form ermöglicht dank der bisherigen Bemühungen auf dem Gebiet des internationalen Enteignungsrechts und der vielfältigen Darstellungen der mit der Enteignungsproblematik verbundenen allgemeinen Völkerrechtsfragen. Dabei konnten freilich nicht alle, das ausgebreitete rechtliche Terrain betreffende staatliche Übung, die gerichtlichen Entscheidungen und die nahezu unübersehbar gewordene Literatur berücksichtigt werden. Zum Teil war das Material unzugänglich, zum anderen mußte angesichts der begrenzten Zeitspanne und Arbeitskraft darauf verzichtet werden, Lückenlosigkeit anzustreben.

Die aus der Behandlung der einzelnen Fragenkreise gewonnenen Ergebnisse sind nur unter dem Blickwinkel der vorliegenden Untersuchung endgültig; sie unterliegen einer Kritik und Korrektur durch detailliertere und weitergespannte empirische Forschungen, überzeugendere Argumentation und Wertung. Mit der thesenartigen Zusammenstellung der wesentlichen Ergebnisse soll abschließend ein zusammenfassender, zwangsläufig abkürzender Überblick über das mit der Arbeit Erreichte und Nichterreichte gegeben werden.

(I) Rechtmäßige und rechtswidrige Enteignung[1]

1. Ausländern kann ihr Vermögen in völkerrechtmäßiger Weise unter den Voraussetzungen entzogen werden, a) daß der Eingriff vorwiegend dem Interesse der inländischen Allgemeinheit dient; b) daß die Maßnahme verhältnismäßig ist; c) daß die Enteignung nicht als sachfremdes Mittel zur an sich zulässigen Verfolgung öffentlicher Zwecke eingesetzt und nicht durch Einsatz sachfremder Mittel durchgeführt wird; d) daß die Ausländer nicht in unzulässiger Weise diskriminiert werden; insbesondere, daß der Eingriff grundsätzlich nicht die Stufe der Inländerbehandlung unterschreitet; e) daß die Maßnahme nicht schutzwürdigen Erwartungen, die durch vorheriges staatliches Verhalten geweckt wurden, entgegenläuft; f) daß eine

[1] Cf. supra: 27ss.

volle, prompte und effektive Entschädigung geleistet wird, sofern nicht die Ausnahme staatlicher Leistungsunfähigkeit gegeben ist; g) daß der Eingriff die Würde, das Leben und die Freiheit von Ausländern schützenden Minimum Standards nicht verletzt.

2. Enteignungen, die gegen die genannten Regeln verstoßen, sind völkerrechtswidrig. Staaten haben für deliktische Enteignungen einzustehen, wenn das staatliche Tun oder Unterlassen, das unmittelbar oder mittelbar zur Schädigung des Ausländers geführt hat, bei Anwendung der dem Ausländer gegenüber gebotenen Sorgfalt objektiv vermeidbar war.
3. Bei deliktischen Enteignungen, für die der Staat einzustehen hat, ist der Zustand herzustellen, der vermutlich bestehen würde, wenn das schädigende Ereignis nicht eingetreten wäre.
4. Einen Sonderfall stellt die rechtswidrig entschädigungslose, ansonsten rechtmäßige Enteignung insofern dar, als es sinnvoll erscheint, dort die Wiederherstellungspflicht von vornherein darauf zu beschränken, daß die völkerrechtlich gebotene Entschädigung als Ersatz zu leisten ist.

(II) Territoriale Grenzen der Enteignung[2]

1. Das völkerrechtliche Territorialitätsprinzip grenzt Gebietshoheiten ab.
2. Verbindliche Regelungen sind solche, die in rechtlich erlaubter Weise mit Zwang durchgesetzt werden können.
3. Staatliche Regelungen sind grundsätzlich nur innerhalb des staatlichen Hoheitsbereichs verbindlich.
4. Rechte sind, von positivrechtlichen Fiktionen abgesehen, in dem Staat belegen, der sie gewährt.
5. Staatliche Regelungen können in verbindlicher Weise grundsätzlich nur in Rechtspositionen eingreifen, die innerhalb des Hoheitsbereichs gewährt sind.

(III) Die ausländische Enteigunng vor inländischen Gerichten[3]

1. Die ausländische Regelung kann nicht zum Hauptgegenstand eines inländischen Verfahrens gemacht werden.
2. Als Vorfrage ist die Frage nach der Anwendung der ausländischen Regelung danach zu beantworten, ob das inländische Kollisionsrecht

---

[2] Cf. supra: 62ss.
[3] Cf. supra: 75ss.

die Regelung als maßgeblich heranzieht, und ob sie mit dem inländischen ordre public vereinbar ist.

3. Es besteht keine völkerrechtliche und keine allgemeine kollisionsrechtliche Verpflichtung, dem fremden Akt die intendierten Wirkungen grundsätzlich beizulegen.

(IV) Die Immunität des ausländischen Staates[4]

1. Immunität im Sinne einer Gerichtsfreiheit kann nicht axiomatisch begriffen werden; der Satz, daß ausländische Staaten gerichtsfrei seien, bedarf des Beweises.
2. Die der Immunität zugrundegelegten völkerrechtlichen Prinzipien lassen eine theoretische Notwendigkeit, den ausländischen Staat von der inländischen Gerichtsbarkeit auszunehmen, nicht erkennen.
3. Das Völkergewohnheitsrecht scheint zu gebieten, ausländischen Staaten unter gewissen Voraussetzungen Verfahrensimmunität zu gewähren. Nach verbreiteter Ansicht ist Immunität einzuräumen, wenn ausländisches hoheitliches Handeln und seine Folgen in Streit stehen.
4. Weitgehend ungeklärt ist, unter welchen Voraussetzungen Vollstreckungsimmunität zu gewähren ist. Die weitere Frage, in welches Vermögen gegebenenfalls vollstreckt werden darf, scheint dahin zu beantworten zu sein, daß inländische Objekte eines ausländischen Staates, die nicht hoheitlicher Aufgabenerfüllung gewidmet sind, dem Zugriff unterworfen werden dürfen.

(V) Die Stellung nichtanerkannter Staaten und Regime[5]

1. Vorherrschend scheint die Tendenz zu sein, nichtanerkannte Staaten und Regime im Zusammenhang mit Auslandsenteignungen wie anerkannte Staaten zu behandeln und sie völkerrechtlich zur Verantwortung zu ziehen.
2. Die internationale Übung hinsichtlich der Anwendbarkeit des Rechts nichtanerkannter Staaten und Regime ist uneinheitlich. Im Interesse materieller Gerechtigkeit erscheint es sinnvoll, das effektiv geltende Recht als anwendbar anzusehen.
3. Bezüglich der in den nationalen Verfahrensordnungen geregelten Parteifähigkeit nichtanerkannter Staaten und Regime bestehen keine völkerrechtlichen Vorschriften; die Staatenpraxis ist uneinheitlich.

[4] Cf. supra: 92ss.
[5] Cf. supra: 103ss.

4. Eine völkerrechtliche Pflicht, nichtanerkannten Staaten und Regimen Immunität zu gewähren, besteht nicht.

(VI) Diplomatischer Schutz[6]

1. Diplomatischer Schutz ist ein Mittel, völkerrechtliche Ersatzansprüche geltend zu machen, wenn ein Staat das Eigentum des Angehörigen eines anderen Staates in völkerrechtswidriger Weise verletzt hat. Er umfaßt alle nichtmilitärischen rechtlich zulässigen Formen internationaler Einflußnahme.
2. Außer natürlichen Personen werden auch juristische Personen als Staatsangehörige angesehen. Zur völkerrechtlichen Bestimmung der Staatsangehörigkeit erscheint die Inkorporationstheorie am geeignetsten.
3. Es gibt keine völkerrechtliche Regel, die bei einer Enteignung von Gesellschaftsvermögen den Heimatstaaten der Gesellschafter verbietet, ihren Staatsangehörigen diplomatischen Schutz zu gewähren.
4. Die Local Remedies Rule besagt, daß die innerstaatlichen Rechtsschutzmöglichkeiten zu erschöpfen sind, bevor internationaler Schutz gewährt werden darf. Die Regel kommt dort nicht zum Zuge, wo fundamentale Grundsätze der Rechtsstaatlichkeit ignoriert werden.
5. Die Calvo-Klausel beinhaltet den Verzicht eines Ausländers auf diplomatischen Schutz durch seinen Heimatstaat. Der Verzicht ist völkerrechtlich wirkungslos.
6. Eine völkerrechtliche Pflicht, diplomatischen Schutz zu gewähren, besteht nicht. Hingegen folgt in einzelnen Staaten die Pflicht, zum Schutz der Staatsangehörigen einzuschreiten, aus innerstaatlichem Recht.
7. Der Verzicht eines Staates auf Ersatzansprüche seines Staatsangehörigen scheint völkerrechtlich uneingeschränkt zulässig zu sein. Nach innerstaatlichem Recht kann sich der Verzicht als eine entschädigungspflichtige Entziehung der Ersatzansprüche darstellen.

(VII) Internationale gerichtliche Streiterledigung[7]

1. Ein internationales Spruchorgan, das generell für Streitigkeiten aus Auslandsenteignungen zuständig ist, gibt es bislang nicht; ob eine internationale Streiterledigung möglich ist, hängt davon ab, ob die Streitigkeit durch spezielle Regelung einer Entscheidungsinstanz unterstellt ist.

---

[6] Cf. supra: 108ss.
[7] Cf. supra: 140ss.

2. Mit der Convention on the Settlement of Investment Disputes between States and Nationals of Other States ist auf breiter multinationaler Ebene für Staaten und ihre ausländischen Investoren die Möglichkeit geschaffen, eventuelle Streitigkeiten einer multinationalen Schiedsinstanz zu unterwerfen.
3. Der Schlichtungs- und Entscheidungsmechanismus des International Centre for Settlement of Investment Disputes wird durch ein Zustimmungssystem ausgelöst und gesteuert, das es den Parteien gestattet, von vornherein auf Streitgegenstand, Verfahren, personelle Besetzung der Gremien und auf das anzuwendende Recht einen weitgehenden Einfluß zu nehmen.
4. In den Fällen, in denen die Parteien den Streit einem nationalen Recht unterworfen haben, kommen die völkerrechtlichen Enteignungsregeln in dem Umfang zur Anwendung, den die nationale Rechtsordnung vorsieht.
5. In den Fällen, in denen die Parteien keine Rechtsordnung als maßgeblich gewählt haben, kommen das Recht des Anlagestaates und das Enteignungsvölkerrecht unabhängig von einer Verweisung zum Zuge.

(VIII) Multilaterale Versicherungsorganisationen[8]

1. Die staatliche Deckung von Außenhandelsrisiken ist gegenwärtig an den jeweiligen einheimischen nationalökonomischen Belangen orientiert. Eine multilaterale Versicherungsgemeinschaft erscheint sinnvoll, wenn und soweit die miteinander im Wettbewerb stehenden nationalen Wirtschaften inhaltlich übereinstimmende Interessen aufweisen und die Gemeinschaft in der Lage ist, diese Interessen besser als die nationalen Außenhandelsversicherungen zu befriedigen.
2. Von den Möglichkeiten des Zusammengehens scheint im Interesse einer an den Bedürfnissen der armen Länder orientierten Investitionspolitik eine Versicherungsorganisation kapitalimportierender Staaten den Vorzug vor einer Organisation kapitalexportierender Staaten und vor einer Organisation kapitalimportierender und -exportierender Staaten zu verdienen.

Zum Schluß sei wiederholt, was in der Einführung und an anderen Stellen sichtbar geworden ist: die juristische Bearbeitung der Enteignungsproblematik erfaßt die zugrundeliegenden Realsituationen nur teilweise; sie allein kann ihr nur in begrenztem Maße gerecht werden

---

[8] Cf. supra: 161ss.

und vermag eine befriedigende Lösung der Gesamtproblematik nicht zu bieten. Es ist den genannten anderen Disziplinen aufgegeben, im Interesse aller Beteiligten der vergleichsweise fortgeschrittenen juristischen Behandlung Entsprechendes oder Besseres an die Seite zu stellen. Armut und Elend in den Entwicklungsländern, bis an den Rand gewaltsamer Auseinandersetzung und darüber hinausführende Konflikte um die Ordnung des Eigentums und die einer menschlichen und menschenwürdigen Weltordnung im Wege stehende allseitige Überhöhung des Staates als Institution sollten dazu bewegen, die vielerorts beliebten Glasperlenspiele zugunsten dringenderer Arbeiten zurückzustellen.

Literaturverzeichnis

Adriaanse, P.
1956 Confiscation in Private International Law. Den Haag 1956.

Alenfeld, Justus
1971 Die Investitionsförderungsverträge der Bundesrepublik Deutschland. Frankfurt 1971.

Amerasinghe, Chittaranjan F.
1967 State Responsibility for Injuries to Aliens. Oxford 1967.
1968 The Rule of Exhaustion of Domestic Remedies in the Framework of International Systems for the Protection of Human Rights. 28 ZaöRV 1968, 257ss.

Arendt, Wolfgang
1973 Die „Leitsätze für Auslandsinvestitionen" der Internationalen Handelskammer. 19 Außenwirtschaftsdienst des Betriebs-Beraters 1973, 247ss.

Armbruster, Hubert
1962 Selbstbestimmungsrecht. In: Strupp-Schlochauer, Wörterbuch des Völkerrechts III, Berlin 1962, 250ss.

Arnold, Hans
1969 Europäisches Übereinkommen über die Staatenimmunität in Sicht. 15 Außenwirtschaftsdienst des Betriebs-Beraters 1969, 356ss.

Bauer, Peter Thomas
1961 Entwicklungsländer: (II) Ökonomische Problematik. In: Handwörterbuch der Sozialwissenschaften III, Stuttgart 1961, 242ss.

Bayer, Hermann-Wilfried
1965 Die Enteignungen auf Kuba vor den Gerichten der Vereinigten Staaten. 25 ZaöRV 1965, 30ss.

Beaglehole, Ernest
1969 Property. In: International Encyclopedia of the Social Sciences XII. USA 1969, 589ss.

Behrendt, Richard F.
1961 Entwicklungsländer: (I) Soziologische Problematik. In: Handwörterbuch der Sozialwissenschaften III. Stuttgart 1961, 230ss.

Beitzke, Günther
1938 Juristische Personen im Internationalprivatrecht und Fremdenrecht. München 1938.
1948 Probleme der Enteignung im Internationalprivatrecht. In: Festschrift für Leo Raape. Hamburg 1948, 93ss.
1960 Extraterritoriale Wirkung von Hoheitsakten. In: Strupp-Schlochauer, Wörterbuch des Völkerrechts I. Berlin 1960, 504s.

Belman, Murray J.
1969 New Departures in the Law of Sovereign Immunity. Proceedings of the American Society of International Law 1969, 182ss.

Bindschedler, Rudolf L.
1956 La protection de la propriété privée en droit international public. 90 Recueil des Cours 1956 II, 179ss.
1961 Die Anerkennung im Völkerrecht. Berichte der Deutschen Gesellschaft für Völkerrecht. Heft 4. Karlsruhe 1961.

Birke, Wolfgang
1960 Die Konfiskation ausländischen Privatvermögens im Hoheitsbereich des konfiszierenden Staates nach Friedensvölkerrecht. Diss. Köln 1960.

Böckstiegel, Karl-Heinz
1962 Cf. *Veith, Werner; Böckstiegel, Karl-Heinz* 1962.
1963 Die allgemeinen Grundsätze des Völkerrechts über Eigentumsentziehung. Berlin 1963.
1965 Arbitration of Disputes between States and Private Enterprises in the International Chamber of Commerce. 59 AJIL 1965, 579ss.

Boguslavskij, Mark Moisejevic
1965 Staatliche Immunität. Berlin 1965.

Brecher, Michael; Steinberg, Blema; Stein, Janice
1969 A Framework for Research on Foreign Policy Behaviour. XIII Conflict Resolution 1969, 75ss.

Bredin, Jean-Denis
1969 Cf. *Loussouarn, Yvon; Bredin, Jean-Denis* 1969.

Brenscheidt, Michael
1974 Die rechtlichen Wirkungen des sowjetischen Außenhandelsmonopols in der Bundesrepublik Deutschland. 20 Außenwirtschaftsdienst des Betriebs-Beraters 1974, 322ss.

Briggs, Herbert W.
1956 The Local Remedies Rule: A Drafting Suggestion. 50 AJIL 1956, 921ss.
1971 Barcelona Traction: The jus standi of Belgium. 65 AJIL 1971, 327ss.

Broches, Aron
1967 The Convention on the Settlement of Investment Disputes between States and Nationals of Other States: Applicable Law and Default Procedure. In: Liber Amicorum for Martin Domke. Den Haag 1967, 12ss.

Burchard, Eike
1970 Der völkerrechtliche Verzicht des Staates auf Rechtsgüter seiner Staatsangehörigen im Ausland. Diss. Göttingen 1970.

Burth, Josef
1963 Die Enteignung von Aktionärsrechten durch ausländische Staaten. Bielefeld 1963.

Bystricky, Rudolf
1956 En marge de quelques problèmes de droit international en rapport avec la nationalisation socialiste. IVe Congrès de l'Association internationale des juristes démocrats. Brüssel 1956, 15ss.

Bystrov, S.
1968 Compensation for Confiscation of Land. VII Soviet Law and Government 1968, 40ss.

Caflisch, Lucius Conrad
1969 La protection des sociétés commerciales et des intérêts indirects en droit international public. Den Haag 1969.
1971 The Protection of Corporate Investments Abroad in the Light of the Barcelona Traction Case. 31 ZaöRV 1971, 162ss.

Calliess, Rolf-Peter
1962 Eigentum als Institution. München 1962.

Cardozo, Michael H.
1969 New Departures in the Law of Sovereign Immunity. Diskussionsbeitrag. Proceedings of the American Society of International Law 1969, 193s.

Carlebach, Alexandre
1962 Le problème de la faute et sa place dans la norme du droit international. Paris 1962.

Christopeit, Joachim
1968 Hermes-Deckungen. München 1968.

Cochran, Charles L.
1968 De Facto and De Jure Recognition: Is There a Difference? 62 AJIL 1968, 457ss.

Coerper, Milo G.
1962 The Act of State Doctrine in the Light of the Sabbatino Case. 56 AJIL 1962, 143ss.

Cohn, Ernst J.
1960 Gerichtsbarkeit über fremde Staaten. In: Strupp-Schlochauer, Wörterbuch des Völkerrechts I. Stuttgart 1960, 661ss.
1965 The Rules of Arbitration of the International Chamber of Commerce. 14 The International and Comparative Law Quarterly 1965, 132ss.

Collier, J. G.
1968 Act of State as a Defense Against a British Subject. 26 Cambridge Law Journal 1968, 102ss.

Dahm, Georg
I 1958 Völkerrecht I. Stuttgart 1958.
III 1961 Völkerrecht III. Stuttgart 1961.
1961 Die Stellung des Menschen im Völkerrecht unserer Zeit. Tübingen 1961.

Doehring, Karl
1959 Die Pflicht des Staates zur Gewährung diplomatischen Schutzes. Köln 1959.

Drakidis, Philippe
1968 Enrichissement sans cause. In: Encyclopédie Juridique, Répertoire de droit international I. Paris 1968, 735ss.

Drucker, Alfred
1955 Compensation for Nationalized Property: The British Practice. 49 AJIL 1955, 477ss.

1961 Compensation Treaties between Communist States. 10 The International and Comparative Law Quarterly 1961, 238ss.

Fickel, Friedrich
1974 Enteignungsrecht und Internationales Privatrecht. 20 Außenwirtschaftsdienst des Betriebs-Beraters 1974, 69ss.

Frenzke, Dietrich
1970 De-jure-, De-facto- und faktische Anerkennung in der Völkerrechtslehre der DDR und der UdSSR. 14 Recht in Ost und West 1970, 181ss.
1972 Die kommunistische Anerkennungslehre. Köln 1972.

Friedman, Samy
1953 Expropriation in International Law. London 1953.

Friedmann, Wolfgang G.
1965 Social Conflict and the Protection of Foreign Investment. Proceedings of the American Society of International Law 1963, 126ss.
1965 - 1966 National Courts and the International Legal Order: Projections on the Implications of the Sabbatino Case. 34 George Washington Law Review 1965 - 1966, 443ss.

Frowein, Jochen A.
1968 Das de facto-Regime im Völkerrecht. Köln 1968.

Geck, Wilhelm Karl
1956/57 Der Anspruch des Staatsbürgers auf Schutz gegenüber dem Ausland nach deutschem Recht. 17 ZaöRV 1956/57, 476ss.
1960 Hoheitsakte auf fremdem Staatsgebiet. In: Strupp-Schlochauer, Wörterbuch des Völkerrechts I. Berlin 1960, 795s.
1960a Anerkennung fremder Hoheitsakte. In: Strupp-Schlochauer, Wörterbuch des Völkerrechts I. Berlin 1960, 55ss.
1960b Anerkennung fremder Urteile und Schiedssprüche. In: Strupp-Schlochauer, Wörterbuch des Völkerrechts I. Berlin 1960, 57ss.
1960c Diplomatischer Schutz. In: Strupp-Schlochauer, Wörterbuch des Völkerrechts I. Berlin 1960, 379ss.

Gehlen, Arnold
1961 Macht: (I) Soziologie der Macht. In: Handwörterbuch der Sozialwissenschaften VII. Stuttgart 1961, 77ss.

Geiger, Theodor
1949 Kritische Bemerkungen zum Begriffe der Ideologie. In: Gegenwartsprobleme der Soziologie. Potsdam 1949, 141ss.

Ginther, Konrad
1966 Nationality of Corporation. XVI Österreichische Zeitschrift für Öffentliches Recht 1966, 27ss.

Gormley, W. Paul
1966 The Procedural Status of the Individual before International and Supranational Tribunals. Den Haag 1966.

Grossen, Jacques-Michel
1959 Nationalité et protection diplomatique. In: Ius et Lex, Festgabe Max Gutzwiller. Basel 1959, 489ss.

Guggenheim, Paul
1948 Lehrbuch des Völkerrechts I, Basel 1948.

Guradze, Heinz
1970 Zur Rechtsnatur normativer Entschließungen der Vollversammlung der Vereinten Nationen. 19 Zeitschrift für Luftrecht und Weltraumrechtsfragen 1970, 49ss.

Habscheid, Walter
1968 Die Immunität ausländischer Staaten nach deutschem Zivilprozeßrecht. In: Die Immunität ausländischer Staaten nach Völkerrecht und deutschem Zivilprozeßrecht. Berichte der Deutschen Gesellschaft für Völkerrecht, Heft 8. Karlsruhe 1968, 159ss.

Haesler, Thomas
1968 The Exhaustion of Local Remedies in the Case Law of International Courts and Tribunals. Leiden 1968.

Hallier, Hans-Joachim
1960 Drago-Doktrin. In: Strupp-Schlochauer, Wörterbuch des Völkerrechts I, 396s. Berlin 1960.
1962 Völkerrechtliche Schiedsinstanzen für Einzelpersonen und ihr Verhältnis zur innerstaatlichen Gerichtsbarkeit. Köln 1962.

Harris, David
1969 The Protection of Companies in International Law in the Light of the Nottebohm Case. 18 The International and Comparative Law Quarterly 1969, 275ss.

Head, Ivan L.
1967 A Fresh Look at the Local Remedies Rule. The Canadian Yearbook of International Law 1967, 142ss.

Heldrich, Andreas
1969 Internationale Zuständigkeit und anwendbares Recht. Berlin 1969.

Helfert, Mario
1974 Leistungsprinzip, Arbeitsbewertung und Arbeitswissenschaft. 27 WSI-Mitteilungen 1974, 224ss.

Henke, Wilhelm
1969 Anmerkung zum Urteil des Bundesverfassungsgerichts vom 25. 6. 1968 (2 BvR 251/63). 24 Juristenzeitung 1969, 145ss.

Hochepied, Jean-Pierre de
1965 La protection diplomatique des sociétés et des actionnaires. Paris 1965.

Hollweg, Robert E.
1969 The Sabbatino Amendment: Congressional Modification of the American Act of State Doctrine. 29 ZaöRV 1969, 316ss.

Jaenicke, Günther
1940 Der Begriff der Diskriminierung im modernen Völkerrecht. Berlin 1940.
1967 Die Staatshaftung in rechtsvergleichender Sicht. In: Haftung des Staates für rechtswidriges Verhalten seiner Organe. Beiträge zum ausländischen öffentlichen Recht und Völkerrecht 44, Köln 1967, 859ss.

Jones, J. Mervyn
1949 Claims on Behalf of Nationals Who Are Shareholders in Foreign Companies. 26 The British Year Book of International Law 1949, 225ss.

Kalensky, Pavel
1968 Les pays socialistes et le droit du commerce international. In: Colloque 1968, 155ss. Académie de droit international de La Haye. Leiden 1969.

Katzarov, Konstantin
1964 The Theory of Nationalisation. Den Haag 1964.

Kegel, Gerhard
1971 Internationales Privatrecht. München 1971³.

Kenen, Peter B.
1968 Private International Capital Movements. In: International Encyclopedia of Social Sciences VIII, 27ss. USA 1968.

Kiss, Alexandre-Charles
1960 La protection diplomatique des actionnaires dans la jurisprudence et la pratique internationales. XVIII Travaux et Recherches de l'Institut de Droit Comparé de l'Université de Paris 1960, 179ss.

König, Klaus
1965 Die Anerkennung ausländischer Verwaltungsakte. Köln 1965.

Kommission
1968 Thesen der zweiten Studienkommission. In: Die Immunität ausländischer Staaten nach Völkerrecht und deutschem Zivilprozeßrecht. Berichte der Deutschen Gesellschaft für Völkerrecht, Heft 8. Karlsruhe 1968, 283ss.

Konstantinow-Kollektiv
1966 Grundlagen der marxistischen Philosophie. Berlin 1966.

Kos-Rabcewicz-Zubkowski, L.
1968 Immunité de jurisdiction. Etat ou gouvernement étranger. Exposition universelle de 1967. Annuaire canadien de Droit international 1968, 242ss.

Kronfol, Zouhair A.
1972 Protection of Foreign Investment. Leiden 1972.

Kuhn, Georg
1956 Die Enteignung deutscher Beteiligungen an österreichischen Aktiengesellschaften mit deutschem Vermögen. Wertpapier-Mitteilungen 1956, 2ss.

Lauterpacht, Elihu
1968 The World Bank Convention on the Settlement of Investment Disputes. Recueil d'Etudes de Droit International en Hommage à Paul Guggenheim. Genf 1968, 642ss.

Lauterpacht, Sir Hersh
1951 The Problem of Jurisdictional Immunities of Foreign States. 28 The British Year Book of International Law 1951, 220ss.

Leigh, Guy I. F.
1971 Nationality and Diplomatic Protection. 20 The International and Comparative Law Quarterly 1971, 453ss.

Leigh, Monroe
1969 New Departures in the Law of Sovereign Immunity. Proceedings of the American Society of International Law 1969, 187ss.

Lewald, Walter
1958 Konfiskation von Mitgliedschaftsrechten und Spaltungstheorie. 11 Neue Juristische Wochenschrift 1958, 281ss.

Lewin, David Benzionowitsch
1969 Grundprobleme des modernen Völkerrechts. In: Drei sowjetische Beiträge zur Völkerrechtslehre. Hamburg 1969, 61ss.

Lillich, Richard B.
1964 The Effectiveness of the Local Remedies Rule Today. Proceedings of the American Society of International Law 1964, 101ss.
1967 International Claims: Postwar British Practice. Syracuse 1967.
1971 The Rigidity of Barcelona. 65 AJIL 1971, 522ss.

Loussouarn, Yvon; Bredin, Jean-Denis
1969 Droit du Commerce International. Paris 1969.

Lowenfeld, Andreas F.
1965 The Sabbatino Amendment — International Law Meets Civil Procedure. 59 AJIL 1965, 899ss.

Lutter, Marcus
1970 Empfehlen sich für die Zusammenfassung europäischer Unternehmen neben oder statt der europäischen Handelsgesellschaft und der internationalen Fusion weitere Möglichkeiten der Gestaltung auf dem Gebiete des Gesellschaftsrechts? München 1970.

Maier, Harold G.
1966 Sovereign Immunity and Act of State: Correlative or Conflicting Policies? 35 University of Cincinnati Law Review 1966, 556ss.

Makarov, Alexander N.
1947 Allgemeine Lehren des Staatsangehörigkeitsrechts. Stuttgart 1947.
1962 Staatsangehörigkeit. In: Strupp-Schlochauer, Wörterbuch des Völkerrechts III. Berlin 1962, 323ss.

Mann, Frederick Alexander
1943 The Sacrosanctity of the Foreign Act of State. 59 The Law Quarterly Review 1943, 42ss, 155ss.
1962 The Confiscation of Corporations, Corporate Rights and Corporate Assets and the Conflict of Laws. 11 The International and Comparative Law Quarterly 1962, 471ss.

Mann, M.
1967 General Rules Excluding Jurisdiction. Rule 21. In: Dicey-Morris, The Conflict of Laws. London 1967[8], 160ss.

Matzke, Otto
1971 Plündern die Reichen die Armen aus? Bonn 1971.

Meron, Theodor
1959 The Incidence of the Rule of Exhaustion of Local Remedies. 35 The British Year Book of International Law 1959, 83ss.

Metzger, Stanley D.
1962 International Law, Trade and Finance. Dobbs Ferry 1962.
1971 Nationality of Corporate Investment under Investment Guaranty Schemes — The Relevance of Barcelona Traction. 65 AJIL 1971, 532ss.

Molitor, Bruno
1961 Eigentum: (I) Soziologie des Eigentums. In: Handwörterbuch der Sozialwissenschaften III. Stuttgart 1961, 33ss.

Mosler, Hermann
1962 Die Erweiterung des Kreises der Völkerrechtssubjekte. 22 ZaöRV 1962, 1ss.
1962a Völkerrechtsfähigkeit. In: Strupp-Schlochauer, Wörterbuch des Völkerrechts III. Berlin 1962, 665ss.

Müller, Jörg P.
1971 Vertrauensschutz im Völkerrecht. Köln 1971.

Müller, Peter
1969 Die völkerrechtliche Zulässigkeit der Erstreckung der deutschen Steuerhoheit auf ausländische Tochtergesellschaften. Diss. München 1969.

Münch, Fritz
1959 Les effets d'une nationalisation à l'étranger. 98 Recueil des Cours 1959 III, 415ss.

Münch, Ingo von
1963 Das völkerrechtliche Delikt in der modernen Entwicklung der Völkerrechtsgemeinschaft. Frankfurt 1963.

Mummery, David R.
1964 Increasing the Use of Local Remedies. Proceedings of the American Society of International Law 1964, 107ss.

Nantwi, Emmanuel Kwaku
1966 The Enforcement of International Judicial Decisions and Arbitral Awards in Public International Law. Leiden 1966.

Nef, Hans
1941 Gleichheit und Gerechtigkeit. Zürich 1941.

Nørgaard, Carl Aage
1962 The Position of the Individual in International Law. Kopenhagen 1962.

Nwogugu, Edwin Ifeanyichuwu
1965 The Legal Problems of Foreign Investment in Developing Countries. Manchester 1965.

O'Connell, Daniel Patrick
1965 International Law I. London 1965.

Pammel, Friedrich Wilhelm
1966 Der Begriff der Belegenheit im deutschen internationalen Enteignungsrecht bei der Enteignung von ungesicherten und hypothekarisch gesicherten Forderungsrechten. Diss. Göttingen 1966.

Pearson-Kommission
1969 Partners in Development. New York 1969.

Petren, S.
1963 La confiscation des biens étrangers et les reclamations internationales auxquelles elle peut donner lieu. 109 Recueil des Cours 1963 II, 493ss.

Phillips, Owen Hood
1962 Constitutional and Administrative Law. London 1962[3].

Queneudec, Jean-Pierre
1966 La responsabilité internationale de l'état pour les fautes personnelles de ses agents. Paris 1966.

Re, Edward D.
1951 Foreign Confiscations in Anglo-American Law. New York 1951.

Ress, Georg
1972 Mangelhafte diplomatische Protektion und Staatshaftung. 32 ZaöRV 1972, 420ss.

Rossen, Hans Peter
1963 Studien zur Schuldhaftung und Erfolgshaftung im völkerrechtlichen Deliktsrecht. Diss. Tübingen 1963.

Roulet, Jean-David
1958 Le caractère artificiel de la théorie de l'abus de droit en droit international public. Neuchâtel 1958.

Rubin, Seymour J.
1949 - 50 Nationalization and Compensation. A Comparative Approach. 17 University of Chicago Law Review 1949 - 50, 458ss.

Rudebeck, Lars
1969 National and International Conditions of Underdevelopment in Myrdal's Asian Drama. Cooperation and Conflict 1969, 267ss.

Sarraute, Raymond
1956 Effet actuel des nationalisations en droit français. VIe Congrès de l'Association internationale des juristes démocrats. Brüssel 1956, 36ss.

Schaff, Adam
1966 Entfremdung und Ideologie. Diskussionsbeitrag. In: Christentum und Marxismus heute I. München 1966, 98ss.

Schaumann, Wilfried
1968 Die Immunität ausländischer Staaten nach Völkerrecht. In: Die Immunität ausländischer Staaten nach Völkerrecht und deutschem Zivilprozeßrecht. Berichte der Deutschen Gesellschaft für Völkerrecht, Heft 8, Karlsruhe 1968, 1ss.

Schlochauer, Hans-Jürgen
1961 Internationale Gerichtsbarkeit. In: Strupp-Schlochauer, Wörterbuch des Völkerrechts II. Berlin 1961, 56ss.
1962 Die extraterritoriale Wirkung von Hoheitsakten nach dem öffentlichen Recht der Bundesrepublik Deutschland und nach internationalem Recht. Frankfurt 1962.
1962a Schiedsgerichtsbarkeit, Internationale. In: Strupp-Schlochauer, Wörterbuch des Völkerrechts III. Berlin 1962, 177ss.

Schmitthoff, Clive M.
1968 Socialist States and the Law of Internationale Trade. Diskussionsbeitrag. In: Colloquium 1968, Hague Academy of International Law. Leiden 1969, 219ss.

Schütte, Ehrenfried
1958 Die sowjetische Beurteilung der Rechtsprechung des Westens über die sowjetischen Nationalisierungsmaßnahmen. In: Der Schutz des privaten Eigentums im Ausland. Festschrift für Hermann Janssen. Heidelberg 1958, 159ss.

Schulze, Johannes
1972 Das öffentliche Recht im internationalen Privatrecht. Frankfurt 1972.

Schwarzenberger, Georg
1967 A Manual of International Law. London 1967[5].
1969 Foreign Investments and International Law. London 1969.
1969a Die Immunität ausländischer Staaten nach Völkerrecht und deutschem Zivilprozeßrecht. Buchbesprechung. Archiv des Völkerrechts 1969, 279s.

Schwebel, Stephan M.; Wetter, J. Gillis
1966 Arbitration and the Exhaustion of Local Remedies. 60 AJIL 1966, 484ss.

Seidl-Hohenveldern, Ignaz
1952 Internationales Konfiskations- und Enteignungsrecht. Berlin 1952.
1958 Eigentumsschutz durch Resolutionen internationaler Organisationen. In: Der Schutz des privaten Eigentums im Ausland. Festschrift für Hermann Janssen. Heidelberg 1958, 193ss.
1962 Nationalisation. In: Strupp-Schlochauer, Wörterbuch des Völkerrechts III. Berlin 1962, 568ss.
1970 Legitimation des Heimatstaates zur Ausübung diplomatischer Schutzrechte zugunsten von Aktionären bei Verletzung völkerrechtlicher Normen im Ausland. 16 Außenwirtschaftsdienst des Betriebs-Beraters 1970, 221ss.

Serick, Rolf
1956 Zur Konfiskation von Mitgliedschaftsrechten. 11 Juristenzeitung 1956, 198ss.

Shea, Donald R.
1955 The Calvo Clause. Minneapolis 1955.

Staehelin, Jenö C. A.
1969 Die gewohnheitsrechtliche Regelung der Gerichtsbarkeit über fremde Staaten im Völkerrecht. Bern 1969.

Stein, Janice
1969 Cf. *Brecher, Michael; Steinberg, Blema; Stein, Janice* 1969.

Steinberg, Blema
1969 Cf. *Brecher, Michael; Steinberg, Blema; Stein, Janice* 1969.

Strebel, Helmut
1960 Staat und Privateigentum. Vergleichende Übersicht und Schlußfolgerungen. Beiträge zum ausländischen öffentlichen Recht und Völkerrecht 34. Köln 1960, 223ss.

Sucharitkul, Sompong
1959 State Immunities and Trading Activities in International Law. London 1959.

Suy, Erik
1967 Immunity of States before Belgian Courts and Tribunals. 27 ZaöRV 1967, 660ss.

Topitsch, Ernst
1966 Entfremdung und Ideologie. In: Christentum und Marxismus heute I. München 1966, 86ss.

Tunkin, Grigorij I.
1963 Das Völkerrecht der Gegenwart. Berlin 1963.
1969 Grundlagen des modernen Völkerrechts. In: Drei sowjetische Beiträge zur Völkerrechtslehre. Hamburg 1969, 3ss.

UN-Survey
1949 - 1962 A Survey of Treaty Provisions for the Pacific Settlement of International Disputes 1949 - 1962. New York 1966.

Vásárhelyi, István
1964 Restitution in International Law. Budapest 1964.

Van Hecke, George
1969 Foreign Public Law in the Courts. Revue belge de droit international 1969, 62ss.

Veith, Werner; Böckstiegel, Karl-Heinz
1962 Der Schutz von ausländischem Vermögen im Völkerrecht. Baden-Baden 1962.

Verdross, Alfred
1964 Völkerrecht. Wien 1964[5].

Verziyl, J. H. W.
1954 La règle de l'épuisement des recours internes. Annuaire de l'Institut de Droit International 1954 I, 6ss.

Viret, Jacques
1951 La portée extra-territoriale des actes de souveraineté interne d'un gouvernement non reconnu. Thèse Lausanne 1951.

Visscher, Paul de
1961 La protection diplomatique des personnes morales. 102 Recueil des Cours 1961 I, 399ss.

Vogel, Klaus
1965 Der räumliche Anwendungsbereich der Verwaltungsrechtsnorm. Frankfurt 1965.

Walter, Hannfried
1969 Systematischer Fragebogen. In: Gerichtsschutz gegen die Exekutive I. Köln 1969, 1ss.

Wengler, Wilhelm
1970 Die Aktivlegitimation zum völkerrechtlichen Schutz von Vermögensanlagen juristischer Personen im Ausland. 23 Neue Juristische Wochenschrift 1970, 1473ss.

Wetter, J. Gillis
1966 Cf. *Schwebel, Stephen M.; Wetter, J. Gillis* 1966.

White, Gillian
1961 Nationalisation of Foreign Property. London 1961.

Wortley, Ben Atkinson
1959 Expropriation in Public International Law. Cambridge 1959.

Zivier, Ernst R.
1969 Die Nichtanerkennung im modernen Völkerrecht. Berlin 1969².

FSC
www.fsc.org
MIX
Papier | Fördert gute Waldnutzung
FSC® C083411

Kolibri 360 GmbH
Ferdinand-Jühlke-Straße 7
99095 Erfurt, Deutschland
produktsicherheit@kolibri360.de

Druck:
CPI Druckdienstleistungen GmbH
im Auftrag der
Kolibri 360 GmbH
Ferdinand-Jühlke-Str. 7
99095 Erfurt